PROCESSO TRIBUTÁRIO ANALÍTICO
Volume I

Coordenador
PAULO CESAR CONRADO
Juiz Federal na Terceira Região, titular da 12ª Vara de Execuções Fiscais de São Paulo. Mestre e Doutor em Direito Tributário pela PUC/SP. Professor nos cursos de especialização e de extensão em Direito Tributário e Processual Tributário da PUC/SP (COGEAE), do IBET e da Fundação Getúlio Vargas (Direito GV). Coordenador do "Grupo de Estudos em Direito Processual Tributário" do IBET.

Autores
ANA CLARISSA MASUKO DOS SANTOS ARAÚJO
Mestre em Direito Tributário pela PUC-SP. Professora nos Cursos de Especialização em Direito Tributário do IBET. Advogada.

CAMILA CAMPOS VERGUEIRO CATUNDA
Mestre em Direito Tributário pela PUC/SP. Professora nos Cursos de Especialização em Direito Tributário do IBET. Advogada.

EURICO MARCOS DINIZ DE SANTI
Mestre e Doutor em Direito Tributário pela PUC/SP, Professor nos Cursos de Especialização em Direito Tributário do IBET, da PUC/COGEAE e da GV Law (FGV), Coordenador do Curso de Especialização em Direito Tributário do GV Law (FGV), Coordenador dos Congressos Nacionais de Estudos Tributários e Coordenador do NEF – Núcleo de Estudos Fiscais da Fundação Getúlio Vargas. Advogado.

JÚLIO M. DE OLIVEIRA
Mestre e Doutor em Direito Tributário pela PUC/SP. Ex-Juiz do Tribunal de Impostos e Taxas de São Paulo. Professor dos Cursos de Especialização em Direito Tributário do IBET, da PUC/COGEAE e da USP. Professor de Direito Tributário da GV Law (FGV).

MARIA RITA GRADILONE SAMPAIO LUNARDELLI
Mestre e Doutoranda em Direito Tributário pela PUC/SP. Professora dos Cursos de Especialização em Direito Tributário do IBET e da PUC/COGEAE. Ex-Juíza do Tribunal de Impostos e Taxas de São Paulo. Advogada.

PAULO CESAR CONRADO
Juiz Federal na Terceira Região, titular da 12ª Vara de Execuções Fiscais de São Paulo. Mestre e Doutor em Direito Tributário pela PUC/SP. Professor nos cursos de especialização e de extensão em Direito Tributário e Processual Tributário da PUC/SP (COGEAE), do IBET e da Fundação Getúlio Vargas (Direito GV). Coordenador do "Grupo de Estudos em Direito Processual Tributário" do IBET.

RODRIGO DALLA PRIA
Doutorando e Mestre em Direito Tributário pela PUC/SP. Especialista em Direito Tributário e Processual Tributário pelo IBET-SP. Professor dos Cursos de Especialização em Direito Tributário da PUC/COGEAE, do IBET, do Instituto Internacional de Ciências Sociais – IICS, da Escola Fazendária do Estado de São Paulo – FAZESP e das Faculdades Integradas Toledo de Presidente Prudente-SP. Coordenador do Curso de Especialização em Direito Tributário do IBET-Sorocaba; Juiz do Tribunal de Impostos e Taxas do Estado de São Paulo. Advogado.

PROCESSO TRIBUTÁRIO ANALÍTICO
Volume I

Coordenador
Paulo Cesar Conrado

3ª edição

São Paulo

2015

Copyright © 2015 By Editora Noeses
Fundador e Editor-chefe: Paulo de Barros Carvalho
Editora Assistente: Semíramis Oliveira
Gerente de Produção Editorial: Rosangela Santos
Arte e Diagramação: Denise Dearo
Designer de Capa: Ney Faustini
Revisão: Semíramis Oliveira

CIP - BRASIL. CATALOGAÇÃO-NA-FONTE
SINDICATO NACIONAL DOS EDITORES DE LIVROS, RJ.

P956   Processo tributário analítico / Ana Clarissa Masuko dos
        Santos Araújo [et al.]. – São Paulo : Noeses, 2015
        Coordenação: Paulo Cesar Conrado.

        252 p.

        ISBN 978-85-8310-034-8

        1. Processo tributário. 2. Obrigação tributária. 3. Crédito tributário.
        I. Araújo, Ana Clarissa Masuko dos Santos. II. Vergueiro, Camila Gomes de
        Mattos Campos. III. Santi, Eurico Marcos Diniz de. IV. Oliveira, Júlio M. de. V.
        Lunardelli, Maria Rita Gradilone Sampaio. VI. Conrado, Paulo Cesar. VII. Pria,
        Rodrigo Dalla.

        CDU - 336.2.025.5

Março de 2015

Todos os direitos reservados

Editora Noeses Ltda.
Tel/fax: 55 11 3666 6055
www.editoranoeses.com.br

NOTA À 3ª EDIÇÃO

É com enorme alegria que, passados três anos, recebemos a notícia de que este primeiro volume do nosso *Processo tributário analítico* se esgotou. A presente edição (segunda pela Noeses, terceira na "vida" da obra) recoloca, tal como originalmente produzidos, os textos a partir dos quais começamos a pensar no processo tributário sob a perspectiva do constructivismo lógico-semântico. Insistimos na manutenção dos originais por inúmeros motivos: (i) temos certeza de que nossos leitores, porque especialmente maduros, querem (e precisam) conhecer as ideias que nos moviam, anos atrás, em sua pureza – mesmo que, de lá para cá, "reajustes" se mostrem presentes no pensamento dos autores; (ii) os textos tinham (e têm) uma inter-relação que, numa eventual alteração, desconstituiria-se; (iii) os traços iniciais do constructivismo lógico-semântico aplicado ao direito processual tributário precisam ser reconhecidos em sua dimensão genuína – única forma, assim pensamos, de se compreender, em sua dinâmica evolutiva, a atual produção acadêmica sobre direito processual tributário dos autores. Para além disso tudo, não nos parece honesto deixar de registrar, publicamente, o especial carinho que temos sobre o trabalho tal como posto anos atrás: ele representa, em sua existência concreta, a celebração do amor fraterno que nos une a nós, os autores. À Noeses não cansamos de agradecer por nos ter recebido!

São Paulo, janeiro de 2015.

Paulo Cesar Conrado

NOTA À 2ª EDIÇÃO

A 1ª edição do "Processo Tributário Analítico", publicada em 2003, é o resultado do trabalho que, sob a batuta do Professor Paulo Cesar Conrado, desenvolvemos no decorrer de todo ano de 2002, ao longo das discussões e dos debates desenvolvidos por nosso Grupo de Estudos de "Processo Tributário".

Trata-se, em verdade, do resultado de nossos esforços e de nossa crença sincera na possibilidade e na viabilidade de transposição do modelo teórico proposto pelo então "florescente" Constructivismo Lógico-semântico, tão decisivo para a evolução da moderna Dogmática do Direito Tributário, para os estudos implementados no âmbito do Direito Processual, mais especificamente na seara do Direito Processual Tributário.

À época, um de nossos principais objetivos era o de estruturar, com textos adequados e com professores preparados, o Curso de Processo Tributário do IBET (e também da PUC/COGEAE), que acabara de ser desenvolvido pelos Professores Paulo César Conrado e Eurico Marcos Diniz de Santi a partir de uma abordagem até então inédita do fenômeno processual, construída à luz do modelo teórico difundido na obra do Professor Paulo de Barros Carvalho – o hoje nacional e internacionalmente conhecido "Constructivismo Lógico-semântico".

As reuniões ocorriam nas sextas-feiras anteriores aos seminários do Curso de Extensão em Processo Tributário do

IBET, ocasião em que discutíamos, uma a uma, as questões que seriam por nós aplicadas no dia seguinte, nos seminários do Curso de Extensão em Processo Tributário do IBET que, naquela época, só era oferecido na Unidade de São Paulo.

Continuamos a nos reunir (ora no gabinete de Paulo Cesar Conrado, ora no escritório de Maria Rita Lunardelli e Pedro Accorsi Lunardelli, ora no escritório de Júlio M. Oliveira), quinzenalmente, até meados de 2004, quando, por ocasião da incorporação do Curso de Processo pela Especialização em Direito Material Tributário, entendemos por bem "entrarmos em recesso", por tempo indeterminado. A esta altura, as novas ideias já estavam amadurecidas e difundidas o suficiente, de sorte que podíamos, pelo menos por enquanto, nos dedicar a outros projetos.

Desde então, passaram-se pouco mais de oito anos. Nesse ínterim, nosso pensamento a respeito das várias questões tratadas neste trabalho sofreu diversas alterações (algumas importantes) – o que decorre de um natural e desejável amadurecimento, acadêmico e profissional, que cada um de nós experimentou nos últimos anos. Contribuíram muito para isso, aliás, as reflexões produzidas a partir dos diálogos mantidos com colegas e professores do Mestrado da PUC/SP, e, principalmente, dos debates estabelecidos entre nossos alunos dos Cursos de Processo Tributário do IBET e da PUC/COGEAE.

Também nesse período, e pelos mesmos motivos, o próprio Constructivismo Lógico-semântico evoluiu vertiginosamente. Naquela época (2003), não tínhamos ainda o plano de agrupamento das proposições normativas em sentido estrito, ou plano "S4"; não havíamos travado contato, também, com a obra de Vilém Flusser, que nos anos que se seguiram exerceu influência decisiva no pensamento do nosso Mestre Paulo de Barros Carvalho; e, apesar de existente à época, a nossa relação com a obra de Gregorio Robles Morchon não era tão estreita quanto é nos dias de hoje. Mantém-se intacta, tão somente, a absoluta inspiração advinda da obra de Lourival Vilanova.

Há, atualmente, uma consciência muito maior por parte dos atores (professores e alunos) que pertencem à referida Escola de Pensamento a respeito do que realmente é o Constructivismo Lógico-semântico, de suas vigas mestras, de seus limites, enfim... Achamos até que, por conta desta tomada de consciência, aquilo que à época chamamos de "Processo Tributário Analítico" talvez devesse ser batizado, em dias atuais, de "Processo Tributário Hermenêutico-analítico", visto que as categorias analíticas (Lógica Jurídica, Teoria da Norma, Teoria dos Atos de Fala etc) – hoje percebemos com maior clareza – estão longe de esgotar os instrumentos e as bases teóricas que dão sustentáculo às investigações constructivistas, especialmente em questões relacionadas ao direito processual, tão próximas às complexidades sociais.

Nada obstante, impressiona-nos muito o fato de as principais ideias propostas em nossos textos, especialmente aquelas que estão diretamente ligadas às premissas teóricas constructivistas que nos inspiraram, estarem intactas, e por mais que, em questões pontuais, tenha havido evolução em nosso pensamento, a verdade é que as vigas mestras do modelo desenvolvido em 2003 se mantêm até os dias de hoje. Isso denota, dentre outras coisas, a força, a coesão e, especialmente, a viabilidade do sistema de referência adotado para enfrentar também as questões relativas ao processo tributário, especialmente para a racionalização e o enfrentamento de questões eminentemente práticas.

Não por outro motivo, entendemos por bem manter na 2ª edição, em termos de conteúdo, as ideias originais veiculadas na 1ª, não para a preservação de um pensamento que é próprio de um dado momento histórico, mas também, e principalmente, para manter aquilo que, em nosso sentir, é a principal característica desta obra: a coesão teórica dos textos que a compõem, um reflexo direto da afinidade intelectual (e moral) existente entre os autores, todos discípulos do Professor Paulo de Barros Carvalho.

As novas ideias serão, oportunamente, difundidas nos volumes do "Processo Tributário Analítico" que certamente seguirão a este, os quais, tal qual o primeiro, resultarão dos trabalhos desenvolvidos no recém reestabelecido Grupo de Estudos de Processo Tributário do IBET, que agora se estrutura sob os auspícios da Casa de Estudos Tributários e da Editora Noeses, o que muito nos orgulha.

Nesta nova empreitada, nossos objetivos são os mesmos de oito anos atrás, isto é, estudar o Direito Processual Tributário à luz do sistema de referência próprio ao Constructivismo Lógico-semântico, por meio das duas práticas que expressam a essência da atividade acadêmica, quais sejam: 1) a produção de conhecimento, a ser implementada pelo desenvolvimento de novos textos doutrinários semelhantes àqueles veiculados nesta obra; e 2) a transmissão de conhecimento, por meio da formação de professores de Direito Processual Tributário aptos a difundir o modelo teórico constructivista pelos IBETs de todo o Brasil.

Às metas e objetivos que nortearão as atividades do Grupo de Estudos de Processo Tributário do IBET devemos ainda somar o nosso plano de desenvolvimento de um Curso de Especialização em Direito Processual Tributário, devidamente atualizado em relação às questões práticas mais relevantes e, principalmente, que seja totalmente fundado nas premissas teóricas do Constructivismo Lógico-semântico.

Caberá a nós (Camila Vergueiro e Rodrigo Dalla Pria), juntamente com os dois outros coordenadores do grupo (Paulo Cesar Conrado e Priscila de Souza), o desafio de restabelecer a coesão e a harmonia que tínhamos em 2003. Estamos conscientes de que não será tarefa uma fácil, especialmente em razão de sermos, atualmente, em número consideravelmente maior do que na primeira ocasião, o que implica um alto grau de heterogeneidade entre os membros do grupo e, consequentemente, uma maior dificuldade na obtenção de "consensos".

Temos, no entanto, na figura do Professor Paulo de Barros Carvalho, na solidez do sistema de referência constructivista e na honestidade intelectual de cada um dos integrantes do grupo, razões mais que suficientes para crermos na possibilidade de, novamente, produzirmos um trabalho tão consistente quanto este que a Editora Noeses, em boa hora, propõe-se a reeditar.

São Paulo, fevereiro de 2011.

Rodrigo Dalla Pria
Camila Campos Vergueiro Catunda

APRESENTAÇÃO

No decorrer do ano de 2002, consolidamos, os autores dos diversos textos que nessa obra se encontram, o hábito de reunir-nos semanalmente para discutir questões de direito processual tributário.

Com essas reuniões – iniciadas, sem maiores pretensões, ainda em 2001 –, pretendíamos, em princípio, aprimorar o debate provocado nas aulas ministradas junto ao IBET e ao COGEAE (PUC). Guardada a circunstância de sermos, todos, professores nos cursos oferecidos por aquelas instituições, sentíamos necessidade, com efeito, de construir um espaço de discussão que transcendesse a sala de aula, que nos permitisse partilhar dúvidas, experiências e impressões.

O resultado dessa atividade mostrou-se evidente, de pronto, em classe: já não éramos "um" professor, "um" espírito, "uma" mente; já não nos sentíamos isolados; passamos a "pensar" em conjunto, respeitadas, obviamente, as diferenças que cada qual portava e que, com o diálogo, passaram a ser compreendidas e transmitidas, ainda que implicitamente, a nossos alunos.

Com o tempo, o hábito das reuniões nos aproximou de tal modo que, já consolidado em 2002, introduzimos um novo objetivo em sua pauta: documentar o fruto de nossos debates. Eis que surgem, então, os primeiros textos, imediatamente submetidos à avaliação de todo o grupo, para, na sequência, outras propostas surgirem, seguidas de mais debate, até que, findo aquele ano, deparamo-nos com os textos que compõem esse livro.

Daí por diante, a proposta de tornar público o trabalho desenvolvido surge como que naturalmente por parte de todos os membros do grupo, desde sempre envolvidos pelo sonho, comum, de um *"processo tributário analítico"*. Ao final, com a acolhida da Editora Dialética, realiza-se o sonho: aqui se encontra nosso *"Processo Tributário Analítico"*.

Usando, nesse momento, a primeira pessoa do singular, aproveito-me da oportunidade que essa breve introdução oferece para dizer que a posição de "coordenador" que aqui ostento é motivo de orgulho intenso, equiparável apenas ao amor fraterno que nutro por todos os autores, Camila, Clarissa, Eurico, Julio, Rita, Rodrigo. Em nome de todos, agradeço aos que contribuíram para a realização desse trabalho, que se dedica, como sincera homenagem, ao "mestre de todos nós", Prof. Paulo de Barros Carvalho.

São Paulo, junho de 2003.

Paulo Cesar Conrado

ÍNDICE

NOTA À 3ª EDIÇÃO V

NOTA À 2ª EDIÇÃO VII

APRESENTAÇÃO XIII

RODRIGO DALLA PRIA
O direito ao processo 1

PAULO CESAR CONRADO
Processualidade e extinção da obrigação tributária 51

RODRIGO DALLA PRIA
O processo de positivação da norma jurídica tributária e a fixação da tutela jurisdicional apta a dirimir os conflitos havidos entre contribuinte e Fisco 63

JÚLIO M. DE OLIVEIRA
Ação anulatória de débito fiscal 95

MARIA RITA GRADILONE SAMPAIO LUNARDELLI
Repetição de indébito nos casos de autolançamento: da viabilidade de ajuizamento antes da respectiva homologação .. 123

CAMILA CAMPOS VERGUEIRO CATUNDA
A ação de consignação em pagamento e a extinção do crédito tributário 145

EURICO MARCOS DINIZ DE SANTI E PAULO CESAR CONRADO
Mandado de segurança preventivo em matéria tributária: requisitos e efeitos 171

PAULO CESAR CONRADO
Tutela jurisdicional diferençada (cautelar e satisfativa) em matéria tributária.. 183

ANA CLARISSA MASUKO DOS SANTOS ARAÚJO
Efeitos da concomitância entre processo judicial e administrativo – análise do parágrafo único do art. 38 da Lei n. 6830/80.. 207

O DIREITO AO PROCESSO

Rodrigo Dalla Pria

1. Introdução

Numa perspectiva pragmática, a função de qualquer teoria é facilitar a compreensão do objeto que pretende descrever, com o intuito de, finalisticamente, otimizar o seu manuseio. É por isso que, tão importante quanto a precisão da linguagem que descreve o objeto e produz o conhecimento é a eficácia do discurso que procura transmiti-lo aos seus destinatários.

É dentro deste espírito que o presente estudo pretende investigar o fenômeno jurídico-processual, i. é, viabilizando a construção de conceitos e definições que, amparados num sólido alicerce teórico, possam agregar rigor científico, acessibilidade didática e aplicabilidade prática.

Tal postura, salvo melhor juízo, nos permitiu identificar a existência de um gênero processual, inerente ao caráter autopoiético dos sistemas de direito positivo, do qual o principal objeto deste trabalho – "o processo", tomado como relação jurídica triádica e instrumental, vocacionada à produção de normas individuais e concretas resolutivas dos conflitos de interesses havidos no âmbito material – é uma mera espécie.

Usando do mesmo expediente, foi possível cotejar e diferençar a relação processual de outras relações jurídicas a ela atreladas. Aliás, a inafastável necessidade de se descrever outros institutos correlatos, tão complexos quanto aquele que originariamente nos propusemos investigar (e que por perfazerem decorrências lógicas uns dos outros não poderiam ser deixados de lado), ocasionou um alargamento do estudo. Esta expansão, ao que parece, longe de comprometer a objetividade do trabalho, acabou por enriquecê-lo.

Assim, a pretexto de falar sobre o direito ao processo, também se discorreu a respeito do direito de acesso à justiça (Judiciário), do direito de ação e do direito à pretensão material. Entretanto, confirmando a máxima popular de que tudo na vida tem um preço, a multiplicidade de objetos dificultou sobremaneira a elaboração de um texto que pudesse ser, ao mesmo tempo, sucinto (destinado a integrar uma obra coletiva) e pouco omisso, a ponto de não comprometer a tentativa de clarividenciar as diferenças que fazem de cada um, entes juridicamente distintos.

De fato, todos os institutos acima referidos merecem (e já possuem), individualmente, a elaboração de tratados de fôlego, tamanha a abrangência e complexidade que induzem, especialmente o primeiro deles (o processo), sem sombra de dúvida o grande protagonista de nossas investigações, mas que, sem os seus coadjuvantes (acesso à justiça, ação e pretensão material), acaba por resumir-se num mero elemento abstraído de um contexto (sistema jurídico-processual) cuja desconsideração levaria a uma inevitável carência de sentido que esvaziaria o conteúdo do estudo quase que por completo.

Por fim, é sempre bom salientar que há uma multiplicidade de opiniões e conceitos doutrinários a respeito do assunto ora abordado, grande parte deles, entretanto, respaldada pelos "incontestes" argumentos de autoridade que assumem proporções paradigmáticas que acabam por transformarem-se em verdadeiros axiomas. Estes, por sua vez, enraízam-se na (in)consciência do operador do direito, e, como ervas daninhas e/ou parasitárias, sugam-lhe o senso crítico.

Foi este contexto de indesejável insalubridade científica que tornou incontrolável o desejo de colocar à margem toda e qualquer espécie de pudor intelectual para projetar-se de encontro a certos dogmas cujos fundamentos, ao que parece, não se justificam.

2. A metodologia adotada

Uma das maiores dificuldades enfrentadas pelos cientistas do direito na construção de uma definição precisa daquilo que vem a ser "processo" advém da maneira plurívoca com que nossos textos normativos empregam o mencionado vocábulo. Colocam-no como parte integrante de enunciados diversos de um mesmo diploma, como é o caso do Código de Processo Civil, atribuindo-lhe, em cada passagem, dimensões semânticas muito diferentes umas das outras. Esta situação, aliás, em se tratando do CPC, também se repete com a palavra "ação".

A indeterminação semântica, bem como as contradições lógicas, são características típicas da linguagem técnica do legislador; não é, pois, um atributo exclusivo do CPC, mas de todos os diplomas normativos, uns mais outros menos. É oportuno reportar-se, nesta ocasião, ao clássico estudo semiológico da palavra "tributo", feito pelo professor Paulo de Barros Carvalho, por meio do qual identificou-se seis significações diversas para aquele vocábulo.[1]

Assim, a proposta de definir processo tendo como base empírica única e exclusivamente o sistema de direito positivo (como pede uma abordagem estritamente científica), não é uma tarefa simples. Ao contrário, revela-se uma atividade árdua e, ao mesmo tempo, perigosa, pois a grandeza temática facilita a construção de raciocínios que resultam em enunciados contraditórios, cuja consequência principal é o comprometimento da cientificidade do trabalho.

---

1. *Curso de direito tributário*, Saraiva: São Paulo, 1999, 12. ed., *passim*.

Para que os riscos fossem menores, além de delinear rigorosamente o objeto de estudo (alguns feixes específicos de enunciados jurídico-prescritivos), fixou-se expressamente as premissas que instrumentaram a investigação, sendo que durante todo o trabalho são efetuadas remissões a tais preceitos teóricos indispensáveis para o entendimento da mensagem.

Confiando na eficiência metodológica e no rigor científico que tal postura proporciona, tentou-se, a cada instante, manter fidelidade estrita às sentenças previamente estabelecidas, com o objetivo de guardar precisa coerência entre aquelas e as conclusões resultantes da posterior atividade cognitiva.

Os textos jurídicos sob análise são: a) a Constituição Federal; e b) o Código de Processo Civil. As considerações adiante desenvolvidas, por sua vez, têm como alicerces principais as teorias do fato e da norma jurídicas, na forma proposta por Hans Kelsen, Lourival Vilanova e Paulo de Barros Carvalho. Destes últimos, também tomamos emprestadas as técnicas analítico-interpretativas, lançando mão, ainda, de teorias desenvolvidas por alguns de seus discípulos como Paulo Cesar Conrado, Eurico Marcos Diniz de Santi, Tárek Moysés Moussallem.

Será facilmente percebido, logo de início e, também, durante todo o decorrer deste texto, a circunstância de estarmos enfatizando a delimitação e o estudo de determinados "direitos". A este vocábulo desde já atribuímos, a título de elucidação e com o intuito de evitar leituras equivocadas, significação de "direitos subjetivos", cujo conceito será oportunamente esclarecido.

É de suma importância reforçar, neste momento, aquilo que afirmamos inicialmente: considerando nosso objeto principal, "o processo", e o título que encabeça este trabalho, "o direito ao processo", para que pudéssemos isolar este direito, tivemos que fazê-lo, separando-o de outros sobre os quais também falaremos, eis que todos intimamente relacionados por liames lógico-jurídicos. Respectiva e ordinariamente, são eles: o direito (subjetivo) de acesso à justiça; o já mencionado direito (subjetivo) ao processo; o direito (subjetivo) de ação; e, por fim, o direito (subjetivo) à pretensão material.

3. A premissa maior: a norma jurídica completa

Sabemos, de antemão, que norma jurídica é estrutura hipotético-condicional composta de antecedente (delineamento de um determinado fato), denominado hipótese, cuja efetiva ocorrência dará ensejo a uma consequência, que, invariavelmente, será uma relação jurídica que vinculará dois ou mais sujeitos-de-direito, situados em polos opostos.

Esta estrutura possui natureza dual, podendo ser desmembrada em duas outras: a norma jurídica primária, que prevê o nascimento de uma relação jurídica de direito material, prescritiva de direitos e deveres entre os sujeitos que a integram; e a norma jurídica secundária, que surge do descumprimento da relação jurídica de direito material, sendo esta sua hipótese, dando oportunidade ao nascimento de outra relação jurídica, agora de natureza processual, cuja finalidade é dar cabo da conflituosidade verificada no âmbito substancial.

Nas palavras de Lourival Vilanova, norma primária (oriunda de normas civis, comerciais, administrativas) e norma secundária (oriunda de norma de direito processual objetivo) compõem a bimembridade da norma jurídica: a primária sem a secundária desjuridiciza-se; a secundária sem a primária reduz-se a instrumento, meio, sem fim material, a adjetivo sem o suporte do substantivo.[2]

Abrindo um pequeno parêntese na fixação das premissas, convém atermo-nos, desde já, ao tormento que tem sido para os autores, mesmo aqueles mais íntimos à teoria kelseniana (responsável pela introdução da ideia na Teoria Geral do

---

2. *Causalidade e Relação no Direito*, Revista dos Tribunais: São Paulo, 2000, p. 190.

Direito), a elaboração de uma definição daquilo que vem a ser a norma secundária. Eurico Marcos Diniz de Santi, visualiza duas categorias "possíveis" de norma secundária: uma caracterizada pela sanção como direito processual de acesso do sujeito ativo ao órgão jurisdicional, e outra, materializada pela sanção como resultado do processo judicial, a sentença condenatória (que preferimos colocar como sentença de mérito, independentemente da espécie), pressuposto da coação[3].

A questão será retomada mais adiante, quando, após a elucidação de outros conceitos importantes, tentar-se-á definir, de acordo com alguns critérios prefixados, aquilo que vem a ser a tão controversa norma secundária sancionadora.

Por fim, ressalte-se que, as normas jurídicas, na condição de entidades pertencentes ao universo lógico, são construídas por meio de atividade cognitiva do operador do direito. Este, ao debruçar-se sobre os textos de direito positivo, veiculados em leis, decretos, sentenças e regulamentos, em processo intelectual de abstração lógica[4], extrai os conteúdos normativos representados por aquela estrutura hipotético-condicional inicialmente descrita.

Não há que se confundir, portanto, os enunciados jurídico-prescritivos constantes dos textos de direito positivo, com o produto do processo interpretativo a que estes são submetidos pelo sujeito cognocente, i. é, a norma jurídica.

4. Classificação das normas jurídicas

Tomando como critério classificatório os elementos formadores da norma jurídica, i. é, antecedente e consequente

---

3. *Lançamento Tributário*, Max Limonad: São Paulo, 1999, 2. ed., p. 45.
4. Por meio da abstração lógica ou formalização, deixa-se de lado os núcleos específicos de significação das palavras, para ficar-se com signos convencionalmente estabelecidos, que não apontam para este ou aquele objeto e sim para o objeto em geral.

normativos, teremos normas abstratas ou concretas (na perspectiva do antecedente) e gerais ou individuais (na perspectiva do consequente).

Será abstrata a norma cujo antecedente for composto por enunciados indicativos de eventos do mundo fenomênico, pressupondo a não-ocorrência dos últimos, e, por via de consequência, a não-incidência da norma. Por outro lado, teremos norma concreta quando o antecedente desta resultar de ato de aplicação de norma abstrata a fato efetivamente ocorrido no mundo real. Portanto, enquanto a primeira pressupõe a não-incidência, a segunda, ao contrário, pressupõe a incidência normativa.

A verificação da generalidade ou individualidade de uma determinada norma jurídica é verificada por meio da análise dos sujeitos que compõem a relação jurídica localizada em seu consequente. Se os sujeitos da relação forem indeterminados, teremos norma geral; se, porém, ambos os sujeitos ou, pelo menos um deles, estiver perfeitamente determinado, teremos norma individual.

Adaptando os ensinamentos de Tárek Moysés Moussallem aos nossos interesses didáticos e fazendo uma espécie de redução conceitual (sem alteração das ideias do autor), podemos afirmar que as normas jurídicas gerais e abstratas podem ser classificadas em: a) normas de conduta, quando se dirigem à conduta humana mediata e imediatamente, como escopo final; b) normas de estrutura (destinadas à produção normativa), quando se voltam à conduta humana com a finalidade de pautar a produção normativa.[5]

Da aplicação tanto de uma espécie quanto de outra, constituir-se-ão normas individuais e concretas (no caso da aplicação de normas de produção, também poderão surgir outras normas gerais e abstratas), as quais se diferenciarão pela natureza das relações jurídicas verificadas em seus

---
5. *Fontes do Direito Tributário*, Max Limonad: São Paulo, 2001, p. 93.

consequentes. As relações jurídicas individualizadas pela aplicação de normas gerais de conduta (também chamadas de normas de comportamento) denominam-se relações jurídicas efectuais; por outro lado, aquelas individualizadas por meio da aplicação de normas gerais de estrutura, são chamadas de relações jurídicas intranormativas.[6]

As relações jurídicas efectuais não tem, necessariamente, revestimento linguístico que lhes confira concretude físico-existencial (suporte físico). Diversamente, as relações jurídicas intranormativas apresentam suporte físico linguístico, oral, escrito ou mímico e, por conseguinte, concretude espaço-temporal mediante os respectivos veículos: a sentença, o acórdão, o auto do ato administrativo, o instrumento de contrato.[7]

5. Eventos, fatos e fato jurídico

Fato é a versão linguística de um evento ocorrido no mundo exterior. Com isto, queremos afirmar que, em atividade cognitivo-intelectual, o sujeito apreende, por meio dos sentidos, os elementos constitutivos de um acontecimento fenomênico-mundano, vertendo-o em linguagem que, ao ser comunicada, passa a ser um fato. É por esta razão que todo fato se reporta a um evento do passado, sendo correta a assertiva que diz: constituem-se fatos declarando-se eventos, atividade que se dá, única e exclusivamente, por meio de linguagem.

Sabemos, entretanto, que não há uma linguagem única, produzida e aplicada de maneira uniforme a todos os setores do conhecimento humano e da(s) sociedade(s) em geral. Assim, dentro de um dado sistema social ou científico, especificamente considerado, verificaremos a existência de uma linguagem cujos elementos, modo de constituição e uso são personalizados,

---

6. Eurico Marcos Diniz de Santi, *Lançamento Tributário*. Max Limonad: São Paulo, 1999, 2. ed., p. 77.
7. Eurico Marcos Diniz de Santi, *Lançamento Tributário*, Max Limonad: São Paulo, 1999, 2. ed., p. 77 e 78.

de modo a ser possível conhecer um membro ou um elemento típico deste sistema simplesmente por meio da observação da linguagem empregada.

Os fatos jurídicos, por exemplo, constituem-se por meio da linguagem estabelecida pelos textos de direito positivo, cuja enunciação decorrerá da ação de pessoas prescritivamente fixadas pelos mencionados textos. Será jurídico o fato que representar a versão, em linguagem jurídica, de um evento ou fato social (histórico, econômico, comercial e até de outro fato jurídico) ocorrido no mundo.

Todo fato jurídico, portanto, tem um alicerce empírico, também chamado de suporte fático, do qual colher-se-ão os elementos delineados na hipótese da norma abstrata e, por meio de ato de aplicação (feito por pessoa autorizada pelo sistema) desta (hipótese) sobre aqueles (elementos fáticos), será constituído.

O suporte fático a que nos referimos poderá ser composto por uma infinidade de eventos e fatos de naturezas diversas: social, econômica e também jurídica, sendo que não há óbice para que um determinado fato jurídico constitua-se da incidência de norma abstrata sobre outros fatos jurídicos, desde que o primeiro (fato jurídico) esteja delineado na hipótese da segunda (norma abstrata).

6. Relações e relação jurídica

O segundo elemento constitutivo da estrutura jurídico-normativa, i. é, a relação jurídica, do mesmo modo que o primeiro, o fato jurídico, perfaz uma espécie pertencente a um gênero, o que significa dizer que, uma relação jurídica, antes de ser jurídica é tão somente uma relação. Esta, em poucas palavras, constitui-se num vínculo lógico estabelecido entre dois ou mais indivíduos.

Toda relação será, no mínimo, diádica ou binária, pois, para que se verifique, necessária a presença de pelo menos dois termos. Nada impede, porém, que existam relações compostas por três (triádicas) ou mais termos (tetrádica, pentádica, etc.). Vejamos alguns exemplos de enunciados linguísticos por meio dos quais podemos abstrair diferentes espécies de relações: a) João ama Maria (relação diádica ou binária); b) João prefere Maria à Joana (relação triádica); c) Paulo é mais inteligente que Pedro e Antonio (relação triádica); d) Joaquim é irmão de Maria, Márcia e Joana (relação tetrádica).

Sem que nos aprofundemos em demasia nas questões puramente teóricas, pois não é este o intuito deste estudo, é importante deixar claro que, os nexos lógicos, como bem ensina Paulo de Barros Carvalho, acontecem num mundo abstrato cujo ingresso se dá a partir de experiência da linguagem. Sem este ponto de apoio, ninguém penetra nos domínios das entidades lógicas.[8]

As relações ditas jurídicas são entidades lógicas sacadas de enunciados prescritivos que pertencem ao mundo do "dever-ser" que, regidos pela lógica deôntica, trabalham com os valores válido e inválido, diferentemente das relações extraídas de textos descritivos de objetos, pertencentes ao mundo do "ser" e regidos pela lógica alética, que trabalham com os valores verdadeiro e falso. Por esta razão, as relações jurídicas são compostas por operadores deônticos, se apresentando numa das formas modalizadas: obrigatório (O), proibido (V) ou permitido (P).

Assim como os fatos jurídicos, as relações jurídicas só poderão ser verificadas dentro do universo enunciativo da linguagem prescritiva do direito positivo, podendo ser considerada, também, um fato jurídico em sentido lato. Uma determinada relação jurídica pode integrar, isolada ou conjugadamente com outro fato (jurídico ou social), o suporte fático sobre o qual incidiu outra uma norma geral, que, por sua vez, acarretou o nascimento de uma outra norma jurídica.

---

8. *Lógica jurídica* (apostila), PUC, São Paulo, capítulo III, p. 51.

Exemplifiquemos: a petição inicial é, indiscutivelmente, um fato jurídico em sentido lato, mas também uma norma jurídica, individual e concreta, cujo consequente é uma relação jurídica (intranormativa), que vincula autor e juiz, nascida da incidência de norma geral (de estrutura) veiculada por enunciados jurídicos extraídos dos arts. 282 e seguintes do CPC. Ao mesmo tempo, configura um fato jurídico em sentido estrito, à medida que, verificada sua aptidão (constituição válida), dá oportunidade à incidência de outra norma geral, que disciplina a constituição de outra relação jurídica efectual (fato jurídico em sentido lato), produzida pelo juiz, que o vincula ao réu, i. é, o ato de citação.

Ainda sobre a natureza das relações jurídicas, cabe, neste momento, a transcrição integral de um parágrafo extraído do livro *Lançamento Tributário*, de Eurico Marcos Diniz de Santi; vejamos: "*Nas normas gerais e abstratas situam-se relações formais-jurídicas. As relações jurídicas, em sentido técnico-dogmático, pertencem ao domínio do concreto, advém de fatos no tempo-espaço localizados. Relação jurídica neste sentido estrito, não é uma relação qualquer, mas é aquela que se dá entre sujeitos de direito em razão da ocorrência de determinado fato jurídico. É concreta, pois prescreve uma conduta específica e não uma conduta-tipo (abstrata); é individual, os termos da relação 'Sa' e 'Sp', categoremas, referente e relato, são identificáveis, individualizáveis, não são meras categorias quaisquer*".[9]

7. Direito subjetivo e dever jurídico

Como vimos, da incidência de uma norma geral e abstrata sobre evento/fato social previsto em seu antecedente teremos a constituição de uma norma individual e concreta. Esta operação, por sua vez, não se dá automática e infalivelmente como se costuma afirmar, mas tão somente por meio de um modo de atuação humana, específico e indispensável, conhecido por ato

---
9. P. 76.

de aplicação da norma. Será este ato o responsável pela constituição do fato jurídico necessário e suficiente ao nascimento da relação jurídica.

A esta cadeia de acontecimentos dá-se o nome de processo de positivação, fenômeno que representa um dos mais importantes cernes de nossos pilares teóricos. Sinteticamente, positivar significa concretizar o antecedente e individualizar o consequente normativo, forjando norma geral e abstrata em individual e concreta, direito objetivo em direito subjetivo.

Para que tenhamos, portanto, direito subjetivo, é indispensável a individualização do consequente da norma, o que ocorrerá tão somente por meio de ato de aplicação da hipótese abstrata ao evento/fato social concreto, responsável pela constituição do fato jurídico que implicará o nascimento da relação jurídica da qual farão parte um sujeito ativo (titular do direito subjetivo) e um sujeito passivo (titular de um dever jurídico).

A partir de então, já é possível extrair a matriz do conceito de direito subjetivo com o qual trabalharemos. Nestes moldes, direito subjetivo será a aptidão que dota um determinado indivíduo (sujeito ativo, individualmente identificável) do poder (poder/dever, quando se tratar de direito indisponível) de exigir de outrem (sujeito passivo, também devidamente individualizado) a prática de uma determinada ação (comissiva ou omissiva), à qual damos o nome de dever jurídico, ou seja, uma pretensão em relação à conduta de outrem.

O direito subjetivo, portanto, pressupõe a existência de relação jurídica em sentido estrito. A todo direito subjetivo corresponde um titular, i. é, o sujeito ativo; em contraposição, sempre verificaremos um dever jurídico, cujo titular será o sujeito passivo da relação. Ambos os indivíduos inserem-se numa categoria jurídica única, qual seja: a de sujeitos de direito (e deveres).

8. A processualidade no direito

Numa análise superficial feita sobre os enunciados jurídico-prescritivos contidos na Constituição Federal e no Código de Processo Civil, deparamo-nos com a palavra "processo" em 252 (duzentos e cinquenta e duas) oportunidades, sendo 22 (vinte e duas) na carta magna e 230 (duzentas e trinta) no diploma infraconstitucional. Agrupando-os em categorias formadas mediante o alcance semântico do signo analisado, possível identificar variadas acepções para o vocábulo, o que, não obstante, não nos impede de extrair, em todas as passagens, um elemento significante comum, qual seja: *a de meio ou instrumento de produção normativa*. Só há produção normativa mediante aplicação de outras normas fixadoras da maneira (normas procedimentais) como a norma produto será produzida e por quem o será (normas de competência). A norma produto imprescinde do processo, que, por sua vez, resulta da aplicação de outras normas.

Foi dito, em parágrafo antecedente, que as normas jurídicas gerais e abstratas podem ser classificadas em: a) normas de conduta, quando se dirigem à conduta humana mediata e imediatamente, como escopo final; b) normas de estrutura, quando se voltam à conduta humana com a finalidade de pautar a produção normativa.[10]

Pois bem, a simples aplicação de uma norma geral e abstrata de estrutura, resultando na produção de um veículo normativo que traga em seu bojo uma outra norma geral e abstrata ou de uma norma individual e concreta (em que se verifica uma relação jurídica intranormativa), pressupõe um processo. O vocábulo processo é usado, neste momento, em seu sentido jurídico mais genérico.

Ora, o direito (positivo), em última instância, é o conjunto de normas destinas a regular as relações intersubjetivas de um

---

10. Tárek Moysés Moussallem, *Fontes do Direito Tributário*, Max Limonad: São Paulo, 2001, p. 93.

determinado povo num dado momento histórico. Se tais normas (de conduta) só podem ser produzidas mediante a aplicação de outras normas (de estrutura) e, se a este fenômeno de produção normativa damos o nome de processo, não há que se falar em direito sem que se pressuponha um processo.

Nestes termos, torna-se intuitiva a conclusão de que toda norma de estrutura pode ser classificada como uma norma de direito processual, em sentido lato, e, ainda, que toda norma de conduta pode ser, dentro do contexto ora apresentado, considerada norma de direito material.

Há, entretanto, uma infinidade de normas de conduta, cada uma delas destinada a regular um tipo de relação intersubjetiva. Cada uma delas está evidentemente impregnada de valores e características próprios, os quais devem ser considerados quando da fixação de seu processo de produção. É daí que nasce a necessidade de se construir um processo de produção normativa eficaz, que seja adequado à norma que se pretende produzir, levando-se em conta, neste instante, o conteúdo substancial-axiológico que será veiculado por aquela norma.

Esta atividade, no entanto, tem natureza político-valorativa, só podendo ser exercida, salvo raras exceções expressamente previstas pelo sistema[11], pelo agente competente para elaboração da norma de estrutura, e nunca por seu aplicador.

A fixação do processo adequado leva em consideração critérios de justiça democrática e igualdade, que pautarão a atividade dos responsáveis pela aplicação da norma. Do contrário, i.é, deixando-se a fixação de tais critérios ao arbítrio do aplicador, correr-se-ia o sério risco de, a pretexto de se privilegiar uma noção de justiça estabelecida com base em critérios pessoais, desprestigiar outro valor tão caro ao Estado

---

11. Dentre tais exceções, está a circunstância de o juiz extinguir o processo, sem julgamento do mérito, ante a inadequação do procedimento adotado à tutela jurisdicional pleiteada.

Democrático de Direito quanto aqueles já mencionados, qual seja, a segurança jurídica, indispensável à estabilidade das relações.

O processo legislativo, por exemplo, é constituído a partir de normas gerais e abstratas de estrutura que foram presumidamente elaboradas levando em consideração os valores e as particularidades das normas de conduta ou das outras normas de estrutura que se destinam a produzir. O mesmo pode ser dito do processo de licitação, dos processos administrativos em geral, do processo eleitoral e, também, do processo judicial.

Aliás, esta adequação do processo ao produto tem por finalidade garantir a eficácia do último, perfazendo uma das circunstâncias que melhor expressam a importância e a abrangência das garantias ínsitas ao princípio do devido processo legal, enunciado no art. 5º, inciso LIV, da Constituição Federal, fundamento de validade para todas as afirmações feitas até este momento.

9. O processo como relação jurídica triádica instrumental, destinada à produção de norma individual e concreta resolutiva de conflito de interesses (instrumento de produção de tutela jurisdicional)

Muito embora tenhamos afirmado que a processualidade perfaz uma circunstância inerente à produção normativa em todos os níveis, permeando o direito positivo em sua integralidade sistêmica, há, no âmbito da ciência do direito, um ramo didaticamente autônomo que se dedica ao estudo do fenômeno processual tomando como objeto empírico as normas de estrutura cuja aplicação destinam-se a constituir um tipo específico de processo, o vocacionado à produção de normas de conduta resolutivas de conflitos de interesse havidos entre sujeitos de direito no âmbito das várias espécies de relações jurídico-substanciais. Ao mencionado feixe de normas de estrutura, bem como aos escritos destinados a descrevê-las, dá-se o nome de Direito Processual.

A atividade de produção de normas resolutivas de conflitos de interesses substanciais, no Brasil, está "quase" que totalmente sob o monopólio do Estado, o que quer significar que o mecanismo adotado pela Constituição Federal para a produção de normas desta estirpe é o jurisdicional, cuja característica principal reside na substituição da vontade das partes litigantes pela vontade imparcial do Estado-juiz.

A exceção à regra prevista no sistema constitucional é o mecanismo conhecido por arbitragem, que abre a possibilidade de determinados conflitos substanciais serem resolvidos por meio de normas produzidas por pessoa ou entidade privada. Neste sistema, também há a substituição da vontade das partes por terceiro (presumivelmente) desinteressado; a diferença reside, aqui e entretanto, no fato deste (o árbitro) não ser um agente estatal.

Todavia, a clássica noção de processo como instrumento do exercício da atividade jurisdicional costuma ser proposta de forma a atrelar dois institutos distintos, que, não obstante estarem umbilicalmente ligados no plano pragmático, configuram fenômenos diversos, sendo que, por esta razão, não poderiam e nem deveriam ser confundidos.

A falsa ideia de que só existiria processo onde houvesse atividade jurisdicional deixa em evidência um equívoco que pode, dentre vários motivos, ser atribuído a uma histórica simbiose conceitual entre aquilo que a teoria geral do processo costuma denominar de mecanismos de resolução de conflitos de interesses (autotutela/auto-composição, arbitragem e jurisdição) com o instrumento (processo) por meio do qual os primeiros são efetivados. Este "mix", não obstante estar doutrinariamente consagrado, sob ótica científico-analítica não se confirma: ao contrário, o que se verifica é a existência de dois fenômenos, não só distintos, mas autônomos.

Ambos os mecanismos de resolução de conflitos de interesses previstos em nosso ordenamento jurídico (jurisdição e arbitragem) produzem normas individuais e concretas efectuais tendentes a compor conflituosidades substanciais. Se há norma, há processo. Se esta norma é destinada à composição de conflitos, o processo se constituirá sob a forma de relação jurídica triádica, independentemente do caráter público ou privado do sujeito passivo desta relação.

É a partir de então que nos defrontamos com outro paradigma, tão correto quanto pouco explicado. Trata-se da concepção de processo como relação jurídica angular, triádica, i. é, composta por dois sujeitos ativos (autor e réu) e um passivo (Estado-juiz ou árbitro). Esta ideia expõe, no mínimo, um contraponto lógico com as demais relações jurídicas, as quais, como afirmado no início deste estudo, têm composição diádica ou binária, vinculando, única e exclusivamente, dois sujeitos de direito.

Reportando-se às premissas fixadas, mais especificamente aos parágrafos dedicados à conceituação das relações, dentre estas as jurídicas, foi destacado que toda relação será, no mínimo, diádica ou binária, i. é, composta por pelo menos dois indivíduos que se vinculam. A este nexo lógico dá-se o nome de relação. Não obstante a tal constatação, afirmou-se também que se poderia observar a existência de relações vinculativas de três ou mais indivíduos. Foram apresentados os seguintes exemplos: a) João ama Maria (relação diádica ou binária); b) João prefere Maria à Joana (relação triádica); c) Paulo é mais inteligente que Pedro e Antonio (relação triádica); d) Joaquim é irmão de Maria, Márcia e Joana (relação tetrádica).

As relações jurídicas, em quase sua totalidade, têm natureza diádica, vinculando dois sujeitos de direito em torno de um objeto sobre o qual reside o interesse de ambos. A relação jurídico-tributária é um exemplo típico daquilo que queremos explicar: constituído um determinado fato jurídico, nasce a relação jurídica que vinculará o fisco, titular do direito subjetivo de exigir determinada quantia em dinheiro, ao contribuinte, titular do dever jurídico de pagar a mencionada quantia. Esta, por sua vez, é o objeto da relação tributária.

A relação jurídico-processual, diferentemente das demais relações jurídicas, tem natureza triádica, vinculando três sujeitos de direito: autor, juiz e réu. Tal compostura lógica, no entanto, por mais que pareça óbvia, vem sendo duramente criticada por parte da doutrina processual tradicional, que reconhece a existência do processo a partir da simples apresentação e recebimento da petição inicial, cujo efeito resume-se a vincular autor e juiz.

Há também, dentre aqueles que adotam os mesmos métodos analíticos ora aplicados e aceitam a compostura triádica da relação processual, a ideia de que esta seria o produto relativo de relações produzido a partir de relações binárias estabelecidas entre autor e juiz (por meio da petição inicial) e juiz e réu (constituída com a citação). Pedindo, respeitosamente, licença aos que propugnam os entendimentos ora expostos, nenhum deles, entretanto, coincide com a orientação seguida pelo presente estudo.

A primeira linha de raciocínio tem como principal fundamento a possibilidade prevista pelo Código de Processo Civil de julgar-se extinto o processo, nos termos do inciso I do art. 267, sem que se tenha ocorrida a citação do réu, terceiro sujeito da relação triádica. Ante tal possibilidade afirmam: se pode haver extinção do processo sem que tenha havido inclusão do réu na relação jurídica, é óbvio que, para que exista processo, não há necessidade da tão propagada triadicidade relacional.

Se considerarmos o vocábulo processo em sua acepção mais lata, i. é, a de instrumento de produção de norma, não há como discordar do entendimento acima, pois uma sentença, norma individual e concreta que é, sempre será produto de um processo. Porém, se tomarmos o vocábulo processo como instrumento de produção de norma resolutiva de conflitos de interesses havidos no âmbito material, a aparente logicidade do pensamento exposto não resiste a uma análise mais cuidadosa.

Dissemos que toda norma de estrutura destinada à constituição de processos de produção de norma individual e concreta de comportamento deve estar aparelhada por mecanismos que garantam, democraticamente, um processo justo, equânime e igualitário para aqueles que serão os destinatários da norma jurídica produzida. Em se tratando de processo judicial, tais garantias são aquelas inerentes ao devido processo legal, ampla defesa, contraditório, dentre outras.

A produção de uma norma que favoreça o interesse de uma parte em detrimento do interesse de outra nunca poderá ocorrer, portanto, sem que se tenha oportunizado a ambos os sujeitos a possibilidade de defender seus interesses. Ora, se os conflitos de interesse só ocorrem no bojo das relações jurídicas materiais, envolvendo pelo menos dois sujeitos de direito, qualquer sentença produzida sem a inclusão do réu na relação processual será mero pronunciamento judicial (norma) a respeito da inexistência do direito do autor ao instrumento apto (processo, em sentido estrito) a constituir uma tutela jurisdicional de mérito; não poderá, por outros termos, veicular norma que tenha o réu como um de seus sujeitos.

A equivocidade do entendimento ora rebatido nasce do já comentado uso plurívoco do vocábulo processo, agravando-se com a falsa ideia de que a prolação de sentença (veículo normativo) induz a existência de litígio. A sentença é o veículo normativo por meio do qual a autoridade judicial põe termo aos processos de produção de normas de sua competência. Estes, embora destinados à composição de conflitos de interesses, não necessariamente hospedaram tal característica (vide, para tanto, os processos de "jurisdição voluntária").

O objeto deste estudo, no entanto, é o processo considerado em sua acepção estrita, dogmático-processual, i. é, como instrumento produtor de normas individuais e concretas efectuais voltadas à resolução da conflituosidade havida nas relações substanciais, o que induz, necessariamente, a ideia de uma relação jurídica triádica, composta por dois sujeitos ativos (autor e réu) e um passivo (o juiz), pois somente esta compostura lógica realiza o princípio do devido processo legal.

A segunda postura a ser aqui contraditada está construída sobre o mesmo alicerce lógico-analítico adotado neste estudo. Aliás, fazendo justiça, e dando a César o que é de César, foi seu autor, Prof. Paulo de Barros Carvalho, por meio dos mesmos estudos que deram origem ao entendimento adiante "atacado", que possibilitou a construção do raciocínio ora desenvolvido.

Serve-nos de consolo, porém, a noção de que nesse mundo nada se cria, nada se perde, tudo se transforma, muito embora tal circunstância leve, necessariamente, a duas possibilidades: a) se, por uma grande obra do acaso, as ideias aqui desenvolvidas lograrem aceitação de parte da comunidade jurídica, o mérito deverá ser atribuído, merecidamente, àqueles que estabeleceram suas vigas mestras; e b) na hipótese contrária, se tais reflexões forem rechaçadas pelos mais abalizados (o que é mais provável), o fracasso deve ser atribuído à inconveniente pretensão deste autor.

De todo modo, retomando o discurso antes iniciado, oportuna uma pequena remissão às considerações feitas sobre a natureza das relações. Lembrando: uma relação jurídica perfaz uma espécie pertencente a um gênero, ou seja, antes de ser jurídica é, tão somente, uma simples relação que, por sua vez, se resume a um vínculo lógico estabelecido entre dois ou mais indivíduos. As relações podem ser diádicas, triádicas, tetrádicas, etc., dependendo da quantidade de indivíduos que vincula.

A teoria das relações é o subcapítulo da lógica responsável pelo estudo das relações e, o cálculo de relações, é o subcapítulo do tema teoria das relações que estuda o conjunto de relações entre relações. Tem como objetivo estabelecer leis formais que regem as operações por meio das quais se constroem relações a partir de outras relações.

Uma das leis estudadas no tema cálculo das relações denomina-se produto relativo de relações. Esta pode ser enunciada da seguinte forma: o produto relativo das relações R e S é a relação que se instala entre todos os "x" e todos os "y", de maneira que haverá um "z" com o qual "x" mantém a relação R e "y" mantém relação S. Em outros termos, se dá o produto relativo R/S (representação da lei) entre dois indivíduos "x" e "y" se, e somente se, existir um terceiro indivíduo "z", tal que, simultaneamente, "x R z" e "z S y"[12].

Em passagem posterior da obra de que sacamos tais conceitos, ao analisar-se a relação processual estabelecida entre juiz, autor e réu, afirma-se que a relação processual seria triádica, mas numa visão integral. Se isoladas a relação "autor/réu", concluir-se-ia que esta é produto relativo de duas outras: "autor/juiz" e "juiz/réu", atuando o magistrado como elemento que possibilita o trânsito do autor, para se ligar ao réu num vínculo jurídico-processual.

Mantendo-nos na posição de aprendiz de lógica jurídica, pede-se vênia para ousar discordar desse entendimento.

Não há que se falar em vínculo entre autor e réu na relação jurídico-processual. Esta é, desde sempre, triádica e angular (e não triangular), sendo que tanto o autor quanto o réu relacionam-se única e exclusivamente com o juiz. Para que possamos falar em produto de relações faz-se indispensável que, no caso da relação processual, o produto relativo consubstanciasse uma relação estabelecida entre autor e réu, o que seria inadmissível. Poder-se-ia, talvez, admitir tal operação tomando como objeto de análise a relação jurídica efectual constituída no bojo da sentença de mérito, ou seja, no que tange à norma produto e não à norma processo.

Ademais, para que se possa vislumbrar tal operação, há que se admitir, obrigatoriamente, a possibilidade de existência independente da relação juiz/réu, sem que esta dependa de anterior relação fixada entre autor/juiz. Na prática, isto significaria a possibilidade do juiz citar o réu sem ser provocado,

---

12. Paulo de Barros Carvalho, *Lógica jurídica* (apostila), PUC, São Paulo, capítulo III, p. 80

ou seja, sem que tenha sido protocolizada qualquer petição inicial que veicule o requerimento de citação.

A relação jurídico-processual é única e, muito embora estabeleça dois vínculos, estes se dão ao mesmo tempo, para o autor e para o réu, não havendo que se falar em vínculos isolados entre autor e juiz, réu e juiz e, muito menos, autor e réu, pois o trânsito existente se dá entre autor e juiz e entre juiz e réu. Trata-se, portanto, de relação necessariamente triádica, pois o vínculo (processual, em sentido estrito) entre autor e juiz só se estabelece com a vinculação entre este último e o réu.

A ideia ficará mais clara quando diferençarmos o direito de acesso ao Judiciário do chamado direito ao processo. Por enquanto, para elucidar o raciocínio proposto, volveremos aos enunciados exemplificativos de relações que foram antes expostos.

Dos quatro enunciados apresentados, dois apresentam relações triádicas. O primeiro, por sua vez, em razão da natureza do verbo que realiza o trânsito entre sujeito e os objetos, vinculando-os e estabelecendo a relação entre os três termos, torna-se o exemplo perfeito de relação necessariamente triádica, como é o caso da relação processual, vejamos: João prefere Maria à Joana.

Note-se que o verbo "preferir" (que viabiliza a relação), realizador do vínculo entre o sujeito e os objetos, é bitransitivo. Isto significa dizer que se faz indispensável, para que o enunciado não careça de sentido, a existência, simultânea, de dois objetos, um direto e outro indireto. Assim, ao enunciar a frase "João prefere Maria" ou então "João prefere à Joana", chega-se à inevitável conclusão de que, logicamente, qualquer enunciado (e também a proposição lógica que, em processo de abstração, dele possa ser extraída) que tenha como termo relacional um verbo bitransitivo veiculará, obrigatoriamente, uma relação triádica.

Mutatis mutandis, tudo que foi dito a respeito dos enunciados compostos por verbos bitransitivos, pode ser levado em consideração na análise da relação jurídico-processual. Não há nenhum vínculo processual (em sentido estrito) entre autor e juiz antes que este último verifique a (aparente) aptidão da petição inicial e determine a citação. Até então a única relação que se verifica, entre autor e juiz, não processual, mas sim concernente ao exercício do direito de acesso ao Judiciário, cujo dever correlato é o de pronúncia do juiz a respeito da possibilidade de existência dos direitos afirmados pelo autor no pedido da petição inicial (requerimento de citação: direito ao processo; pedido imediato (tutela de mérito): direito de ação; e pedido mediato: pretensão material).

Ao realizar-se a citação nasce, para autor e réu, simultaneamente, o direito ao processo. Este consiste no direito de ter disponível o único instrumento por meio do qual o autor tentará constituir o afirmado direito a uma tutela de mérito (ação) procedente (pretensão material) e o réu poderá, por meio dos mecanismos inerentes ao contraditório e à ampla defesa, defender seus interesses processuais e materiais.

10. A norma secundária: uma proposta de definição

Fixados os conceitos e as premissas fundamentais, chegamos ao momento de retomar a questão inicialmente proposta, atinente à natureza da norma jurídica secundária sancionadora de Kelsen (e nossa também).

A dificuldade na fixação daquilo que vem a ser a norma secundária tem início com um equívoco muito bem observado por Eurico Marcos Diniz de Santi que, ao descrever a natureza dúplice das acepções técnico-jurídicas da locução "ato administrativo", esclarece: *"uma, o ato-fato da autoridade que configurou o fato jurídico suficiente, fonte material; outra, o produto desse processo, o ato-norma administrativo, a norma individual e concreta que exsurge desse contexto existencial".*

Prossegue o autor: *"Quando caracterizado contextualmente, esse tipo de equívoco é designado como ambiguidade de processo/produto. Consiste na circunstância de um mesmo "suporte físico" apresentar dois significados relativos ao esquema processo/produto de uma dada realidade, assim: um, se refere a uma atividade ou processo; o outro, ao produto ou resultado dessa atividade ou processo*".[13] O raciocínio empreendido pelo autor para descrever a polissemia da expressão "ato administrativo" servirá de sustentáculo para o início da discussão a respeito da natureza da norma secundária.

Retomando algumas noções, é certo que as relações jurídicas individualizadas pela aplicação de normas gerais de conduta são chamadas de relações jurídicas efectuais; por outro lado, aquelas individualizadas pela aplicação de normas gerais de produção, são chamadas de relações jurídicas intranormativas.

O Código de Processo Civil é um diploma legal que veicula normas gerais de estrutura (processuais) cuja aplicação resulta na produção de relações jurídicas intranormativas, integrantes de normas individuais e concretas (petição inicial, citação etc). Estas, por sua vez, compõe a facticidade jurídica que dá ensejo à constituição de outra norma individual e concreta, a sentença, que, em circunstâncias normais, veicula uma relação jurídica efectual (mérito), resultante da aplicação de uma norma geral de conduta (material).

O equívoco gira em torno da natureza do ato judicial sentença que, ao mesmo tempo em que configura relação jurídica intranormativa, produto de uma série de atos-fatos jurídicos, resultante da incidência de normas de estrutura, traz, em seu bojo, uma norma individual e concreta, cujo consequente é uma relação jurídica efectual, produto da incidência de uma norma geral de conduta (comportamento). É desta ambiguidade que emerge a pergunta: a norma secundária seria a originada da incidência das normas de estrutura (norma-processo) ou aquela decorrente da aplicação da norma de conduta que põe fim ao conflito de interesses (norma-produto)?

---

13. *Lançamento tributário*, Max Limonad: São Paulo, 1999, 2. ed., p. 89.

Opta-se, neste estudo, pela segunda assertiva. Com efeito, desde que originalmente formulada, a norma secundária (que na primeira edição da *Teoria Pura do Direito* era a primária), também chamada de norma adjetiva ou processual, tem como objetivo garantir a eficácia (social) das normas de comportamento que regulam as relações de intersubjetividade. O seu pressuposto fático, tanto na lição de Kelsen como nos ensinamentos de Lourival Vilanova, sempre foi o "fato do descumprimento" da norma primária.

Adiantando-nos um pouco naquilo que mais adiante será aprofundado, cabe notar que a facticidade jurídica que dá ensejo ao nascimento da relação processual e da produção de uma sentença de mérito, não é, necessariamente, o descumprimento da relação de direito material, mas pura e simplesmente, a controvérsia a respeito deste descumprimento, ou seja, o mero conflito de interesses que, por sua vez, pode resultar em: a) sentença extintiva do processo sem julgamento do mérito; b) sentença de mérito improcedente; e c) sentença de mérito procedente.

A primeira, sentença extintiva do processo sem julgamento do mérito, nem sequer toca na relação substancial, muito embora, na maioria das vezes (excetuando as situações em que há indeferimento da petição inicial), tenha havido todo um processo destinado a dar às partes a chance de constituir os fatos e normas jurídicos destinados a preservar o interesse substancial de cada um. A segunda hipótese, não obstante ter conhecido o mérito e, portanto, os fatos pertinentes à relação de direito material, acabou por constituir norma de direito material cujo antecedente será exatamente o reconhecimento da inexistência do alegado descumprimento (causa de pedir próxima) da relação de direito material.

Não há que se falar, na primeira situação, na produção de norma individual e concreta destinada a garantir a juridicidade de uma relação de direito material. O mesmo, entretanto, não pode ser dito das sentenças que julgaram o pedido. Estas, de fato, reconhecendo ou não o descumprimento da relação jurídica substancial, retornarão ao direito material, garantindo a realização dos direitos e deveres estabelecidos na mencionada relação.

Partindo das duas premissas desde sempre propostas para justificar a existência de uma norma secundária (i. é, o fato do descumprimento da relação substancial e a garantia da juridicidade da norma primária), tornar-se-ia forçosa a conclusão de que norma secundária seria o produto (norma individual e concreta material) de sentenças (veículos normativos) com julgamento de procedência, pois somente estas constituiriam o fato do descumprimento da norma.

Ocorre que, muito embora a sentença de mérito improcedente não constitua o fato do descumprimento (pelo contrário, nega-o), a norma individual e concreta efectual por ela veiculada, tal e qual a resultante de sentença procedente, em movimento circular, retornará ao mundo material para dar continuidade ou até encerrar aquilo que chamamos de ciclo de positivação do direito.

Cabe, neste momento, questionar-se a ideia de que o fato do descumprimento, constituído em sentença que acolhe o pedido do autor e julga-o procedente, seja o único fato jurídico constitutivo da norma secundária. Ao que parece, tal assertiva padece do equívoco que consiste em excluir a norma individual e concreta resultante de sentenças de improcedência do conceito de norma secundária, mesmo estando claro que tal norma retorna ao processo de positivação do direito material possibilitando sua continuidade ou encerramento, cumprindo a função de dar efetividade à relação material, que, em última instância, é o grande objetivo da norma secundária.

Para resolver este paradoxo, propõe-se substituir o fato do descumprimento da relação jurídico-substancial como fato jurídico necessário ao nascimento da norma secundária, pelo simples fato da possibilidade de ocorrência de descumprimento, que pode ser reduzido à constatação de um mero conflito de interesses que impõe a prolação de uma sentença de mérito que coloque fim à conflituosidade (esta sim, prejudicial da eficácia das relações jurídicas de direito material).

Quanto à possibilidade de se incluir no conceito de norma secundária as normas responsáveis pela autopoiése do sistema de direito positivo, cabe lembrar que a circunstância de normas (estruturais) produzirem normas (estruturais e comportamentais) não tem o condão de elevar as primeiras (normas de estrutura), nem o produto de sua incidência (relações intranormativas/processo), à condição de normas secundárias, pois estas não se destinam, diretamente, a dar efetividade às relações de direito material. É certo, porém, que não há norma, mesmo secundária, sem processo que lhe anteceda, seja esta fundada no descumprimento de outras normas seja em razão de mero exercício de função legislativa.

A norma secundária só é chamada de norma processual pela circunstância de ser extraída de contexto inserido num veículo normativo produzido exclusivamente em processos judiciais. Assim, para que se possa falar em norma secundária, é imprescindível que se reporte a uma norma de comportamento, produzida em processo jurisdicional e materializada mediante veículo processual: sentença, acórdão etc. Esta condição, no entanto, só se torna possível nas ocasiões em que ocorre o julgamento do pedido (imediato e mediato) feito pelo autor, oportunizando a prolação de decisão de mérito, procedente ou não.

11. Da norma primária à norma secundária, do direito substantivo ao direito adjetivo

Na tentativa de definir a natureza daquilo que vem a ser a norma secundária, diferençando-a daquelas normas responsáveis pela sua constituição, ressaltou-se a indispensabilidade das normas de estrutura na dinâmica do ciclo de positivação e, por conseguinte, na produção das normas de comportamento realizadoras daquele que se mostra o principal objetivo do direito: regular e influenciar as condutas intersubjetivas dos cidadãos em geral.

Se, em momento anterior, as normas gerais de estrutura bem como as decorrentes normas individuais e concretas cujos consequentes são compostos por relações jurídicas intranormativas foram tratadas como coadjuvantes, agora, pela natureza do fenômeno sobre o qual se dissertará, estas passarão a ter *status* de protagonistas, cujo ator principal é o ato-norma conhecido por petição inicial.

Ao direito subjetivo de dirigir-se ao Estado-juiz (art 5º XXXIV, "a" c/c 127 e ss da CF) para deste cobrar a instauração de um instrumento (direito ao processo – art 5º LIV e LV da CF) por meio do qual o cidadão possa ter a chance de constituir o direito a uma tutela jurisdicional (ação – art. 5º XXXV da CF), ainda não subjetivado, dá-se o nome de direito de acesso ao Judiciário.

Como dito, trata-se de direito subjetivo, de natureza material, constituído a partir do fato jurídico personalidade, que consiste na faculdade de dirigir-se ao Estado-juiz para dele obter um pronunciamento (norma) cujas formas e conteúdos possíveis são dois, um negativo e outro positivo, vejamos: a) Pronunciamento negativo: materializado no ato-norma sentença, cujo conteúdo é a negação do requerido direito ao processo (art. 5º LIV e LV); b) Pronunciamento positivo: materializado no ato-norma de citação, que constitui o requerido direito ao processo, por meio do qual o cidadão pretende constituir o direito a uma tutela de mérito (ação) que acolha suas pretensões materiais.

O direito de acesso ao Judiciário está subjetivado desde a constituição do fato jurídico "personalidade". Para que possa ser exercitado, i. é, para que a norma que o veicula tenha eficácia técnica, necessita de um veículo normativo (petição inicial) constituído a partir de normas de estrutura geograficamente localizadas num diploma normativo destinado a regular relações e garantir direitos processuais (Código de Processo Civil).

Assim, para que se tenha acesso aos direitos ditos processuais, necessária a existência de um direito material cujo exercício possibilita a constituição dos primeiros. Tal constatação demonstra que o fracionamento do direito em ramos supostamente independentes é descabido, não se sustentando diante do inerente caráter sistêmico do ordenamento jurídico. O sistema de direito pressupõe a interligação lógica de todos os seus componentes que, em última instância, materializam-se sob a forma das estruturas normativas.

Note-se que tudo começa e termina na seara material, num deslocamento cíclico que pode ser chamado de causalidade circular. Neste movimento, o processo configura mero parêntese no ciclo de concretização do direito, estando destinado a possibilitar a constituição de normas individuais e concretas efectuais (materiais) que, ao se tornarem definitivas, retornarão ao ponto inicial para retomar ou encerrar o processo de positivação.

Uma relação jurídica de direito material viciada pela conflituosidade de seus sujeitos necessita de outra norma, também material, que coloque fim a esta vicissitude. O necessário remédio normativo é produzido por meio de um modo específico de processo, dentro do qual são produzidos os fatos jurídicos que servem de suporte para a incidência da norma geral de conduta que dá origem a norma individual e concreta que sobrepor-se-á à relação viciada, completando o trânsito circular havido entre norma primária e norma secundária.

12. O direito de acesso ao Judiciário como espécie do gênero direito de petição

Segundo José Afonso da Silva,[14] o direito de petição define-se *"como o direito de invocar a atenção dos poderes públicos sobre uma questão ou uma situação"*. Está prescrito no 5º, XXXIV, "a", que assegura a todos o direito de petição

---

14. *Curso de direito constitucional positivo*, Malheiros: São Paulo, 2000, 18. ed, p. 445.

aos Poderes Públicos em defesa de direitos ou contra ilegalidade ou abuso de poder.

O direito de petição cabe a qualquer pessoa. Pode ser utilizado por pessoa física ou por pessoa jurídica, bastando, para tanto, "ser sujeito-de-direito". É, pois, direito subjetivo da pessoa desde o seu nascimento, constituindo-se a partir da expedição da competente certidão de nascimento ou do documento legalmente destinado à constituição de uma determinada pessoa jurídica.

A hipótese normativa que compõe a norma jurídica que incide sobre o fato jurídico personalidade, fazendo nascer o direito subjetivo de petição, advém da conjugação de dois preceitos, quais sejam: o já mencionado art. 5º, XXXIV, associado à prescrição constante do art. 1º do CC *"toda pessoa é capaz de direitos e deveres na ordem civil"*. Sendo que, para ser pessoa, basta existir (juridicamente) – art. 2º do mesmo diploma.

Como vimos adrede, a todo direito corresponde um dever, sendo que ambos compõe aquilo que se convencionou chamar de relação jurídica. Neste sentido, o direito de petição, não está desprovido deste correspondente lógico. Por esta razão *"o direito de petição não pode separar-se da obrigação da autoridade de dar resposta e pronunciar-se sobre o que lhe foi apresentado, já que, separado de tal obrigação, carece de verdadeira eficácia"*.[15]

Assim, a relação jurídica constituída por meio do fato jurídico "personalidade", composta pelo direito de petição, atribuído à pessoa física ou jurídica (sujeito ativo), tem, como correspondente lógico, o dever de pronúncia a respeito da solicitação (pedido), cujo titular (sujeito passivo) será, invariavelmente, uma pessoa jurídica de direito público, presentada pela respectiva autoridade. Esta pronúncia, formalmente considerada, sem que se leve em conta o seu conteúdo, será o objeto da mencionada relação.

---

15. Idem, ibidem, p. 446.

É interessante notar que, apesar de constituir-se pela simples verificação do fato jurídico personalidade, o direito de petição, nas suas mais variadas espécies, é exercido mediante a aplicação de normas de estrutura, que veiculam-no possibilitando à autoridade a quem o titular do direito se dirige cumprir com o seu dever de pronúncia. Isto se dá por meio da produção de norma individual e concreta que constitui ou nega o direito pleiteado na petição.

Ante a multiplicidade de órgãos públicos integrantes da estrutura burocrática dos três poderes e também da natureza peculiar de cada uma das funções precípuas e inerentes a cada um deles, não é difícil induzir que nas diversas esferas estatais a forma pela qual o exercício do direito de petição é exercido será delineada de acordo com a natureza da atividade inerente ao órgão "provocado", bem como pelo direito que, por meio da petição, é pleiteado pelo cidadão.

Assim, dependendo das peculiaridades, tanto do órgão estatal a que o cidadão se dirige quanto da espécie de direito que perfaz o objeto do pedido, agregar-se-ão aos enunciados constitucionais do direito de petição, outros enunciados normativos que, conjugados, resultam em normas estruturais que disciplinam o exercício do direito de petição, adaptando-o à natureza do órgão a que se dirige e, também, à especificidade do direito pleiteado, sendo que, em alguns casos, o direito de petição é formalmente forjado de maneira tal, que passa a ter outras denominações. É exatamente o que se dá quando falamos na existência de um "direito de acesso ao Judiciário" (para alguns, direito de acesso à justiça).

As normas que disciplinam o direito de acesso ao Judiciário são produzidas a partir de enunciados normativos colhidos em diversos diplomas legais: começando pelo já citado art. 5º XXXIV, "a", passando pelos arts. 127 e seguintes (Capítulo IV, funções essenciais à justiça), todos da Constituição Federal e chegando a enunciados extraídos de diplomas infraconstitucionais como os Códigos de Processo e o Estatuto da Advocacia.

A petição inicial, disciplinada nos arts. 282 e seguintes do CPC, antes de ser fato jurídico necessário à instauração do processo, é a materialização do direito de acesso ao Judiciário, por meio do qual o autor pede à autoridade judiciária a constituição de direitos processuais específicos, quais sejam: a) o direito ao processo, decorrente do pedido de citação; b) o direito a uma tutela de mérito, i. é, direito de ação, decorrente do pedido imediato; e, por fim c) o direito à pretensão material correspondente ao pedido mediato, sendo que a constituição dos dois últimos depende da constituição do primeiro.

O direito de petição e o dever de pronúncia, mesmo quando manifestados sob a espécie direito de acesso ao Judiciário, apesar de serem formalizados mediante normas de estrutura que integram um diploma normativo disciplinador da atividade processual em sentido estrito, integram norma jurídica de direito material que regula uma relação entre cidadão e autoridade, nascida e formalizada em momento anterior a instauração do vínculo processual. A realização do direito e o cumprimento do dever dar-se-ão com a simples pronúncia, formalmente considerada, cujo conteúdo mínimo se restringe a responder, negativa ou positivamente, ao pedido do réu.

Se o pronúnciamento que configura o dever da autoridade provocada atender ao pedido efetuado pelo autor, materializando-se sob forma de citação (pronúncia positiva) do réu, instaura-se a relação processual. Em caso de prolação de sentença extintiva do "processo" (pronúncia negativa), mediante indeferimento de plano da petição inicial, ter-se-á cumprido o dever de pronúncia, sem que, no entanto, tenha sido instaurada a relação jurídico-processual.

Por fim, cabe ressaltar que o réu, na condição de pessoa, também é titular do direito de acesso ao Judiciário, diferençando-se pela pelo fato de somente poder ser exercitado após a constituição da relação jurídico-processual. Dependendo da pronúncia do juiz a respeito dos pedidos do autor, dar-se-á a citação do réu que, ao concedê-lo o direito ao instrumento processual, estará, simultaneamente, abrindo-lhe as portas do Poder Judiciário para que exercite seu direito de defesa, por meio do qual tentará preservar seus interesses.

Embora restrito ao pedido do autor, não há como negar-se a existência de um direito de "pedir"(a extinção do processo ou a improcedência do pedido) inerente à condição do réu, direito esse que, exercido por meio das petições de defesa, pode perfeitamente ser catalogado como uma espécie de direito de acesso ao Judiciário. O direito de defesa do réu, assim como o direito de ação do autor, imprescinde dos direitos de acesso à justiça e ao processo para ser exercitado.

13. O direito ao processo e o dever de proporcionar o processo

Chegado, finalmente, o momento de falar a respeito do tema que inspirou a elaboração deste estudo, pode-se ter a falsa impressão de que não há muito mais o que dizer. Realmente, as questões mais difíceis, diretamente ligadas à ontologia do instituto processual, parecem ter sido superadas. Resta, no entanto, baseando-se naquilo que foi proposto, aplicar e adaptar o que é geral aos pormenores jurídico-positivos que giram em torno do processo, descrevendo-os, sistematizando-os e definindo seus escopos jurídicos.

Fundado nos incisos LIV e LV do art. 5º da CF, o fenômeno processo persegue o propósito de legitimar, democraticamente, a produção normativa. No âmbito jurisdicional, materializa-se como relação jurídica triádica, instrumentalizadora do exercício dos direitos de ação e defesa, tendente à produção de norma individual e concreta que coloque fim à conflituosidade havida no seio das relações jurídico-substanciais.

Relação jurídica que é, pressupõe a existência de um fato jurídico que tenha lhe dado origem, bem como de uma norma que represente a causalidade jurídica existente entre o fato jurídico e a relação processual. Induz, ainda, pelo mesmo motivo, à existência de um direito, um dever e um objeto comum aos dois primeiros.

A relação processual forma-se com a efetivação da citação que, para ser realizada, necessita do requerimento efetuado na petição inicial. Tais instrumentos, portanto, compõe a facticidade jurídica que implica no nascimento da relação processual.

Corroborando esta proposta, faz-se mais que oportuna transcrição da lição de Paulo Cesar Conrado[16] a respeito da triadicidade da relação jurídico processual, vejamos: *"De todo modo, fixada a ideia de processo mediante pleno contraditório, não nos parece difícil compreender a triadicidade da relação jurídica processual, significando que tês são os seus termos (sujeitos), vale dizer, autor, réu e juiz".*

Prossegue o autor: *"Nesse sentido, temos de reconhecer que se há o direito de suscitar do Estado-juiz a prestação da tutela jurisdicional, há, de outro lado, o correlato direito de o sujeito que será ferido pela referida prestação de opor resistência, ou, por outra, de defender-se".*

O direito ao processo é, antes dos pedidos imediato (sentença de mérito) e mediato (pretensão material), requerido pelo autor na petição inicial. Da sua constituição depende a oportunidade do autor constituir os demais pedidos, não é por outro motivo que sua análise pelo juiz, bem como sua constituição, é cronologicamente anterior àqueles. Lembrando: sem processo, não há norma.

Outra característica peculiar do direito ao processo é a sua titularidade ativa dúplice, sendo um direito tanto do autor quanto do réu, constituindo-se, para ambos, simultaneamente, logo que efetuada a citação. Por mais que pareça estranha, tal circunstância amolda-se perfeitamente aos escopos jurídicos do processo, pois, se este tem por finalidade legitimar, democraticamente, a produção normativa, nada mais justo que oferecer ao réu os mesmos instrumentos dados ao autor para defender seus interesses.

---

16. *Introdução à Teoria Geral do Processo Civil*, Max Limonad: São Paulo, 2002, 2. ed., p. 214.

Assim, enquanto o autor, por meio do processo, busca a constituição de um afirmado direito de ação (tutela de mérito) que traria consigo um outro direito (à uma pretensão material), diretamente conflitante com os interesses do réu, este, por sua vez, usando o mesmo instrumento (processo), no exercício do seu direito à ampla defesa, tentará resguardá-los (os interesses), tentando: a) desconstituir o direito do autor ao processo; b) alegando a inexistência do afirmado direito de ação do autor; ou c) obstando a pretensão material do autor, pleiteando a improcedência do pedido.

Em contraposição ao direito ao processo, cujos titulares são autor e réu, está o dever de processo, i. e, dever de, segundo os princípios e normas processuais, oferecer às partes a chance de constituir fatos jurídicos e alegar direitos que preservem seus interesses. O titular deste dever, naturalmente, é o Estado-juiz, que terá como missão aplicar as normas de direito positivo, preservando a natureza equânime da participação das partes na constituição dos fatos jurídicos que servirão de suporte para a constituição da tutela jurisdicional.

Falta, por fim, discorrer a respeito do que vem a ser o objeto da relação jurídico-processual. O objeto de toda e qualquer relação jurídica é o ente, material ou imaterial, econômico ou não, em torno do qual gira os interesses de ambos os sujeitos da relação. Este assunto abre oportunidade para aprofundarmos o estudo do processo.

Dizer que o processo tem natureza instrumental, não significa, somente, dizer que este está vocacionado à produção de normas, pois, se já concluímos que toda norma pressupõe um processo, afirmar que o processo judicial é instrumento de produção de norma tendente a compor litígios é, no mínimo, ser profeta do óbvio. A instrumentalidade do processo é, também, estrutural, já que os elementos por dos quais a relação processual se materializa são meros instrumentos normativos (petição inicial e citação), tomados em sua condição de veículos sem que se leve em consideração os respectivos conteúdos.

Como se não bastasse, na tentativa de localizar um objeto sobre o qual recaiam os interesses de todos os sujeitos da relação processual, incluindo o juiz (sujeito passivo), chega-se, por meio de processo dedutivo (partindo do geral para o individual), a um outro instrumento normativo, qual seja: a sentença. Verificar a existência de uma sentença significa verificar que existiu um processo.

A facticidade jurídica da relação processual, repetindo, tem na petição inicial e na citação seus componentes bastantes. Tais fatos trazem em seu conteúdo elementos concernentes à situações jurídicas que em nada têm a ver com a constituição da relação processual. Assim, a título exemplificativo, considere-se a hipótese de um determinado advogado protocolizar uma petição inicial que, não obstante estar dotada de inaptidão (inépcia) patente, é aceita pelo juiz, que, ao recebê-la, profere despacho determinando a citação (que nem precisa ser a pessoa indicada na inicial), a qual, ao final, é realizada. Neste momento, por mais absurdo que possa parecer, estará constituída uma relação jurídico processual que permanecerá válida até que sobrevenha norma que reconheça a inépcia da inicial e/ou a nulidade da citação, desconstituindo-a.

A cantilena acima narrada tem por objetivo demonstrar a natureza estruturalmente instrumental das relações processuais, característica esta que torna irrelevante o conteúdo dos instrumentos normativos que lhes dá origem. O mesmo pode ser dito de seus objetos, i. é, as sentenças, que, processualmente, interessam ao autor (quando procedente) ao réu (quando extintiva do processo ou improcedente) e ao juiz que, por meio delas, cumpre o seu inafastável dever de julgar.

Não há que se confundir, porém, objeto da relação processual, que é um conceito lógico-jurídico, com o objetivo da mesma, que, diferentemente do primeiro, tem conotação jurídico-sociológica, estando adstrito à eficácia do processo jurisdicional na produção de normas socialmente pacificadoras, i. é, diz respeito ao mérito da sentença e seus efeitos sociais. Nesta seara, as perspectivas analítico-processuais despertam pouco ou nenhum interesse.

14. Os elementos do processo e os pressupostos processuais

Todo e qualquer processo, seja de conhecimento, cautelar ou executivo, será composto por estas três constantes lógicas: petição inicial, citação (notificação no caso da execução) e sentença. Dentro do contexto abstrativo das relações jurídico-processuais *stricto sensu* que vem sendo descrito, devem ser considerados na condição de veículos, produtos de normas de estrutura, independentes de seus conteúdos.

A partir de então, já é possível estabelecer quais são os elementos da relação jurídico-processual (processo). Para tanto, usaremos o critério estipulativo proposto por Eurico Marcos Diniz de Santi que designou como elementos os componentes internos da estrutura do ato-norma.[17] Nestes termos, os elementos do processo, numa visão simplista, sem o detalhamento lógico-estrutural proposto pelo autor, os quais estão implícitos nos seguintes componentes: a) antecedente: a citação (fato jurídico necessário e suficiente); b) consequente: os três sujeitos, autor, juiz e réu.

O detalhamento analítico que deve ser feito para mostrar adequadamente cada um dos elementos da norma jurídico processual em sentido estrito implicaria, em razão de suas particularidades, estender o estudo a horizontes que fogem ao nosso objetivo. Justificando esta assertiva, anote-se um pequeno detalhe a respeito da citação que, invariavelmente, é efetuada sem a motivação (elemento normativo), responsável por descrever os motivos (aptidão da inicial, aparente conflituosidade substancial) do ato, fundamenta a formação da relação jurídica prescrita no consequente.

Quanto aos pressupostos processuais, em atitude subversiva dos ensinamentos e dogmas mais tradicionais, mas sem a pretensão de provocar algo que possa parecer uma revolução conceitual, adotar-se-ão, para definir o que vem a

---
17. *Lançamento Tributário*, Max Limonad: São Paulo, 1999, 2. ed., p. 97.

ser pressuposto, os critérios estipulativos que acompanham aqueles estabelecidos por Eurico Marcos Diniz de Santi na fixação do conceito de elementos.[18] Mais que uma questão de coerência, manter-se no norte usado para chegar-se ao conceito de elementos, permitirá reduzir e simplificar a questão, ajustando-a à linha metodológica escolhida.

Assim, se elementos são os componentes internos da estrutura da norma processual *stricto sensu*, i. é, antecedente, composto pelo ato de citação (fato jurídico necessário e suficiente) e consequente, representado pela relação triádico-angular antes descrita, pressupostos são os elementos externos, estranhos a sua estrutura normativa, compositivos do fato jurídico que cuidou de sua produção.

Se o fato jurídico necessário e suficiente ao nascimento do processo é a citação, pressupostos processuais, fazendo nossas, mais uma vez, as palavras de Eurico Marcos Diniz de Santi,[19] seriam os fatos jurídicos necessários que influem positivamente na formação do mencionado ato-fato. Neste rol inclui-se a petição inicial e os fatos jurídicos decorrentes de normas de estrutura que regulam sua produção, tais como: capacidade postulatória (art 36, do CPC), aptidão (ausência dos fatos jurídicos geradores da inépcia, art. 295, I, parágrafo único, do CPC), ausência de requisitos formais (arts. 282, 283 e 284 do CPC); além dos fatos jurídicos decorrentes da incidência das normas de jurisdição e competência.

Dos fatos jurídicos mencionados, entretanto, há aqueles cuja verificação é absolutamente indispensável para a constituição da relação jurídico-processual. De outra banda, há os que cuja ausência pode ser verificada após a constituição do processo.

Os fatos jurídicos pertencentes ao primeiro grupo podem ser denominados de pressupostos de existência ou de

---

18. Idem, ibidem.
19. Idem, ibidem, p. 100.

constituição, são eles: a) ato-fato petição inicial, fisicamente considerada, sem levar-se em conta o seu conteúdo; e b) os fatos jurídicos constitutivos do poder/dever jurisdicional da autoridade que recebe a petição inicial, que, independentemente de suas limitações, terão o condão de permitir a realização da citação.

Os outros pressupostos, cuja ausência pode ser verificada após a constituição da relação jurídico-processual, são denominados pressupostos de desenvolvimento, sendo que neste grupo estão: a) a capacidade postulatória; b) a aptidão e c) a adequação formal da petição inicial; e, por fim d) os fatos jurídicos constituídos a partir da incidência de normas de competência, limitadoras da atividade jurisdicional.

Todas as outras causas de não constituição ou extinção prematura do processo estão relacionadas à ausência do direito de ação (condições da ação e prescrição) ou da pretensão material (decadência), não tendo nenhuma ligação com o que chamados de direito ao processo.

15. A petição inicial: um breve comentário

Firme no propósito de elaborar um texto sucinto, não teceremos comentários a respeito das três constantes lógicas do processo (petição inicial, citação e sentença), restringindo-os tão somente à primeira, i. é, a petição inicial. A opção, no entanto, não decorre de mera escolha aleatória ou arbitrária e muito menos de uma preferência pessoal deste autor, mas, em verdade, de dois motivos que denotam, ao mesmo tempo e respectivamente, curiosidade e conveniência metodológica.

O primeiro está fundado na curiosa constatação de que, tanto na doutrina quanto no ambiente acadêmico, encontram-se, em abundância, tratados, dissertações, teses e outros trabalhos desenvolvidos com foros de cientificidade, dedicados à investigação do ato de citação e, principalmente, da sentença. Em contrapartida, as obras dedicadas à petição inicial, encontradas em quantidade diminuta, quase sempre estão direcionadas à práxis do direito, sendo desprovidas do conteúdo científico que o tema merece e que geralmente é verificado nas obras que têm como pano de fundo às outras constantes lógico-processuais.

O segundo motivo atem-se ao fato da petição inicial, em sua forma e em seu conteúdo, abranger os quatro direitos ora investigados. Assim, na condição de veículo normativo, é realizadora do direito de acesso ao Judiciário e, ao mesmo tempo, constitui fato jurídico necessário à realização da citação que, sabe-se, é a responsável pelo nascimento do direito ao processo. Por outro lado, analisando seu conteúdo, materializado nos componentes partes, causa de pedir e pedido, constatar-se-á o reflexo daquilo que poderá ser a tutela jurisdicional de mérito, responsável pela constituição dos direitos de ação e à pretensão material.

Além de componentes da petição inicial, as partes (sujeitos processuais ativos), a causa de pedir (relação jurídico-substancial conflituosa) e o pedido (sentença e mérito pleiteados), por expressa determinação legal,[20] também atuam como elementos identificadores das ações, signo que, nesta passagem, deve ser lido com a acepção semântica do vocábulo processo (em sentido lato).

Estes mesmos elementos, se analisados em processo de abstração, refletem exatamente a estrutura da norma individual e concreta efectual que decorreria de um eventual julgamento que reconhecesse a procedência das pretensões do autor. Quer-se, com isto, afirmar que enquanto a causa de pedir será o suporte fático do qual será extraído o fato jurídico normativo, as partes (autor e réu) serão, respectivamente, os sujeitos ativo e passivo da relação consequente, sendo que do pedido serão extraídos os direitos e deveres a correlatos, bem como o objeto da relação jurídica efectual.

---

20. Vejamos o enunciado do parágrafo 2º do art. 301 do Código de Processo Civil: *"Uma ação é idêntica à outra quando tem as mesmas partes, a mesma causa de pedir e o mesmo pedido"*.

A petição inicial é a linguagem que constituirá a realidade jurídica sobre a qual o juiz se norteará quando da produção da norma resolutiva do conflito de interesses, sendo que dela depende, também, a constituição da linguagem da sentença. Daí a estranheza causada pelo descaso com que a petição inicial tem sido tratada pela ciência jurídico-processual que, salvo raras e nobres exceções,[21] vem estudado-a sob uma perspectiva essencialmente prática, postura que não condiz com a sua importância na construção de uma tutela jurisdicional jurídica e socialmente eficaz.

16. O direito de ação e o dever de jurisdição

O terceiro direito da cadeia processual ora proposta, talvez seja o mais polêmico e controverso de todos os que pretende-se investigar, não obstante ser também o mais estudado em todos tempos, incluindo os períodos anterior e posterior ao reconhecimento da tão propagada autonomia do direito processual em relação ao direito material.

Trata-se do direito de ação, cujo fundamento jurídico de validade, sacado a partir da leitura do art. 5º, inciso XXXV, da CF, é um dos únicos pontos de convergência doutrinária a respeito de sua existência, sendo que, também por este motivo (aliado àquela postura metodológica preliminarmente fixada), seu estudo partirá da interpretação do enunciado prescritivo-constitucional que o veicula.

Sem adentrar no mérito das várias teorias que procuram descrever e explicar a ação (teoria clássica ou civilista, teoria da ação como direito concreto, teoria da ação como direito abstrato e teoria eclética de Liebman),[22] partir-se-á, desde logo,

---

21. A obra *O direito e suas instâncias linguísticas*, de Celestina Vitória Moraes Sytia, publicada por Sergio Antonio Fabris Editor, páginas 41 a 48, mesmo que em breves considerações, pode ser um exemplo de abordagem lógico-científica da petição inicial.
22. Rodrigo da Cunha Lima Freire, *Condições da Ação: um enfoque sobre o interesse de agir*, Revista dos Tribunais: São Paulo, 2001, 2.ed., p. 47.

às análises lógica e semântica do dispositivo legal que a fundamenta, sendo que, ao final da exposição, as conclusões sobre a definição e a natureza jurídico-positiva do direito de ação poderão se enquadrar em uma das teorias doutrinariamente conhecidas.

A locução direito de ação será usada de modo alternado com o vocábulo ação, pressupondo, desde já, identidade significativa entre uma e outro. Aliás, o mesmo modelo de estudo semântico usado para enumerar as várias significações do vocábulo processo, também foi aplicado à palavra ação, tendo-se averiguado, entretanto, que na maioria das vezes em que é usado o signo ação não designa o direito que se pretende descrever.

Dentre as várias acepções encontradas estão: a) ação em sentido léxico, i. é, como sinônimo de agir; b) ação como direito de acesso ao Judiciário; c) ação como designativo de processo; e d) ação como sinônimo de pedido. Nenhuma destas acepções, entretanto, interessa aos escopos deste trabalho, cuja missão é descrever o direito subjetivo constituído a partir da incidência da norma abstrata extraída do enunciado prescritivo constante do art. 5º, XXXV, da CF, que, diga-se de passagem, por mais contraditório que possa parecer, sequer faz uso da palavra ação.

Não há, portanto, uma definição legal daquilo que vem a ser ação, sendo que seu conceito é obtido a partir de atividade interpretativa dos enunciados prescritivos. Vejamos, então, o texto do citado dispositivo constitucional: Art. 5º (...), inciso XXXV – *a lei não excluirá da apreciação do Poder Judiciário lesão ou ameaça a direito; g.n.* O enunciado prescritivo-constitucional atribui ao Poder Judiciário o inafastável (pois nem a lei, instrumento mais poderoso do Estado de Direito, pode bloqueá-lo) dever de, em ocorrendo os fatos lesão ou ameaça de lesão, apreciá-los.

O vocábulo "apreciá-los" deve ser entendido, sob pena de inutilidade da norma e esvaziamento do Estado de Direito, como sinônimo de protegê-los, função que se concretiza por meio de uma atividade que resulta na produção de normas individuais e concretas que tutelam aqueles direitos lesados ou ameaçados. A este mecanismo estatal de proteção de direitos dá-se o nome de jurisdição, sendo que à norma produzida por tal atividade é chamada de tutela jurisdicional.

É intuitiva a noção de que uma lesão ou ameaça a direito só ocorre no campo jurídico-relacional, já que um titular de direitos só pode tê-los lesados ou ameaçados pelo titular do dever correlato, situação esta que, invariavelmente, decorre de um conflito de interesses havido entre os sujeitos da relação (caso contrário não haveria lesão ou ameaça a direito). Pode-se, a partir de então, dizer que o fato jurídico que dá ensejo ao nascimento do dever estatal de prestação de tutela jurisdicional está condicionado à verificação de um conflito de interesses havido entre dois ou mais sujeitos de direito.

Prosseguindo, na condição de dever jurídico, a atividade jurisdicional também está inserida num contexto relacional, pressupondo a existência de um direito subjetivo que lhe seja contraposto e de um objeto em torno do qual girem os interesses dos sujeitos da relação. A este correlato direito subjetivo que se contrapõe ao dever jurisdicional dá-se o nome de ação, cujo titular é, ordinariamente, o titular do afirmado direito material lesado ou ameaçado.

Ora, se jurisdição é o dever estatal caracterizado pela atividade de composição de conflitos substanciais, exercida por meio da produção de normas individuais e concretas (tutelas jurisdicionais), sendo este seu objeto, por ação só se pode designar o direito subjetivo de exigir o cumprimento deste dever.

Ação e jurisdição, portanto, podem ser consideradas as duas faces de uma mesma moeda, i. é, são elementos integrantes de uma relação jurídica cujo objeto é uma outra norma jurídica (tutela jurisdicional) e resultam da constituição de um fato jurídico responsável pela implicação lógica que lhes dá origem, qual seja: o fato jurídico conflito de interesses, verificado no seio de uma determinada relação jurídica material. Esta, portanto, é a gênese do direito de ação e do dever de jurisdição.

Se a constituição do direito de ação e do dever de jurisdição está direcionada à produção de uma determinada norma jurídica efectual que colocará fim a um conflito de interesses, não há como se afastar da ideia de que tais institutos compõem uma relação jurídica intranormativa resultante da incidência de normas estrutura. Assim, sua constituição insere-se num universo processual que antecede a produção da norma objeto. Este processo é, necessariamente, aquele antes descrito, estruturado de forma angular e de composição triádica que, por este motivo, é comumente chamado de instrumento da jurisdição.

Quer-se, tão somente, fazer entender que a relação composta pelo direito de ação e o dever de jurisdição é diádica, composta por autor e juiz e não se confunde com a relação triádico-angular processual, composta por autor, juiz e réu, muito embora desta dependa para que se exista e, ainda, para que constitua seu objeto, qual seja: a norma individual e concreta efectual compositiva do conflito substancial que, em outros termos, pode ser chamada de tutela jurisdicional.

Enquanto a relação jurídico-processual, ou seja, os direitos ao processo e o dever de processo, constitui-se a partir da citação, o direito de ação e o dever de jurisdição nascem a partir da constituição do fato jurídico conflituosidade material. Esta, não obstante ser afirmada pelo autor na petição inicial, só poderá ser definitivamente reconhecida no conteúdo (motivação) da sentença, mesmo porque é neste momento que se produz a tutela jurisdicional, que, como exaustivamente repetimos, é, independentemente de seu conteúdo (sobre quem falaremos em seguida), o objeto da relação jurídica composta por ação e jurisdição.

Finalmente, da mesma maneira que se procedeu quando da descrição dos direitos de acesso ao Judiciário e ao processo, faz-se indispensável falar do direito à tutela jurisdicional sob a perspectiva do réu.

Embora não haja um *nomen juris* para o direito do réu a uma tutela jurisdicional que proteja seus interesses materiais, sua existência é intuitiva diante de sua titularidade em relação aos outros direitos desta cadeia processual e, principalmente, por também ser titular do chamado direito à ampla defesa. Este direito, constitucionalmente prescrito, abre a possibilidade do réu, por meio dos direitos de acesso ao Judiciário e ao processo judicial, constituir fatos jurídicos que acarretem a improcedência do pedido do autor e, até mesmo, a verificação de inexistência dos direitos ao processo e de ação que por este são afirmados na petição inicial, o que resultaria na extinção do processo sem julgamento do mérito, preservando o *status quo ante* que, presumivelmente, preserva os interesses do réu.

17. O direito à pretensão material e o dever correlato: o direito à procedência e à improcedência do pedido

Do mesmo modo que não se pode misturar o direito de acesso ao Judiciário com os decorrentes direito ao processo e direito de ação, não podemos confundir este último, substanciado, com dissemos, no direito a uma tutela de mérito, com o direito a um mérito (norma individual e concreta efectual) favorável aos interesses materiais do autor ou do réu.

O juiz, ao proferir a sentença, aplica duas espécies de normas gerais e abstratas: as estruturais, por meio das quais materializa-se o veículo sentença (norma individual e concreta processual), e as de comportamento ou conduta que dão origem ao conteúdo dos enunciados prescritivos a partir dos quais, por processo interpretativo-abstrativo, saca-se a norma individual e concreta material, sendo este o mérito da sentença.

A diferença entre uma e outra, i. é, entre a sentença de mérito, proveniente da constituição do direito de ação (relação jurídica intranormativa), e o próprio mérito, decorrente da constituição de um direito a uma pretensão material (relação jurídica efectual), tem início na clássica divisão entre pedido imediato e pedido mediato. Se no primeiro pleiteia-se uma sentença de mérito, no segundo pede-se que o mérito constante do primeiro pedido seja-lhe favorável, em outras palavras, que atenda seus interesses materiais. É o direito à pretensão material visto da perspectiva dos interesses do autor que, por esta razão, pode ser denominado de direito à sentença de mérito procedente.

Ao réu, por sua vez, também no exercício de seus direitos (acesso á justiça, processo e defesa), cabe constituir fatos jurídicos que mesmo tempo que impeça a constituição dos fatos jurídicos alegados pelo autor, ou que, pelo menos, que impeçam a implicação deôntica que constituiria o direito material pleiteado na inicial. Daí a ideia de fatos impeditivos, modificativos e extintivos do direito do autor, os quais têm o mesmo objetivo: impedir o reconhecimento do pedido mediato. Agora temos o direito à pretensão material analisado a partir da perspectiva do réu que, desta forma, pode ser identificado como direito à sentença de mérito improcedente.

Sem embargo do que acima se afirmou, há, ainda, a possibilidade do réu restringir-se à tentativa de desconstituir o direito do autor ao processo ou impedir a constituição de seu direito de ação, fazendo-o por meio daquilo que se denomina defesa processual, que, resumidamente, pleiteia a prolação de uma sentença extintiva do processo, sem que haja, no entanto, conhecimento do mérito (direito material) proposto pelo autor.

Nos itens preliminares deste estudo, falou-se a respeito dos três modais deônticos que podem integrar uma relação jurídica: (O) obrigatório; (V) proibido; e (P) permitido. A norma individual e concreta efectual pleiteada pelo autor no pedido mediato (decorrente de eventual procedência do pedido) poderá, conforme a natureza do direito material e da conduta que terá como objetos, poderá ser modalizada por qualquer um dos operadores deônticos existentes. Por outro lado, a norma individual e concreta efectual favorável aos interesses substanciais do réu e, portanto, decorrente de sentença de mérito improcedente, será, necessariamente, modalizado pelo operador deôntico (proibido).

A sentença de improcedência, independentemente do direito material que nega, sempre mantém, no que diz respeito à relação jurídica de direito material dentro da qual se dá o conflito, sempre mantém *status quo ante*, pois as alegações de defesa do réu sempre estarão limitadas a negar o direito do autor, sendo que, para que haja formulações de pedidos favoráveis ao réu, faz-se necessária a interposição de reconvenção que, em verdade, é um outro processo.

Assim, apesar de não constituir nenhum direito novo ao réu, não pode ter seu conteúdo enunciativo desprovido de alguma força normativo-prescritiva, o que seria o mesmo que se falar em ausência de norma, sendo inexorável, portanto, a necessidade de sacar-se algum conteúdo normativo da sentença de improcedência. Este, ao que parece, só pode consistir na proibição do autor de realizar o direito que lhe foi negado, seja por meio da força (o que violaria direito do réu), seja por meio de outra ação (em razão da força da coisa julgada).

Por fim, a separação entre pedido imediato e mediato, da qual parte a diferenciação entre direito à sentença de mérito e direito ao mérito favorável, levanta uma questão abordada no início deste estudo que, não obstante aparentemente ter sido superada, necessita de considerações que somente neste instante podem ser efetuadas. Trata-se da norma secundária e do fato jurídico que lhe dá origem.

Afirmou-se na ocasião: "Adiantando-se um pouco naquilo que mais adiante será aprofundado, cabe notar que a facticidade jurídica que dá ensejo ao nascimento da relação processual e mesmo da produção de uma sentença de mérito, não é, necessariamente, o descumprimento da relação de direito material, mas, pura e simplesmente, a controvérsia a respeito deste descumprimento, ou seja, o mero conflito de interesses que, por sua vez, pode resultar em: a) sentença de mérito improcedente; e b) sentença de mérito procedente."

Mais adiante, foi dito: "*Ocorre que, muito embora a sentença de mérito improcedente não constitua o fato do descumprimento, pelo contrário, nega-o, a norma individual e concreta efectual por ela veiculada, tal e qual à resultante de sentença procedente, em movimento circular, retornará ao mundo material para dar continuidade ou até encerrar aquilo que chamamos de ciclo de positivação do direito.*"

> *"...Cabe, neste momento, questionar-se a ideia de que o fato do descumprimento, constituído em sentença que acolhe o pedido do autor e julga-o procedente, seja o único fato jurídico constitutivo da norma secundária. Ao que parece, tal assertiva padece do equívoco que consiste em excluir a norma individual e concreta resultante de sentenças improcedentes do conceito de norma secundária, mesmo estando claro que tal norma retorna ao processo de positivação do direito material possibilitando sua continuidade ou encerramento, cumprindo a função de dar efetividade à relação material, que, em última instância, é o grande objetivo da norma secundária."*

Tudo que se afirmou no item em que foi discutido o conceito de norma secundária, acaba por confirmar-se neste momento. O fato do descumprimento, longe de ser o fato jurídico da constituição da norma secundária, restringe-se a uma espécie desta, ou seja, a que reconhece o direito material pleiteado pelo autor. Resta, no entanto, a outra forma sob a qual a norma secundária pode se manifestar, i. é, por meio de sentença de mérito improcedente que, como a de procedência, retornará ao âmbito material, colocando fim à conflituosidade e dando juridicidade à norma de direito material (primária) que, diferentemente do que afirmava o autor, não foi descumprida.

Conclui-se, portanto, que o fato jurídico suficiente à constituição da norma secundária não é o fato do descumprimento em si, mas sim a conflituosidade material decorrente da afirmação pelo autor da existência deste descumprimento que, pode confirmar-se ou não.

18. Conclusão

Mostra-se difícil a elaboração de considerações conclusivas a respeito deste trabalho, já que os objetivos traçados nas notas introdutórias, ou seja, cotejar e diferençar a relação processual das outras relações jurídicas a ela atreladas, por meio de um método analítico-científico, parecem ter sido atingidos de forma a possibilitar que o destinatário do discurso obtenha as conclusões pertinentes a partir da mera leitura e das decorrentes reflexões sobre os enunciados descritivos responsáveis pelo desenvolvimento do tema proposto.

Interessante assentar, no entanto, que o aspecto dinâmico do direito material, traduzido no conceito de ciclo de positivação da norma jurídica, pode também ser observado no âmbito interno do fenômeno processual que, resguardadas as devidas peculiaridades, também resume-se a uma cadeia de produção normativa por meio da qual parte-se da abstração em direção à concretude normativa.

A título ilustrativo, vejamos um quadro que tenta descrever aquilo que representa o chamado "ciclo de positivação da norma secundária":

	Norma que veicula o direito de acesso à justiça	Norma que veicula o direito ao processo	Norma que veicula o direito de ação	Norma que veicula o direito à pretensão material a) Sentenças de mérito procedentes	Norma que veicula o direito à pretensão material b) Sentenças de mérito improcedentes
Fato jurídico suficiente	Personalidade	Petição inicial (fj. necessário), citação (fj. suficiente)	Relação jurídica material conflituosa + condições da ação	Relação jurídico-material descumprida (causa de pedir)	Inexistência do fato do descumprimento
Titular do direito subjetivo	Qualquer pessoa	Autor e réu	Autor	Autor	Réu
Titular do dever jurídico	Estado-juiz	Estado-juiz	Estado-juiz	Réu	Autor
Objeto	Pronunciamento da autoridade	Estado-juiz	Tutela jurisdicional (sentença de mérito)	Aquele delineado no pedido (mediato): pretensão material	Aquele delineado no pedido (mediato): pretensão material
Modalizador deôntico	Obrigatório	Obrigatório	Obrigatório	Proibido, permitido ou obrigatório	Proibido

Não se pretende, entretanto, afirmar a existência de dois ciclos de positivação autônomos ou independentes, um material outro processual, ao contrário, tem-se a consciência de que o ciclo de concretização da norma secundária integra o contexto maior que é a dinâmica do processo de positivação da norma primária. Aliás, da mera observação do quadro sinóptico ora apresentado é possível concluir que o fenômeno processual inicia-se e extingue-se com normas de direito material, quais sejam: a que institui o direito de acesso ao Judiciário e a produzida em sentença de mérito.

Neste universo, o processo jurisdicional perfaz um mero parêntese no ciclo de positivação do direito cuja missão é, em primeira e última instância, dar-lhe efetividade. Este objetivo é atingido por meio de um fenômeno que consiste no retorno da norma individual e concreta efectual, produzida em processo jurisdicional, ao ciclo de positivação do direito que se encontra suspenso pela conflituosidade substancial, possibilitando sua continuidade ou encerramento. A este movimento pode dar-se o nome de "causalidade circular", sobre a qual falar-se-á em outras oportunidades.

PROCESSUALIDADE E EXTINÇÃO DA OBRIGAÇÃO TRIBUTÁRIA

Paulo Cesar Conrado

1. Constituição do fato jurídico tributário e da correspondente obrigação

As normas jurídicas gerais e abstratas (regras-matrizes de incidência) – entendidas como estrutura bimembre: fato-antecedente que implica relação-consequente – constituem o ponto de partida de qualquer relação jurídica, inclusive as tributárias em sentido estrito, no mais das vezes denominadas de *obrigações tributárias*.

Sem prejuízo de tal assertiva, cobra assentir que as ocorrências do mundo social, ainda que semanticamente coincidentes com os eventos descritos no antecedente normativo ("fatos geradores"), não são suficientes à edificação das referidas relações: estas (as obrigações tributárias), diferentemente do que se possa tirar da literalidade do direito positivo, não surgem com o "fato gerador", exigindo, mais do que isso, sua fixação em linguagem juridicamente adequada, entendida como tal a linguagem normativa individual e concreta.

No ordenamento brasileiro, dois seriam os específicos níveis linguísticos dotados de força constitutiva do fato e da obrigação tributários: o do lançamento e o do "autolançamento", normas individuais e concretas que realizam o conteúdo genérico e abstrato das regras-matrizes tributárias.

Se é certo que referidos veículos de linguagem não se distinguem por sua função (uma vez que ambos direcionam-se a um mesmo fim: constituir fato jurídico tributário e correspondente obrigação), não é menos correto assentir que se apartam em razão de outros dois critérios: o do sujeito emissor e o do procedimento.

Deveras, enquanto o lançamento, nos termos do art. 142 do Código Tributário Nacional, é ato privativo da autoridade administrativa, o "autolançamento", a seu turno, é ato ordinariamente produzido pelo contribuinte – ostentam, assim, sujeitos emissores essencialmente distintos. Da mesma forma, no plano procedimental, quando se fala em lançamento, exige-se, para sua regularidade, a observância de passos bem peculiares (em geral, tendentes ao cumprimento da noção de contraditório e de ampla defesa); quando se fala em "autolançamento", entrementes, o plano procedimental traçado pelo sistema é bem outro, abstraindo-se a aplicação dos mesmos passos adrede referidos.

A par de tais peculiaridades, força repetir que, sob a óptica funcional, lançamento e "autolançamento" hospedam idêntica natureza, podendo ser definidos, por isso mesmo, como atos normativos (individuais e concretos) que permitem a tradução, em linguagem apta, dos conteúdos gerais e abstratos das normas jurídicas tributárias (regras-matrizes de incidência tributária).

2. Constituição do fato jurídico da extinção da obrigação tributária

Admitida a premissa de que o fato jurídico tributário, assim como a correlata obrigação, vem à luz mediante a produção de atos normativos individuais e concretos, forçoso estender tal afirmação, com as necessárias adaptações, a outro fato jurídico igualmente relevante para o direito tributário: a extinção da obrigação tributária.

Com efeito, entendida como fato jurídico, a extinção da obrigação tributária submete-se, em rigor, à mesma disciplina há pouco aventada: não se a supõe apenas pela observação, no campo fenomênico, dos respectivos "fatos geradores" (o pagamento, por exemplo, entendido como atividade do contribuinte tendente a levar dinheiro ao banco). Tal proceder, conquanto coincidente com a figura inscrita no art. 156, inciso I, do Código Tributário Nacional, ganha relevo jurídico-tributário se e quando vertido na adequada linguagem.

Mutatis mutandis, poderíamos dizer, comparando, que o "pagamento" a que alude referido art. 156 funciona tal qual o "fato gerador" de qualquer tributo: se este (o "fato gerador") precisa estar vertido em linguagem (do lançamento ou do "autolançamento") para adquirir teor jurídico, aquele (o "pagamento"), da mesma forma, é fato que se reputará jurídico desde que revestido da respectiva linguagem, papel cumprido pelo correspondente documento de quitação – norma individual e concreta que traduz o conteúdo genérico da norma geral e abstrata (*dado o fato do pagamento, deve ser a extinção da obrigação tributária*) e que funciona, por assim dizer, como o "lançamento" da extinção.

3. Extinção da obrigação tributária no Código Tributário Nacional: plano da literalidade

Seguindo o trajeto analítico que abrimos, poderíamos estender a afirmação que produzimos em relação ao pagamento a todas as formas previstas no mesmo art. 156, circunstância que permitiria a definitiva construção da seguinte regra geral: a extinção da obrigação tributária, entendida como fato jurídico, não se aperfeiçoa pela só verificação, no mundo social, das causas alinhadas no art. 156 do Código Tributário Nacional ("fatos geradores" da extinção), senão por sua tradução na competente linguagem normativa individual e concreta.

Não obstante tal regra, o plano da literalidade proporcionado pelo indigitado dispositivo legal merece algumas reflexões adicionais.

É que, em sua dicção, o art. 156 do Código Tributário Nacional não opera unicamente com a descrição de eventos que, traduzidos em linguagem normativa individual e concreta, podem dar ensejo à extinção da obrigação tributária.

Relembre-se, em sua inteireza, o teor do dispositivo em foco:

"Art. 156. Extinguem o crédito tributário:
I – o pagamento;
II – a compensação;
III – a transação;
IV – remissão;
V – a prescrição e a decadência;
VI – a conversão de depósito em renda;
VII – o pagamento antecipado e a homologação do lançamento nos termos do disposto no art. 150 e seus §§ 1º e 4º;
VIII – a consignação em pagamento, nos termos do disposto no § 2º do art. 164;
IX – a decisão administrativa irreformável, assim entendida a definitiva na órbita administrativa, que não mais possa ser objeto de ação anulatória;
X – a decisão judicial passada em julgado;
XI – a dação em pagamento em bens imóveis, na forma e condições estabelecidas em lei."

É notável, segundo se vê, a disparidade dos critérios adotados pelo legislador a fim de enunciar as hipóteses de extinção: (i) de um lado, fixa seus "fatos geradores", ocorrências que, traduzidas em linguagem hábil, permitem a extinção da obrigação (assim procede, quando menciona o pagamento, a compensação, a transação, a remissão, a prescrição, a decadência, a conversão de depósito em renda, o pagamento antecipado e a homologação do lançamento, a consignação em pagamento e a dação em pagamento); (ii) de outro, não mais fixa ocorrências sociais que imprescindem de veículo de linguagem para que se aperfeiçoem juridicamente, prescrevendo o próprio canal linguístico capaz de atribuir teor jurídico à extinção, precisamente *a decisão administrativa irreformável* (inciso IX) e *a decisão judicial passada em julgado* (inciso X).

Com isso, resulta claro, ao final, que a regra geral anteriormente sacada (segundo a qual, a extinção da obrigação tributária, como fato jurídico, não se aperfeiçoa pela só verificação, no mundo social, das causas alinhadas no art. 156 do Código Tributário Nacional, senão por sua tradução na competente linguagem normativa individual e concreta), merece ser reescrita, isolando-se, na realidade daquele preceito, aquilo que é "fato gerador" da extinção da obrigação tributária, daquilo que é veículo constitutivo de tal fato jurídico.

Nesse sentido, diríamos, então, que a extinção da obrigação tributária, entendida como fato jurídico, não se aperfeiçoa pela só verificação, no mundo social, de um dos "fatos geradores" apontados no art. 156 (especificamente em seus incisos I, II, III, IV, V, VI, VII, VIII ou XI), exigindo, mais, sua tradução (desses mesmos "fatos geradores") em competente linguagem normativa individual e concreta.

4. Causas ("fatos geradores") e veículos introdutores da extinção da obrigação tributária: explicitando sua distinção

A análise do plano da literalidade do direito positivo (engendrada por ocasião do item anterior) autorizou-nos a afirmação de que o art. 156 do Código Tributário Nacional foi construído com apoio em dois critérios: (i) de um lado, o legislador enunciou eventos que implicam o desaparecimento do vínculo obrigacional tributário; (ii) de outro, identificou, sob a mesma rubrica, veículos introdutores, no mundo jurídico, daqueles mesmos eventos.

A hibridez de critérios aplicados pelo plano da literalidade do direito positivo, conquanto aparentemente indesejável, possui manifesta virtude: se, por uma frente, confunde evento ("fato gerador") que implica a extinção da obrigação com o respectivo veículo introdutor, dá conta, por outra, da existência desses dois campos, ratificando, por assim dizer, a distinção, desde o início anunciada, entre evento e fato jurídico, notadamente no campo da extinção da obrigação tributária.

Fixados na lista do decantado art. 156, encontramos, relembre-se, duas específicas realidades que se amoldam ao conceito de veículo introdutor de norma individual e concreta: (i) a *decisão administrativa irreformável* e (ii) a *decisão judicial passada em julgado* – com efeito, quando o Código Tributário Nacional fala em *decisão administrativa* e *decisão judicial*, está ele a referir, por certo, não outra coisa que não verdadeiros veículos introdutores de normas individuais e concretas, com conteúdo seguramente canalizado à extirpação, seja por qual razão for, de uma dada obrigação tributária. Diversamente, em todos os demais itens do citado dispositivo, a referência é sempre a eventos que, vestidos da necessária linguagem, ganharão o necessário *status* jurídico.

Nessa trilha de raciocínio, incabível imaginar, por exemplo, a prescrição e a decadência como efetivas causas de extinção da obrigação tributária, a não ser que reconhecidas (vertidas) na competente linguagem (no caso, ou da decisão administrativa ou da sentença judicial). Da mesma forma, noutro exemplo, a remissão, dependente que é, sempre, de ato administrativo ou de decisão judicial que a constitua, individual e concretamente. Com isso, podemos indagar, então: o que extingue a obrigação tributária nesses casos? A prescrição ou a decisão passada em julgado que a decreta? A decadência ou a decisão passada em julgado que a decreta? A remissão ou a decisão (ato) administrativa que a aplica?

Essa aparente confusão estabelecida pelo art. 156, note-se, não deflui doutra razão, senão da já revelada hibridez, reitere-se, de critérios utilizados na sua edificação: em rigor, trata o legislador, de um lado, do "fato gerador" que implica a extinção e, de outro, do veículo que a constitui (extinção) como fato jurídico.

Eis a distinção que se há fazer, sempre, entre aquelas duas realidades: das causas ("fatos geradores") e dos veículos introdutores da extinção da obrigação tributária.

5. Causas ("fatos geradores") e formas lógicas de extinção da obrigação tributária

Do ponto de vista lógico, a obrigação tributária pode experimentar tantas formas de extinção quantos forem seus elementos integrativos.

Partindo da premissa de que cinco seriam aqueles elementos – sujeito ativo, sujeito passivo, objeto, direito subjetivo (relação de crédito tributário) e dever subjetivo (relação de débito tributário) – cinco seriam, desse modo, as formas de extinção da obrigação tributária, cada qual atinando com o desaparecimento de um dos referidos itens. Sobre o tema, Paulo de Barros Carvalho adverte, inclusive, sobre a inexistência de uma sexta solução para a extinção da obrigação tributária, senão as que perpassam pela desintegração dos elementos adrede descritos[1].

Guardada a premissa da necessária convivibilidade do plano lógico com o da literalidade do direito positivo (art. 156 do Código Tributário Nacional), podemos asseverar, então, que a extinção da obrigação tributária, como fato jurídico, operar-se-á, logicamente, mediante o desaparecimento de um de seus cinco elementos integrantes (da obrigação tributária), circunstância que pode decorrer de uma das causas alinhadas nos incisos I, II, III, IV, V, VI, VII, VIII e XI do art. 156, seu "fato gerador".

Acertada, assim e ao que nos parece, a análise do fenômeno da extinção da obrigação tributária que, antes de privilegiar uma ou outra daquelas vertentes (a lógica ou a literal), combina-as.

---

1. Curso de direito tributário, Saraiva : São Paulo, 1999, 12. ed. p. 410.

Nessa trilha, poderíamos dizer, usando como pretexto exemplificativo o pagamento e a compensação, que tais eventos apontados como "fatos geradores" da extinção da obrigação tributária funcionam como tal (como causas de extinção), eis que implicam o desaparecimento do dever jurídico de que estava investido o sujeito passivo (débito) e, em contrapartida, também do direito subjetivo de que era portador o sujeito ativo (crédito).

6. Veículos introdutores do fato jurídico da extinção da obrigação tributária e sua classificação

Superada a análise, ainda que em limites angustos, das causas ("fatos geradores") de extinção da obrigação tributária – combinando-se os planos da literalidade do direito positivo com o lógico –, convém retomar, nesse passo, a assertiva segundo a qual toda a fenomenologia da extinção não se esgotará senão com a tradução em linguagem hábil daquelas mesmas ocorrências trabalhadas no item anterior.

Localizamos, já na sede expressa do art 156 do Código Tributário Nacional, menção a dois veículos normativos individuais e concretos potenciais portadores de conteúdo extintivo da obrigação tributária: (i) *a decisão administrativa irreformável* e (ii) *a decisão judicial passada em julgado*.

Sem prejuízo da explicitude do direito positivo nesse particular, impõe-se, todavia, uma primeira advertência sobre o tema: aquelas não são as únicas modalidades de veículos constitutivos do fato jurídico da extinção da obrigação tributária.

Com efeito, muito embora o sistema do direito positivo tenha optado por mencionar, às expressas, apenas os referidos veículos, cobra convir que estão eles conectados com uma específica realidade – da *processualidade* –, que não é, entretanto, a única que governa o assunto: paralelamente aos veículos *processuais* de introdução do fato jurídico da extinção da obrigação tributária, supõe o sistema, ainda que não literalmente, a existência de modo *não-processual* de constituição daquele mesmo fato.

Tome-se, nessa senda, o eloquente exemplo do pagamento, evento cuja constituição jurídica dispensa, em regra, a instauração de processo, administrativo ou judicial, exigindo, em seu lugar, específico documento produzido pelo próprio contribuinte.

Estabelecida tal constatação, reputamos aberta importante trilha classificatória, governada pelo específico critério da *processualidade* e que nos autoriza falar, de um lado, em veículos *processuais* de constituição do fato jurídico da extinção da obrigação tributária – entendidos aqueles que resultam de processo, administrativo ou judicial –, e, de outro, em veículos *não-processuais* – aqueles cuja produção, a *contrario sensu*, dispensa a instauração de processo.

De aguda relevância, tal classificação permite identificar, sob prisma pragmático, as causas de extinção cuja eficácia, por vinculadas a veículos processuais, dependerá, de ordinário, da higidez do respectivo procedimento, do correspondente ciclo de produção, podendo ser refreados seus efeitos, por isso mesmo, sempre que em desacordo (tal procedimento, tal ciclo de produção) com as correlatas normas de regência.

7. Veículo *não-processual* de constituição do fato jurídico da extinção da obrigação tributária

Dissociado da ideia de *processualidade*, o pagamento, forma de extinção que lançamos como exemplo linhas antes, constitui, em rigor, o único elemento que compõe a classe de que ora tratamos.

Com efeito, embora dação em pagamento, pagamento antecipado com homologação do lançamento, conversão de depósito em renda, consignação em pagamento e transação sejam eventos que se resolvam, como causas extintivas, através do pagamento, insta convir que tais situações diferem do pagamento em si mesmo, uma vez que exigem, do ponto de vista de sua constituição, a instauração de processo (administrativo ou judicial, conforme o caso) – daí advindo precisamente a sua *processualidade*.

Tomemos como exemplo, aqui, a transação: sabe-se, com efeito, que tal causa implica pagamento; nesse específico caso, porém, distingue-se a atividade de pagar engendrada pelo contribuinte pela circunstância de ser necessariamente precedida de regular procedimento concessivo do específico regime da transação.

De igual modo, todas as outras causas referidas ostentarão a mesma potência do pagamento, condicionando-se sua eficácia, entretanto, à precedência de prévio processo regular, tudo de molde a ratificar-se a ideia de que a única causa ("fato gerador") da extinção da obrigação tributária que se encontra associada a veículo efetivamente não-processual seria o pagamento.

8. Veículos *processuais* de constituição do fato jurídico da extinção da obrigação tributária e sua subclassificação

Isolada a situação do pagamento, podemos assentir que tudo o mais que vem previsto no art. 156 do Código Tributário Nacional implica a ideia de *processualidade*, alojando-se, assim, no específico escaninho das causas de extinção que demandam veículos processuais.

Já aqui, porém, devemos consignar uma importante observação: nem sempre o processo de que falamos (veículo que permitirá a produção da norma individual e concreta ensejadora da extinção nos casos de compensação, remissão, transação, prescrição, decadência, pagamento antecipado com homologação do lançamento, conversão de depósito em renda, consignação em pagamento e dação em pagamento) terá natureza contenciosa, podendo ter (e, em alguns casos, devendo ter) forma não-contenciosa.

De fato, observada a dicção do art. 156, podemos reconhecer, dentre os instrumentos processuais veiculadores do fato jurídico da extinção da obrigação tributária (a decisão administrativa e a sentença judicial), um em que as duas possibilidades adrede citadas (contenciosidade e não-contenciosidade) poderão se apresentar (a decisão administrativa), e outro, em que a ideia de contenciosidade será constante (a sentença judicial).

Eis aí, pois, critério que permite subclassificar os veículos processuais de extinção da obrigação tributária: a contenciosidade do respectivo processo.

Nesse sentido, falaríamos, em reescritura sintética, ora (i) em causas ("fatos geradores") de extinção da obrigação tributária constituídas mediante decisão judicial – casos em que a contenciosidade apresentar-se-á como constante lógica, uma vez essencial ao exercício da jurisdição em nível tributário o pressuposto do conflito –, ora (ii) em causas ("fatos geradores") de extinção da obrigação tributária constituídas mediante decisão administrativa – casos em que a contenciosidade apresentar-se-á contingencial.

9. Extinção da obrigação tributária e *processualidade*: síntese conclusiva

Conquanto viável o estabelecimento de algumas regras de enquadramento das diversas causas ("fatos geradores") previstos no art. 156 (poderíamos afirmar, nesse sentido, que a remissão é causa que demanda, como veículo introdutor, ato administrativo produzido em procedimento não-contencioso; que a prescrição seria cognoscível em nível de sentença judicial; etc), não descartamos a possibilidade de intercâmbio em tal enquadramento, bastando pensar, para tanto, no surgimento de conflito de interesses entre fisco e contribuinte quanto à aplicação, por exemplo, de certa norma de transação – nesse caso, o instrumento constitutivo da extinção deixa de ser a decisão administrativa exarada em procedimento não-contencioso (veículo concebido como o "natural" para a situação), passando a ser decisão judicial (decorrente, portanto, de processo evidentemente contencioso), investida de conteúdo necessariamente constitutivo negativo, produzida em sede de ação anulatória ou de embargos à execução fiscal.

Ao final, teríamos, então, que, observada sua *processualidade* (o que implica o isolamento tão apenas da hipótese de pagamento), a fenômeno jurídico da extinção da obrigação tributária vincular-se-á sempre aos veículos previstos no art. 156, incisos IX ou X, do Código Tributário Nacional, demandando, assim, ou decisão administrativa ou sentença judicial para que se aparelhe no mundo do direito, tal qual ocorre com o lançamento ou com o "autolançamento", quando o assunto é a constituição da própria obrigação tributária.

O PROCESSO DE POSITIVAÇÃO DA NORMA JURÍDICA TRIBUTÁRIA E A FIXAÇÃO DA TUTELA JURISDICIONAL APTA A DIRIMIR OS CONFLITOS HAVIDOS ENTRE CONTRIBUINTE E FISCO

Rodrigo Dalla Pria

1. Introdução[1]

As relações normativas existentes entre os sistemas jurídicos material e processual se verificam nos três planos da linguagem jurídico-positiva, a saber: o sintático, o semântico e o pragmático. É neste último (pragmático), no entanto, que

---

1. Tomamos a liberdade de substituir, nesta 2ª Edição do "Processo Tributário Analítico", o texto introdutório ao trabalho, para uma versão que, de certa forma, parece-nos mais técnica e "atemporal" do que a primeira. Para os leitores que não tomaram contato com a 1ª Edição da obra, transcrevo, abaixo, o conteúdo completo da introdução original: "A falta de consenso doutrinário e jurisprudencial a respeito dos momentos e das circunstâncias em que cada um dos inúmeros instrumentos processuais colocados à disposição dos jurisdicionados devem ser manejados, vem gerando, em todo universo do direito (público e privado), uma instabilidade que, imediatamente, acarreta um desconfortável sentimento de insegurança jurídica e, em última instância, acaba por macular a ideia de Estado de Direito.
Algumas ações, especialmente no âmbito tributário, têm sido manuseadas de maneira promíscua e leviana, como se fossem instrumentos dotados de

residem os critérios de fixação das espécies de tutelas jurisdicionais especialmente delineadas pelo sistema jurídico para compor cada uma das formas de manifestação da conflituosidade jurídico-material.

Uma pretensão é juridicamente apta se, e somente se, tem capacidade de "realizar", pragmaticamente, o direito material dito violado. Eis aí a noção de interesse processual, construída a partir da ideia de "relação de adequação", que vincula a "patologia", consubstanciada no direito material violado (ou ameaçado), à espécie de tutela jurisdicional capaz de suplantá-la.

No âmbito da processualidade tributária, especificamente, o vínculo de adequação que se estabelece entre o direito material tributário conflituoso e os instrumentos processuais previstos pelo regime geral e especial de direito processual

---

um ecletismo capaz de adaptá-las às mais variadas situações, sendo utilizadas como verdadeiros curingas. O exemplo clássico é a "plurieficaz" ação declaratória de inexistência de relação jurídico-tributária que, sob o manto da imprescritibilidade, costuma ser admitida a qualquer momento: antes, durante e depois da constituição definitiva do crédito e até mesmo após a instauração do processo de execução fiscal.

Ora, se há uma ação multiuso, não seria necessária a previsão de outros instrumentos processuais, cada um com rito e eficácia próprios, delineados de maneira a compor os conflitos substanciais individualmente considerados.

Contribui para o agravamento desta situação a circunstância de que a noção de autonomia da norma processual em relação à norma material estar sendo objeto de distorções que acabam por infirmar o caráter uno e sistêmico do direito positivo. Tem-se tratado o vocábulo autonomia como sinônimo de independência, o que pressupõe, por via de consequência, a existência de dois sistemas de direito, um substantivo e outro adjetivo.

São por estas razões que, tomando como premissa maior a teoria da norma jurídica e o sistema de referência proposto por Paulo de Barros Carvalho e Lourival Vilanova, tentaremos demonstrar, de maneira clara e racional, que a eficácia do sistema jurídico-processual no cumprimento de sua função precípua, i. é, a composição de litígios, induz um ajustamento preciso do instrumento processual utilizado ao direito material que instrumentaliza, levando em conta todas as suas peculiaridades. Para tanto, faz-se necessário um breve apanhado das premissas sobre as quais serão edificadas as ideias principais deste trabalho."

pode ser observado a partir da identificação do momento em que se encontra o processo de positivação do direito tributário.

Neste contexto, e fazendo uso do sistema de referência e das categorias jurídico-cognitivas fornecidos pelo Constructivismo Lógico-semântico, conforme proposto por Paulo de Barros Carvalho e Lourival Vilanova, tentaremos demonstrar, de maneira clara e racional, que a eficácia do sistema jurídico-processual no cumprimento de sua função precípua, i. é, a composição de litígios, induz um ajustamento preciso do instrumento processual utilizado ao direito material cuja efetivação se pretende atingir, levando em conta todas as suas peculiaridades.

Para isso, no entanto, parece-nos oportuno um breve apanhado das premissas sobre as quais serão edificadas as ideias principais deste trabalho.

2. A norma jurídica completa

A norma jurídica é a estrutura hipotético-condicional composta por antecedente (delineamento de um determinado fato), denominado hipótese, cuja efetiva ocorrência dará ensejo a uma consequência, que, invariavelmente, será uma relação jurídica que vinculará dois sujeitos de direito.

Esta estrutura possui composição dual, podendo ser desmembrada em duas outras: a norma jurídica primária, que prevê o nascimento de uma relação jurídica de direito material, prescritiva de direitos e deveres entre os sujeitos que lhe integram; e a norma jurídica secundária, que surgirá do descumprimento da relação jurídica de direito material, sendo esta sua hipótese, dando oportunidade ao nascimento de outra relação jurídica, agora de natureza processual, cuja finalidade será por fim à conflituosidade verificada no âmbito substancial.

Nas palavras de Lourival Vilanova, norma primária (oriunda de normas civis, comerciais, administrativas) e norma secundária (oriunda de norma de direito processual objetivo) compõem a bimembridade da norma jurídica: a primária sem a secundária desjuridiciza-se; a secundária sem a primária reduz-se a instrumento, meio, sem fim material, a adjetivo sem o suporte do substantivo.[2]

Numa perspectiva interna, usando como critério classificatório os elementos formadores da norma jurídica, i. é, antecedente e consequente normativos, teremos normas abstratas ou concretas (na perspectiva do antecedente) e gerais ou individuais (na perspectiva do consequente).

Será abstrata a norma cujo antecedente for composto por enunciados indicativos de eventos do mundo fenomênico, pressupondo a não ocorrência dos últimos, e, por via de consequência, a não-incidência da norma. Por outro lado, teremos norma concreta quando o antecedente desta resultar de ato de aplicação de norma abstrata a fato efetivamente ocorrido no mundo real. Portanto, enquanto a primeira pressupõe a não-incidência, a segunda, ao contrário, pressupõe a incidência normativa.

A verificação da generalidade ou individualidade de uma determinada norma jurídica se dá por meio da análise dos sujeitos que compõe a relação jurídica localizada em seu consequente. Se ambos os sujeitos, ou, pelo menos um deles, for indeterminado, teremos norma geral. Se, porém, ambos os sujeitos estiverem perfeitamente determinados, teremos norma individual.

Outro critério comumente usado para classificar as normas jurídicas, proposto por Tárek Moysés Moussallem, e que nos será muito útil no decorrer deste trabalho, toma como objeto o efeito do ato de aplicação de uma norma. Nestes termos, as normas jurídicas podem ser classificadas em: a) normas de conduta, quando se dirigem à conduta humana mediata e imediatamente, como escopo final; b) normas de produção

---

2. *Causalidade e Relação no Direito*, 2000, p.190.

normativa, quando se voltam à conduta humana com a finalidade de pautar a produção normativa; e c) norma de revisão sistêmica, quando se dirigem imediatamente a uma norma para mediatamente regular a conduta humana.[3]

Façamos, entretanto, uma observação a respeito da última categoria (norma de revisão sistêmica), anotando que sua contraface é a denominada norma de expansão sistêmica, caracterizada, nas palavras do citado professor, pela aptidão de *inovar o sistema*, podendo assumir a função de norma de conduta ou de produção normativa.

3. O processo de positivação da norma jurídica tributária

O processo de positivação do direito ocorre mediante ato de aplicação de normas gerais e abstratas, que realiza a incidência destas sobre os eventos do mundo social, relatando-os em linguagem competente e vertendo-os em fatos jurídicos, fazendo surgir as relações jurídicas nas quais os sujeitos estão devidamente individualizados. Concretiza-se o antecedente e individualiza-se o consequente, reduzindo norma geral e abstrata a norma individual e concreta.[4]

No âmbito tributário, este fenômeno tem início com o exercício da competência tributária, a partir da instituição de normas que prescrevam o nascimento de uma dada relação jurídica decorrente da verificação de um evento hipoteticamente previsto, o qual é constituído, como fato jurídico tributário, por meio do ato-norma[5] de lançamento, cujo consequente substancia uma relação jurídica tributária com sujeitos e objeto concretamente determinados.

Conquanto condição, o ato-norma de lançamento não exaure o processo de positivação do direito tributário, o que

---

3. *Fontes do Direito Tributário*, 2001, p. 93.
4. CARVALHO, Paulo de Barros. *Direito Tributário*: Fundamentos Jurídicos da Incidência, 1999, *passim*.
5. SANTI, Eurico Marcos Diniz de. *Lançamento Tributário*, 1999, *passim*.

somente ocorrerá se o contribuinte efetuar espontaneamente o pagamento da prestação objeto da obrigação tributária. Em caso de não pagamento espontâneo do crédito pelo sujeito passivo da obrigação tributária, uma série de outros atos se sucederão, prolongando a cadeia do processo de positivação, como, v.j., a inscrição em dívida ativa, com a expedição de outro ato administrativo, i. é, a certidão de dívida ativa – CDA, espécie do gênero título executivo extrajudicial que, como o lançamento, configura norma jurídica, caracterizada pelos atributos da liquidez, certeza e exigibilidade. Este ato-norma, por sua vez, nada mais é que um estágio mais avançado do processo de positivação da norma jurídica tributária.

4. A tutela jurisdicional como norma individual e concreta integrante do processo de positivação do direito

Ordinariamente, o processo de positivação do direito tributário culmina com o pagamento do crédito tributário, momento em que a mensagem jurídico-tributária cumpre com o seu desiderato que é justamente o de atingir as condutas do fisco e do contribuinte no contexto das atividades de instituição, cobrança e arrecadação de tributos.

Não obstante, nem sempre o processo de concretização do direito mantém-se naquela rota linear que fulminada pelo mero ato de cumprimento do dever jurídico de pagar tributo. Há, em verdade, diversas oportunidades em que desvios havidos nos atos de aplicação e cumprimento das mensagens normativas darão oportunidade ao prolongamento do processo de positivação.

De fato, várias são as possibilidades de continuidade do processo de positivação. Poderá o contribuinte, antes ou depois da constituição da relação jurídica tributária, interferir neste processo por meio da propositura de ações que tenham por finalidade a expedição de norma individual e concreta que impeça sua constituição (ação declaratória de inexistência de relação Jurídica) ou a desconstitua (ação anulatória de débito fiscal).

O processo judicial acaba perfazendo, assim, uma espécie de hiato no processo de positivação do direito, sendo, ao mesmo tempo, parte integrante deste. Com a finalidade precípua de resolver o conflito havido no âmbito substancial, a atividade jurisdicional resultará na expedição de uma norma individual e concreta que "retornará" ao processo de positivação do direito material.

A norma secundária não pode ser reduzida a mero expediente de efetivação coativa da relação jurídica constante do consequente da norma jurídica primária. Ao contrário, este, como bem diz Tárek Moussallem, deve ser tomado como pressuposto da positivação do direito.[6]

Esta observação revela um aspecto importante da relação (que é de conexidade instrumental e não de causalidade jurídica) existente entre as relações jurídicas material e processual, que se verifica na circunstância de que as normas individuais e concretas, constituídas no âmbito do exercício jurisdicional, também integram o processo de positivação do direito.

Cabe-nos alertar, que as diferentes normas individuais e concretas que se sucedem no processo de positivação da norma tributária (seja a do lançamento, seja a representada pela certidão de dívida ativa, ou aquelas produzidas por meio do exercício jurisdicional), apesar de atuarem, em certas circunstâncias, como fatos jurídicos umas das outras, sempre deverão ser consideradas de forma autônoma.

5. A fase do processo de positivação da norma jurídica de direito material como fator determinante da tutela jurisdicional apta a compor os conflitos ocorridos no âmbito das relações jurídicas tributárias

A bimembridade da norma jurídica completa impõe a existência de um liame relacional que tenha como função

---

6. *Fontes do Direito Tributário*, 2001, p. 88.

promover a intersecção entre a norma jurídica primária e a secundária. Este elo é o que denominamos fato jurídico do descumprimento da relação jurídica de direito material, que ocasiona o nascimento da relação jurídica processual.

Precisa a lição de Lourival Vilanova ao afirmar que "a relação processual é *instrumentalmente conexa* com a relação material. Assim, entre as relações R' e R" há a relação R'"(na teoria das relações, têm-se as relações-de-relações, como uma categoria, que se enche de concreção de acordo com os campos especificados de fatos e objetos)."[7]

Neste sentido é o magistério de Paulo Cesar Conrado, ao afirmar que o processo é relação que se trava a partir de uma outra relação jurídica, no caso de natureza material, cuja composição substancia a pretensão do autor. É bem por isso, prossegue o autor, que o direito de ação guarda referibilidade direta com a restauração do fluxo normal de uma relação jurídica de direito material.[8]

De fato, não obstante a propagada autonomia existente entre as relações jurídicas processual e substancial, sempre haverá um liame que conectará uma à outra, a começar pelos elementos do processo: causa de pedir (relação jurídica de direito material conflituosa) e pedido (tutela jurídica processual e pretensão material); passando pelas condições da ação: partes legítimas (ordinariamente, serão os sujeitos da relação jurídica de direito material) e interesse de agir (necessidade e adequação da tutela pretendida no que diz respeito à composição da relação jurídica material conflituosa).

O elemento processual causa de pedir, remotamente considerado, identifica-se com a relação jurídica material cuja patologia (causa de pedir próxima) faz nascer o direito de acessar o Estado-juiz para dele cobrar a solução do litígio mediante a prestação de uma tutela jurisdicional (norma individual e

---

7. Causalidade e Relação no Direito, 2000, p.194.
8. Introdução à Teoria Geral do Processo Civil, 2000, p. 178.

concreta). É, portanto, o fato jurídico responsável pelo surgimento do direito de ação.

O intercâmbio existente entre as normas substantiva e adjetiva também pode ser demonstrado pela circunstância do sistema jurídico-processual, ao estabelecer os procedimentos e as tutelas específicos à resolução dos conflitos de interesses, tomar como critério a natureza e as peculiaridades da relação jurídica viciada: situação jurídica das partes; liquidez e certeza do direito; valor do objeto; etc; incluindo-se neste vasto rol o estágio de positivação em que se encontra a norma da qual a relação jurídica material é parte.

Reforçando a ideia posta nos parágrafos anteriores, a relação processual se apresenta como um "parêntese", um "hiato" no processo de positivação do direito, tendo como finalidade precípua a produção de norma individual e concreta que solucione a conflituosidade substancial (função "sancionatória" da norma secundária) e possibilite a retomada ou finalização do processo de positivação.

A relação de *conexidade instrumental*[9] existente entre a tutela jurisdicional pretendida e o estágio de positivação da relação jurídica de direito material litigiosa revela-se no instituto processual denominado interesse de agir, cuja função é regular a necessidade, utilidade/adequação da tutela pleiteada (revelada pelo pedido inicial) na resolução da relação jurídica material conflituosa (causa de pedir).

Em linguagem jurídico-processual costuma-se dizer que *"a causa de pedir e o pedido devem ser idôneos a provocar uma jurisdição potencialmente útil, o que exige, por conseguinte, a adequação do provimento desejado e do procedimento indicado na inicial*[10]*"*. Um provimento será adequado se, dentre outras

---

9. *Causalidade e Relação no Direito*, 2000, p. 209.
10. FREIRE, Rodrigo da Cunha Lima. *Condições da Ação/ Enfoque sobre o Interesse de Agir*, 2000, p. 143.

coisas, for aquele previsto pelo ordenamento jurídico para produzir norma individual e concreta com eficácia que a torne apta a retomar ou encerrar o processo de positivação no estágio em que ele se encontra.

O ato de verificação da existência do interesse de agir, basicamente, constitui-se num processo de abstração por meio do qual o operador do direito contrapõe a norma delineada no pedido (espelho da futura tutela jurisdicional) com a causa de pedir, fato que permite verificar se a futura norma terá aptidão para compor o litígio descrito. Significa, antes de mais nada, pressupor sua viabilidade na composição do conflito, ou, em outros termos, antever a eficácia social da futura norma individual e concreta produzida em atividade jurisdicional.

A respeito da definição de eficácia social, neste momento, não há nada mais apropriado que o delineamento teórico concebido por Paulo de Barros Carvalho na seguinte passagem: "A eficácia social ou efetividade diz com a produção das conseqüências desejadas pelo elaborador das normas, verificando-se toda vez que a conduta prefixada for cumprida pelo destinatário. Caso se dê o descumprimento da conduta, de maneira reiterada, frustrar-se-ão as expectativas normativas e a eficácia social ficará comprometida."[11].

Para que a norma individual e concreta produzida em atividade jurisdicional retorne ao processo de positivação e retome-o ou finalize-o do ponto em que foi suspenso pelo litígio é imprescindível que sua eficácia (social) seja adequada. Não é por outro motivo que o sistema jurídico-processual prescreve uma série de tutelas, tendo cada uma delas a potencialidade de produzir uma norma individual e concreta com eficácia moldada à fase em que se encontra o processo de positivação da norma jurídico-material.

---

11. *Direito Tributário*: Fundamentos Jurídicos da Incidência, 1999, p. 55.

Assim, uma tutela meramente declaratória, por exemplo, não pode ser considerada instrumento adequado a desconstituir uma relação jurídica posta por ato-norma do lançamento, pois, não havendo incerteza quanto à existência da relação jurídica tributária (o ato-norma do lançamento já está inserido no sistema) a tutela "declaratória", que tem por escopo impedir a constituição da mencionada relação, será inútil.

Pela mesma razão, um instrumento previsto pelo sistema para desconstituir o ato-norma do lançamento (ação anulatória de débito fiscal) não poderá ser usado para desconstituir um título executivo (certidão de dívida ativa), ato-norma provido dos atributos liquidez, certeza e exigibilidade, principalmente porque, para o estágio de positivação em que se encontra a relação jurídica de direito material, há previsão, pelo sistema jurídico, de instrumento processual (embargos do devedor) especificamente destinado a atender esta pretensão.

A ideia tende a ficar mais clara quando confrontamos as relações jurídico-tributárias conflituosas, do ponto de vista do processo de positivação, a provimentos jurisdicionais inadequados num sentido cronologicamente inverso. Isto significaria aventar a possibilidade de se propor ação declaratória de inexistência de relação jurídica sem que haja exercício da competência tributária; ou então a possibilidade de interposição de ação anulatória de débito fiscal sem que tenha ocorrido o lançamento; e por fim, para encerrar a lista de hipóteses absurdas, cogitaríamos o cabimento de embargos do devedor para desconstituir ato-norma de lançamento sem que haja, sequer, inscrição do débito em dívida ativa.

São imposições lógico-sistêmicas que nos levam a concluir, então, que a eficácia de cada tutela jurisdicional, à medida que o processo de positivação da norma material avança, traz consigo a eficácia da tutela cronologicamente anterior, e não o contrário. Vislumbrar, por exemplo, que uma tutela declaratória possa cumular eficácia própria com eficácia desconstitutiva seria descaracterizá-la.

6. Uma visão normativo-constitutivista sobre a natureza das ações e respectivas tutelas jurisdicionais cognitivas

A doutrina processualista tradicional classifica as ações de conhecimento em: a) declaratória, que tem por finalidade a mera declaração de existência ou inexistência de uma relação jurídica; b) constitutiva, que tende à constituição de uma nova situação jurídica; e c) condenatória, que visa à condenação do réu ao cumprimento de certa prestação, constituindo título executivo.

A classificação tripartite acima descrita, ao contrário do que afirma a doutrina jurídico-processual mais abalizada, não revela a verdadeira natureza das tutelas jurisdicionais cognitivas. Em verdade, qualquer espécie de tutela de conhecimento, seja a chamada declaratória, ou a constitutiva, e, também, a condenatória, tem como escopo a produção de norma individual e concreta, sendo que as diferenças verificadas dizem respeito aos efeitos emanados por cada uma delas.

Assim, independentemente dos efeitos produzidos pelas sentenças cognitivas, todas, sem exceção, terão natureza constitutiva, i. é, constitutiva de fatos jurídicos, dos quais decorrem relações jurídicas, perfazendo aquilo que chamamos de normas jurídicas. Estas, como exaustivamente explicitamos, retornarão ao processo de positivação, retomando-o ou finalizando-o a partir do estágio em que foi interrompido.

Por esta proposta, teremos: a) as ações condenatórias, que partindo de uma situação jurídica previamente constituída ou não, produzem normas individuais e concretas, em caráter expansivo ou revisivo do sistema[12], cujos respectivos direitos subjetivos são passíveis de execução forçada, i. e., têm eficácia de título executivo; b) as sentenças constitutivas, que partindo de situação jurídica previamente constituída, produzem normas individuais e concretas, em caráter de revisão sistêmica,

---

12. Vide item 3, parágrafo 7º.

com eficácia *ex tunc*; e, por fim, c) as sentenças declaratórias, que partindo de situação jurídica ainda não constituída, produzem normas individuais e concretas, em caráter de expansão sistêmica, com eficácia *ex nunc*.

A análise das espécies de tutela de conhecimento sob um enfoque "constitutivista" merece a elaboração de um trabalho especialmente destinado ao assunto. Entretanto, faz-se oportuno, neste momento, um breve comentário a respeito da natureza "constitutiva" da tutela dita "declaratória", pois, desta forma, fixaremos algumas premissas que servirão de alicerce às conclusões que serão efetuadas mais adiante.

Pela literalidade do art. 4º, I, do CPC[13], intui-se que as tutelas declaratórias teriam como atributo principal afastar um sentimento de incerteza a respeito da existência ou inexistência de uma dada relação jurídica. Com efeito, parece-nos inadequado admitir a possibilidade de se declarar, por meio de exercício jurisdicional, a existência ou inexistência de uma relação jurídica, sob pena de reconhecer que o Poder Judiciário é órgão de consulta.

Tomando como exemplo a seara tributária, observamos que o comando emanado da sentença declaratória (negativa) procedente destina-se a impedir a autoridade administrativa de constituir a relação jurídica tributária por meio do lançamento. Ora, esta é a única forma de se constituir a obrigação tributária. Se, porém, esta ainda não foi constituída, que incerteza haveria a respeito de sua existência?

Vejamos a lição de Paulo de Barros Carvalho: "... a circunstância de que o fato jurídico e a relação jurídica, na configuração plena de suas integridades constitutivas, como entidades do universo normativo, inserindo-se no processo de positivação do direito para alterar as condutas intersubjetivas,

---

13. Art. 4º. O interesse do autor pode limitar-se à declaração:
   I – da existência ou inexistência de relação jurídica

vão comparecer como objetos de nossa indagação apenas quando revestirem a forma de linguagem, linguagem competente, significa referir aquela que o sistema prescritivo estabelecer como adequada ao relato do evento e do correlativo vínculo." Adiante, prossegue: "Nasce o crédito tributário no exato instante em que irrompe o laço obrigacional, isto é, ao acontecer, no espaço físico exterior em que se dão as condutas inter-humanas, aquele evento hipoteticamente descrito no suposto da regra-matriz de incidência tributária, *mas desde que relatado em linguagem competente para identificá-lo (g. n.)*"[14].

Na fase do processo de positivação propício à propositura da ação declaratória de inexistência de relação jurídica, não há, realmente, uma relação jurídica que possa ser "declarada" inexistente, uma vez que ainda não foi posto o ato responsável por sua constituição, qual seja: o lançamento. É possível vislumbrar, entretanto, um evento ou fato social (atual ou iminente) que, potencialmente, possa ser objeto de incidência de norma geral e abstrata, ensejando o nascimento de uma relação jurídico-tributária.

O objeto da mencionada ação antiexacional seria, nestes termos, a produção de norma individual e concreta proibitiva da aplicação de norma geral e abstrata que realizaria a incidência desta sobre o evento/fato social ocorrido ou na iminência de ocorrer. Desta forma, não há que se falar em incerteza quanto à existência ou inexistência de relação jurídica, mas sim em incerteza quanto à possibilidade de ocorrência de incidência tributária.

Não estamos afirmando que as ações declaratórias não tenham como causa de pedir remota uma relação jurídica de direito material, o que seria um contraponto às outras ações de conhecimento, mas que esta se apresenta em potencial.

---

14. Curso de Direito Tributário, 2002, p. 357 e 360.

Em relação às tutelas declaratórias positivas, estas partem do mesmo pressuposto, qual seja: a incerteza quanto à potencialidade de um evento/fato social para ser objeto de incidência normativa. Diferenciam-se, no entanto, pelas normas que produzem, as quais, em caso de procedência, serão exatamente o produto da incidência que o autor afirma ser possível.

Como dissemos, não é nossa intenção aprofundar esta discussão, mas somente deixar registrado que, por um enfoque constitutivista (que norteia este trabalho), toda tutela cognitiva terá natureza constitutiva, mesmo a dita declaratória cuja finalidade será a produção de norma individual e concreta, a partir de situação jurídica ainda não constituída (causa de pedir remota), sendo, por este motivo, uma norma expansiva do sistema, já que não sobrepor-se-á a nenhuma outra norma.

7. As fases do ciclo de positivação da norma jurídica tributária e as respectivas ações antiexacionais

As ações antiexacionais[15], como o próprio nome induz, são aquelas destinadas à produção de normas individuais e concretas que protejam o contribuinte da imposição de exações tributárias indevidas. São elas: 1) a ação declaratória de inexistência de relação jurídica; 2) a ação anulatória de débito fiscal; 3) ação anulatória de ato de inscrição do débito em dívida ativa; 4) as ações de mandado de segurança, preventivo e repressivo; e, por fim, 5) os embargos do devedor.

O mandado de segurança poderá ser usado em praticamente todo processo de positivação da norma tributária, desde

---

15. A expressão "ação antiexacional", cunhada originalmente por James Marins, neste trabalho, excepcionalmente, está empregada com amplitude semântica mais restrita, querendo referir-se tão somente às ações que tenham por objetivo evitar a imposição exacional, excluindo-se deste rol aquelas destinadas à cobrança ou compensação de pagamentos indevidos.

que haja ato (ou ameaça de ato) ilegal e possibilidade de pré-constituição probatória. Na forma preventiva, terá cabimento até a constituição do crédito tributário, sendo que sua sentença, por este motivo, será de natureza declaratória-mandamental. No modo repressivo, terá cabimento após a constituição do crédito, sendo que sua sentença será de natureza desconstitutiva-mandamental.

Tentamos, até este momento, demonstrar que o nosso sistema prevê, para cada fase do processo de positivação da norma jurídica tributária material, um remédio processual destinado a solucionar a patologia que impede a continuação do chamado percurso narrativo regular do direito. Agora, com intuito de esquematizar o raciocínio desenvolvido, isolaremos cada fase e a esta atribuiremos a ação competente, vejamos:

7.1. 1ª fase – Descrição hipotética de um evento de possível ocorrência (fato gerador *in abstrato*):

Temos, nesta fase, uma norma geral e abstrata que atribui à ocorrência de um determinado fato o nascimento de uma relação jurídico-tributária. No entanto, não tendo sido esta constituída, o eventual contribuinte só terá interesse processual na produção de norma individual e concreta que impeça a autoridade fiscal de, ao verificar o fato social (que ainda não ocorreu), aplicar a mencionada norma geral e abstrata, realizando a incidência e dando ensejo ao nascimento da relação jurídico-tributária.

A norma individual e concreta apta a compor eventual relação jurídico-tributária conflituosa e retomar ou finalizar o processo de positivação do direito é, neste momento, aquela produzida por meio de tutela declaratória, seja no bojo de ação declaratória de débito fiscal ou, se for caso (possibilidade de pré-constituição probatória), em sede de mandado de segurança preventivo.

As ações acima teriam a seguinte estrutura interna:

PARTES	CAUSA DE PEDIR	PEDIDO
Autor: eventual futuro sujeito passivo de relação jurídico-tributária.	Remota: relação jurídica tributária em potencial (*in abstrato*).	Imediato: prolação de sentença de mérito.
Réu: eventual futuro sujeito ativo de relação jurídico tributária, i. é, a Fazenda Pública, na ação ordinária; e, em caso de mandado de segurança, autoridade coatora, em regime de litisconsórcio com a primeira.	Próxima: incerteza quanto à possibilidade de um dado fato social ser objeto de incidência de norma tributária geral e abstrata.	Mediato: constituição de norma individual e concreta de natureza proibitiva da realização do lançamento.

7.2. 2ª fase – Ocorrência, no plano social, da hipótese (fato gerador *in abstrato*), sem, no entanto, a sua versão/constituição em linguagem (lançamento de ofício ou autolançamento)

Tudo que foi dito a respeito da fase anterior pode ser aplicado a esta. Não obstante a materialização, no plano social, do evento que servirá de suporte para a constituição do fato jurídico-tributário, o ato de aplicação realizador da incidência ainda não se deu, e, por isso, não há como afirmarmos a existência da obrigação tributária.

Sobre o interesse processual na propositura de ação declaratória de inexistência de relação jurídica, é oportuno ressaltar a imprescindibilidade da norma geral e abstrata, cuja incidência se pretende impedir, estar pronta para ser a aplicada, sob pena de estarmos contestando lei em tese.

O mesmo pode ser dito a respeito do fato social, cuja composição estrutural precisa estar em conformidade com os elementos selecionados na hipótese da norma geral e abstrata para que se possa aventar a possibilidade de incidência, havendo, então, interesse na expedição de norma proibitiva.

7.3. 3ª fase – Lançamento de ofício (constitutivo do fato jurídico tributário), antes do decurso do prazo para pagamento ou impugnação administrativa

Posto o ato-norma do lançamento, temos a materialização do fato jurídico tributário mediante ato de aplicação que realizou a incidência e ocasionando o nascimento da relação jurídico-tributária. Este momento do processo de positivação pede, em caso de contestação judicial, a produção de norma individual e concreta que tenha eficácia desconstitutiva do ato-norma do lançamento.

As ações destinadas à produção de normas individuais e concretas que tenham eficácia para desconstituir a obrigação tributária materializada pelo ato-norma do lançamento são a ação anulatória de débito fiscal e o mandado de segurança repressivo. A primeira pressupõe a necessidade de dilação probatória e o segundo induz a existência de prova pré-constituída. Vejamos a estrutura que teriam as mencionadas ações:

PARTES	CAUSA DE PEDIR	PEDIDO
Autor: sujeito passivo de relação jurídico-tributária.	Remota: relação jurídica tributária posta pelo lançamento.	Imediato: prolação de sentença de mérito.
Réu: o sujeito ativo da relação jurídico tributária, i. é, a Fazenda Pública, na ação ordinária; e, em caso de mandado de segurança, autoridade coatora, em regime de litisconsórcio com a primeira.	Próxima: qualquer motivo de natureza fática ou jurídica, formal ou material, que possa comprometer a validade do ato-norma do lançamento.	Mediato: produção de norma individual e concreta que tenha como eficácia a desconstituição do lançamento.

É possível, nesta fase, a impugnação administrativa do débito, o que significaria um alongamento do processo de constituição da relação jurídico-tributária. Isto não obsta a opção pela via judicial, pressupondo, então, a definitividade do ato-norma.

7.4. 4ª fase – Decurso do prazo para pagamento ou impugnação administrativa do lançamento de ofício (constitutivo do fato jurídico-tributário)

Novamente, aplica-se a esta fase os instrumentos usados na fase anterior. Tendo, porém, se exaurido a possibilidade de impugnação administrativa do débito, a via judicial se torna a única opção restante ao contribuinte para ver-se livre da imposição tributária.

7.5. 5ª fase – Inscrição do crédito tributário na dívida ativa da Fazenda Pública

Este, na verdade, é um momento de transição no processo de positivação da norma tributária, que promove a "sucessão" do ato-norma do lançamento pelo ato-norma denominado certidão de dívida ativa, cujos pressupostos fáticos são a existência de lançamento definitivo, o decurso do prazo para pagamento e a regular inscrição do débito no livro da dívida ativa mediante exercício prévio do controle interno de legalidade do lançamento.

Dissemos, anteriormente, que durante o processo de positivação, na sucessão que se dá entre os atos-norma, poderíamos verificar a circunstância de uma determinada relação jurídica, presente no consequente de uma dada norma, atuar como suporte fático da norma que lhe sucede, fenômeno este que Lourival Vilanova chamou de relação jurídica como fato jurídico. Ressaltamos na ocasião, que apesar desta relação estabelecida entre as normas, deveríamos considerar cada uma individualmente, principalmente (agora acrescentando) por que, em alguns casos, a relação jurídica que sucede pode não ter o mesmo conteúdo material que a norma sucedida.

É exatamente o que ocorre com o ato de inscrição do débito em dívida ativa que, muito embora seja o pressuposto do ato-norma executivo, perfaz um direito subjetivo da Fazenda Pública, fazendo parte de uma relação cujo fato jurídico é composto pelo ato-norma do lançamento e todos os fatos inerentes ao procedimento de controle interno da legalidade. É um ato-norma de produção normativa, que sucede ao lançamento e antecede a certidão de dívida ativa.

A relação jurídico-administrativa que tem no ato de inscrição do débito em dívida ativa o seu direito subjetivo e no ônus do contribuinte em suportar os efeitos o seu dever jurídico, pode ser objeto de desconstituição judicial. O instrumento apto a produzir a norma individual e concreta com tal eficácia será a ação anulatória de ato de inscrição em dívida ativa. Esta ação, porém, terá um universo muito restrito de fatos que poderão ser considerados fundamentos de sua propositura (causa de pedir próxima), dentre os quais certamente não se inclui qualquer defeito, material ou formal, na produção do ato-norma do lançamento.

O instrumento de que falamos tem eficácia desconstitutiva do ato de inscrição e não do lançamento, pois o direito subjetivo de inscrever o débito e o respectivo dever jurídico atribuído a contribuinte de suportar os efeitos de tal inscrição, materializam um conteúdo que não se confunde com aquele que compõe o ato-norma do lançamento, i. e, a relação jurídico-tributária.

O lançamento válido é o suporte fático sobre o qual incidirá as normas de produção da relação jurídico-administrativa que permitirá o ato de inscrição do débito em dívida ativa. Assim, a não ser que o lançamento não tenha ocorrido de fato, ocasião em que não haveria suporte fático para a incidência normativa, qualquer alegação concernente ao processo de constituição da relação jurídico-tributária, neste momento, é incabível.

A obrigação tributária, por sua vez, voltará a ser "pano de fundo" do ato-norma representado pela certidão de dívida ativa, cujo pressuposto será próprio ato de inscrição do débito.

Entretanto, no intervalo compreendido entre a inscrição da dívida ativa e a propositura da ação de execução fiscal, o contribuinte estará impedido de discutir a relação jurídico-tributária, pois os instrumentos processuais aptos a fazê-lo (embargos à execução e exceção de pré-executividade) somente poderão ser usados após a propositura da ação executiva. Não há como forçar a Fazenda Pública a exercer o seu direito de ação, muito embora o exercício do direito de defesa do contribuinte esteja irremediavelmente ligado ao manejo daquela faculdade.

Para finalizar (anotando que, também nesta situação, havendo possibilidade de pré-constituição probatória, é plausível a impetração de mandado de segurança repressivo), vejamos a estrutura da ação anulatória de inscrição de débito em dívida ativa:

PARTES	CAUSA DE PEDIR	PEDIDO
Autor: sujeito passivo de relação jurídico-administrativa posta pelo ato de inscrição (o mesmo da relação tributária).	Remota: relação jurídico-administrativa posta pelo ato de inscrição do débito em dívida ativa.	Imediato: prolação de sentença de mérito.
Réu: o sujeito ativo da relação jurídico-administrativa supra, i. é, a Fazenda Pública, na ação ordinária; e, em caso de mandado de segurança, a autoridade coatora, em regime de litisconsórcio com a primeira (os mesmos da relação tributária).	Próxima: qualquer motivo de natureza fática ou jurídica, formal ou material, que possa comprometer a validade do ato de inscrição do débito em dívida ativa.	Mediato: produção de norma individual e concreta que tenha como eficácia a desconstituição do ato de inscrição de dívida ativa.

7.6. 6ª fase – Ajuizamento de ação de execução fiscal em face da pessoa jurídica que realizou o fato jurídico gerador

Pressupondo a regularidade do ato de inscrição do débito em dívida ativa, a discussão passa a girar em torno do instrumento apto a desconstituir a relação jurídico-tributária no estágio de concretude em que se encontra. Estamos falando da certidão de dívida ativa que, por ser uma das espécies de título executivo extrajudicial, gozando de presunção de liquidez, certeza e exigibilidade, representa o último estágio do processo de positivação da norma tributária.[16]

Esta é uma fase delicada, pois a norma individual e concreta produzida por meio de ação anulatória de débito fiscal e destinada desconstituir o ato-norma do lançamento é ineficaz para desconstituir o ato-norma que lhe sucedeu.

Uma tutela jurisdicional antiexacional cabível para esta fase precisaria estar dotada de eficácia desconstitutiva específica, com força para afastar a presunção de liquidez, certeza e exigibilidade do débito. O sistema processual prescreve uma, e somente uma ação antiexacional apta a produzir uma norma individual e concreta com a eficácia ora descrita: é a ação de embargos do devedor.

A simples existência de título executivo, bem como a mera propositura de ação de execução fiscal, entretanto, não permite a interposição de embargos do devedor. A facticidade jurídica que dá ensejo ao nascimento do direito à propositura de embargos é de natureza processual, pressupondo, além do anterior ajuizamento de ação executiva, a existência de ato de penhora de bens que assegure a satisfação do débito.

Poderíamos cogitar a possibilidade de interposição de exceção de pré-executividade, mas mesmo este instrumento, que tem natureza de defesa e não de ação antiexacional, depende de pré-constituição probatória. Portanto, se o contribuinte, durante as fases anteriores do processo de positivação, não ajuizou oportunamente as ações que poderiam afastar a exação tributária, para fazê-lo após a expedição de certidão dívida ativa, terá que esperar, por imposição lógico-sistêmica, o ajuizamento da competente ação de execução fiscal e a rea-

---

16. Neste sentido, confira-se o acórdão proferido nos autos do Resp nº 624.813/PR, proferido pela C. 3ª Turma do STJ, sob a relatoria do Min. Ari Pargendler, em julgamento de 19/04/2007:
"PROCESSO CIVIL. EXCEÇÃO DE PRÉ-EXECUTIVIDADE. Se a executada opôs embargos do devedor, não pode depois propor a exceção de pré-executividade. Recurso especial não conhecido."

lização de penhora que assegure o juízo.

7.7. 7ª fase – Citação da pessoa jurídica e penhora de seus bens

Esta é última chance do contribuinte contestar o débito decorrente de relação jurídico-tributária. Efetuada a penhora e expedida a respectiva certidão, materializa-se o fato jurídico que possibilita a apresentação dos embargos do devedor, instrumento competente para a produção de norma individual e concreta que tenha eficácia para desconstituir a certidão de dívida ativa.

Da mesma forma que a desconstituição do lançamento, mediante ação anulatória, pressupõe o reconhecimento de inexistência da obrigação tributária, a sentença que julga procedente os Embargos, além de ocasionar a desconstituição do título executivo (CDA), induz também à desconstituição do ato de lançamento. É que em razão das sucessivas normas terem como conteúdo a mesma relação jurídica, à medida que o processo de positivação avança, as respectivas tutelas jurisdicionais absorvem a eficácia das antecedentes. Portanto, a desconstituição da CDA traz consigo a desconstituição do lançamento e o reconhecimento da inexistência de relação jurídico-tributária.

A estrutura da ação de embargos do devedor é a seguinte:

PARTES	CAUSA DE PEDIR	PEDIDO
Autor: sujeito passivo de relação jurídico-tributária, parte passiva da Ação de Execução Fiscal.	Remota: relação jurídico-processual executiva fiscal.	Imediato: prolação de sentença de mérito.
Réu: o sujeito ativo da relação jurídico-tributária, i. é, a Fazenda Pública/ exequente na Ação de Execução Fiscal.	Próxima: qualquer motivo, de natureza fática ou jurídica, formal ou material que possa infirmar a presunção de liquidez, certeza e exigibilidade da CDA.	Mediato: produção de norma individual e concreta que tenha como eficácia a desconstituição da certidão de dívida ativa que instrumentaliza a Ação de Execução Fiscal, provocando o trancamento desta.

7.8. 8ª fase – Decurso do prazo para oposição de embargos do devedor, sem que tenham sido opostos

Este é o fim do processo de positivação do direito. Aqui, a norma tributária atinge a sua máxima concretude, perpetuando seus efeitos e promovendo a estabilidade das relações. É, a partir de agora, ato jurídico perfeito, com imutabilidade determinada pela ausência de instrumento processual com eficácia para desconstituí-la.

8. O alcance dos arts. 585, § 1º, do CPC e 38, *caput*, da Lei 6830/80 – Lei das Execuções Fiscais – LEF

A leitura dos arts. 585, § 1º, do CPC e 38 da LEF,[17] nos leva à inevitável conclusão de que é possível a tramitação de ação anulatória de inexistência do débito após ato de inscrição do débito e expedição da competente certidão de dívida ativa, afirmação esta que, à primeira vista, tende a negar a linha de raciocínio que tentamos desenvolver até este momento. Entretanto, a aparente incompatibilidade não resiste a uma interpretação sistemática dos dispositivos mencionados.

Proposta a ação antiexacional, tenha esta natureza declaratória, anulatória do débito ou do ato de inscrição, sem que se apresente uma das causas de suspensão da exigibilidade do crédito tributário prescritas no art. 151 do CTN, nada impedirá o fisco de continuar praticando atos tendentes à cobrança

---

17. "Art. 585. (...)

§ 1º – A propositura de qualquer ação relativa ao débito constante do título executivo não inibe o credor de promover-lhe a execução."

"Art. 38. – A discussão judicial da Dívida Ativa da Fazenda Pública só é admissível em execução, na forma desta Lei, salvo as hipóteses de mandado de segurança, ação de repetição do indébito ou ação anulatória do ato declarativo da dívida, esta precedida do depósito preparatório do valor do débito, monetariamente corrigido e acrescido dos juros e multa de mora e demais encargos."

do crédito (prevenindo-se da decadência e da prescrição), podendo, inclusive, expedir certidão de dívida ativa e propor a competente ação de execução fiscal.

Nestas circunstâncias, as validades do lançamento e do ato de inscrição em dívida ativa estarão *sub judice* até que sobrevenha decisão definitiva sobre o mérito. Isto significa dizer, em outros termos, que as validades dos atos jurídicos que tenham como pressupostos o lançamento e a inscrição do débito, classe na qual se inclui a CDA, estarão sob condição resolutiva, i.é, aguardando a confirmação ou infirmação, pela sentença de mérito, da eficácia dos fatos jurídicos que lhes dão origem.

A autonomia normativa da CDA em relação à obrigação tributária que lhe deu origem permite a propositura da ação de execução fiscal sem que aquela obrigação tenha se tornado definitiva. É a denominada eficácia processualmente abstrata do título executivo, que o autonomiza até que sua eficácia persista[18]. Leciona José Frederico Marques: "A *eficácia processual* do título não se subordina à relação jurídica ou vínculo obrigacional de que a prestação é objeto, nem o título constitui prova da existência desta".[19]

É neste diapasão que devem ser interpretados os enunciados dos artigos 585, § 1º, do CPC e 38 da LEF, ou seja, é perfeitamente possível a coexistência de ação de execução fiscal e ações de conhecimento antiexacionais[20], desde que as últimas

---

18. Causalidade e Relação no Direto, 2000, p. 196 e 197, nota 3.
19. Manual de Direito Processual Civil, 1976, 4º vol., p. 18.
20. Este entendimento, conquanto minoritário, foi defendido pelo Ministro Luiz Fux por ocasião do julgamento do Resp n. 758.270/SP, proferido pela 1ª Turma do E. STJ, em julgamento realizado em 08/05/2007. Confira-se:
"PROCESSUAL CIVIL E TRIBUTÁRIO. EXECUÇÃO FISCAL. SUSPENSÃO EM VIRTUDE DO AJUIZAMENTO DE AÇÃO ANULATÓRIA DO CRÉDITO FISCAL. IMPOSSIBILIDADE. AUSÊNCIA DE DEPÓSITO INTEGRAL. ART. 151 E 204 DO CTN. ATO ATENTATÓRIO À DIGNIDADE DA JUSTIÇA. MULTA. ARTS. 600 E 601, DO CPC. SÚMULA 07/STJ. INCIDÊNCIA. CONEXÃO. AÇÃO ANULATÓRIA E EXECUÇÃO

tenham sido interpostas antes dos atos-norma que pretendem desconstituir terem sido sucedidos, no processo de positivação, por outros atos-norma. Caso contrário, prevalece a ideia de que cada

---

FISCAL. CONEXÃO. ART. 103 DO CPC. REGRA PROCESSUAL QUE EVITA A PROLAÇÃO DE DECISÕES INCONCILIÁVEIS.

1. Ação anulatória em que se discute: a) a extinção ou suspensão da execução fiscal em face da propositura de ação anulatória de débito fiscal; b) a caracterização de ato atentatório à dignidade da justiça, a justificar a incidência da multa prevista nos arts. 600 e 601, do CPC; e c) a conexão entre a execução fiscal e a ação anulatória do débito executado.

2. O crédito tributário, posto privilegiado, ostenta a presunção de sua veracidade e legitimidade nos termos do art. 204 do Código Tributário Nacional, que dispõe: *"A dívida regularmente inscrita goza da presunção de certeza e liquidez e tem o efeito de prova pré-constituída."*

3. Decorrência lógica da referida presunção é a de que o crédito tributário só pode ter sua exigibilidade suspensa na ocorrência de uma das hipóteses estabelecidas no art. 151 do mesmo diploma legal.

4. Deveras, o ajuizamento de ação anulatória de débito fiscal, desacompanhada de depósito no montante integral, não tem o condão de suspender o curso de execução fiscal já proposta.

5. Consignando o aresto recorrido que *"insiste a executada em renovar pleitos que, anteriormente, já tinham sido rechaçados, retardando, com essa atitude, a regular continuidade da execução, pois a cada petição atravessada, que se diga, não lançavam teses novas à defesa, restava desencadeada uma sucessão de atos que culminariam com a reapreciação judicial ratificando posicionamento passado"* sendo certo que caracterizado ato atentatório a dignidade da justiça a justificar a aplicação da multa prevista nos arts. 600 e 601, do CPC, a revisão de referido posicionamento implicaria no reexame de matéria fático-probatória, insindicável pelo E. STJ, em sede recurso especial (Precedente: RESP n. 877431/SP, Rel. Ministro João Otávio de Noronha, DJ de 07.12.2006).

6. *In casu*, referidos pleitos cingiam-se à suspensão da execução sem realização de depósito.

7. Dispõe a lei processual, como regra geral, que é título executivo extrajudicial a certidão de dívida ativa da Fazenda Pública da União, Estado, Distrito Federal, Território e Município, correspondente aos créditos inscritos na forma da lei (art. 585, VI, do CPC).

8. Acrescenta, por oportuno que a propositura de qualquer ação relativa ao débito constante do título executivo não inibe o credor de promover-lhe a execução (§ 1º, do art. 585, VI, do CPC).

fase do percurso narrativo regular do direito tem o seu instrumento processual específico e exclusivo, apto a dar-lhe continuidade.

9. Conclusão

Conforme mencionamos no início deste trabalho, não obstante as considerações feitas adrede, há quem defenda,

---

9. A finalidade da regra é não impedir a execução calcada em título da dívida líquida e certa pelo simples fato da propositura da ação de cognição, cujo escopo temerário pode ser o de obstar o processo satisfativo desmoralizando a força executória do título executivo.

10. À luz do preceito e na sua exegese teleológica, colhe-se que a recíproca não é verdadeira; vale dizer: proposta a execução, torna-se despicienda e, portanto, falece interesse de agir a propositura de ação declaratória, porquanto os embargos cumprem os desígnios de eventual ação autônoma.

11. Conciliando-se os preceitos, tem-se que, precedendo a ação anulatória à execução, aquela passa a exercer perante esta inegável influência prejudicial a recomendar o *simultaneus processus*, posto conexas pela prejudicialidade, forma expressiva de conexão a recomendar a reunião das ações, como expediente apto a evitar decisões inconciliáveis.

12. *In casu*, a ação anulatória foi ajuizada em 22.03.2001 (fl. 45) e a execução foi proposta na data de 20.07.2001(fl. 29).

13. O juízo único é o que guarda a mais significativa competência funcional para verificar a verossimilhança do alegado na ação de conhecimento e permitir prossiga o processo satisfativo ou se suspenda o mesmo.

14. Refoge à razoabilidade permitir que a ação anulatória do débito caminhe isoladamente da execução calcada na obrigação que se quer nulificar, por isso que, exitosa a ação de conhecimento, o seu resultado pode frustrar-se diante de execução já ultimada.

15. Deveras, na sessão de 21 de março de 2006, a Primeira Turma, nos autos do AgRg no REsp 802683/RS, assentou o entendimento de que "*a suspensão do processo executivo fiscal depende de garantia do juízo, nos termos do art. 151 do CTN, o que impede que se entenda como regra a suspensão do feito executivo em face do trâmite concorrente de demanda anulatória de débito fiscal. Precedentes: REsp nº 763.413/RS, Rel. Min. Castro Meira, DJ de 07/11/2005 e REsp n. 764.612/SP, Rel. Min. José Delgado, DJ de 12/09/2005*". (AgRg no REsp 802683/RS, Relator Ministro Francisco Falcão, DJ de 10.04.2006).

16. Recurso especial parcialmente conhecido, e, nesta parte, provido para reconhecer a existência de conexão entre a execução fiscal e a ação anulatória do débito executado e determinar a reunião das ações no Juízo Federal."

sob o singelo argumento da imprescritibilidade, o cabimento de ação declaratória de inexistência de relação jurídico-tributária em qualquer fase do processo de positivação do direito tributário. Há também, aqueles que advogam o cabimento de ação anulatória de débito fiscal para desconstituir relação jurídico-tributária contida em título executivo, objeto de execução fiscal, cujo mérito não tenha sido discutido, ou em razão da não oposição de embargos, ou pelo fato deste não ter sido recebido ou apreciado, argumentando que, nestes casos, inexistiria preclusão.[21]

---

21. Neste sentido, vide o acórdão proferido pela 1ª Turma do STJ em julgamento de 18/10/2001:

"PROCESSUAL CIVIL. EMBARGOS À EXECUÇÃO. INEXISTÊNCIA DE COISA JULGADA MATERIAL E PRECLUSÃO. AÇÃO DECLARATÓRIA. AJUIZAMENTO POSTERIOR. POSSIBILIDADE. PRECEDENTES DESTA CORTE.

1. Recurso Especial interposto contra v. acórdão segundo o qual a ação anulatória pode ser ajuizada quando os embargos à execução não foram opostos, ou quando, embora opostos, não foram recebidos ou apreciados em seu mérito, não ocorrendo a preclusão.

2. A jurisprudência do Superior Tribunal de Justiça é no sentido de que:

a) na execução não ocorre a preclusão, visto que essa opera dentro do processo, não atingindo outros que possam ser instaurados, o que é próprio da coisa julgada material, não havendo impedimento a que seja ajuizada ação, tendente a desconstituir o título em que aquela se fundamenta (Resp. n. 135355/SP, 3ª Turma, Rel. Min. Eduardo Ribeiro;

b) a validade e eficácia do título executivo extrajudicial podem ser objeto de posterior ação de conhecimento, quando na execução não forem opostos embargos do devedor, e, igualmente, embargos, embora opostos, não foram recebidos ou apreciados em seu mérito, inocorrendo a preclusão e a coisa julgada material (AgReg no AG n. 176552/SP, 4ª Turma, Rel. Min. SÁLVIO DE FIGUEIREDO TEIXEIRA, DJ de 02/05/2000, e AgReg no AG Nº 8089/SP, 4ª Turma, Rel. Min. ATHOS CARNEIRO, DJ de 20/05/1991);

c) se o acórdão tido como desrespeitado não decidiu o ponto posteriormente solucionado pelo juiz de primeiro grau quando da prolação da sentença incidental de embargos à execução, não há que se falar em preclusão nem em coisa julgada capaz de impedir a propositura da ação anulatória do lançamento fiscal. Inexiste sentença se a execução não foi embargada (Resp n. 162457/ES, 2ª Turma, Rel. Min. ADHEMAR MACIEL, DJ de 01/02/1999).

Não se trata, porém, de prescrição ou preclusão do direito do contribuinte, mas sim, como demonstrado, de inutilidade/inadequação dos instrumentos processuais na composição do conflito. A ineficácia (social) das normas individuais e concretas produzidas pelos mencionados instrumentos processuais na composição da lide em circunstâncias temporais diversas daquela para a qual foi criada, é fator inerente à natureza das mesmas.

Assim, uma ação declaratória de inexistência de relação jurídica interposta com o intuito de eximir o contribuinte de pagamento de débito fiscal inscrito em dívida ativa ou simplesmente constituído pelo lançamento, deve ser extinta sem julgamento de mérito por falta de interesse processual.

A tutela jurisdicional declaratória tem, como conteúdo, norma individual e concreta com eficácia proibitiva da produção do lançamento. Já tendo este sido realizado, o provimento proibitivo torna-se inútil, inadequado (socialmente ineficaz). Neste momento, não há mais que se falar em qualquer tipo de incerteza, seja da existência de relação jurídica, seja da possibilidade de incidência de norma geral e abstrata sobre fato social.

Não há como imaginar a possibilidade de se proibir a produção de um ato já realizado. É intuitiva, lógica e incontroversa a noção de que o direito só se presta a regular condutas possíveis, de modo a ser inconcebível a normatização jurídica de condutas humanamente necessárias ou impraticáveis. Portanto, se a autoridade competente para produzir determinada norma verifica, de antemão, que a mesma não produzirá os efeitos a ela inerentes, em razão da conduta regulada ser impraticável, não há porque produzi-la.

---

3. Paradigma colacionado pelo recorrente que, embora à vista tenha semelhança, verificando-o com mais afinco, não traz identidade com o acordão recorrido, não se prestando, portanto, para o caso sub examine.
4. Recurso improvido."

O lançamento pressupõe aplicação de norma geral e abstrata ao evento do mundo, realizando a incidência, juridicizando-o e ocasionando o nascimento da relação jurídico-tributária, cuja existência, neste momento, é inquestionável.

Pela mesma razão, a ação anulatória de débito fiscal que tenha por objeto relação jurídico-tributária com débito devidamente inscrito em dívida ativa e objeto de certidão correspondente, não é instrumento processual apto a desconstituí-la. Deve, também por falta de interesse processual decorrente de inadequação e inutilidade, ser extinta sem julgamento do mérito.

Já houve, nesta fase, sucessão do lançamento pela certidão de dívida ativa. Esta, por sua vez, substancia ato-norma da espécie título executivo extrajudicial, gozando de presunção de liquidez, certeza e exigibilidade. Sua desconstituição pressupõe a produção de norma individual e concreta com eficácia específica, que, em nosso sistema jurídico-processual, só pode ser veiculada mediante sentença proferida em ação de embargos do devedor, ressalvando a hipótese de exceção de pré-executividade (defesa).

A autonomia do ato-norma certidão de dívida ativa não está condicionada à obrigação tributária, constituída pelo lançamento, que lhe deu origem. A desconstituição do lançamento, em princípio, não afetaria em nada a eficácia da certidão, que continuaria produzindo seus efeitos, advindo daí a falta de interesse na tutela anulatória de débito fiscal. São normas diversas, produzidas em fases diferentes do processo de positivação do direito.

Se, no entanto, a expedição da certidão de dívida ativa sobrevier à interposição de ação anulatória de débito fiscal, sua eficácia estará condicionada à improcedência do pedido. A procedência da ação, ao contrário, importará a produção de norma individual e concreta que desconstituirá, ao mesmo tempo, o lançamento e a certidão de dívida ativa, na medida que a validade da segunda está condicionada à confirmação da eficácia do primeiro.

Seguindo adiante no processo de positivação do direito, o contribuinte, no período compreendido entre a inscrição do débito em dívida ativa e a propositura da ação de execução fiscal, só poderá ingressar com ações, ordinária ou mandamental, que tenham por objeto a desconstituição do ato de inscrição do débito em dívida ativa. Tais ações têm um universo restrito de fundamentos (causa de pedir), estando vinculadas ao questionamento da existência ou inexistência do lançamento (sem que se possa questionar o mérito do ato) e à obediência das normas responsáveis pelo controle de legalidade do mesmo.

Pressupondo a regularidade do ato de inscrição do débito em dívida ativa, para não sofrer as consequências decorrentes da inércia da Fazenda Pública, especialmente no que concerne às limitações decorrentes da impossibilidade de obter certidão negativa de débito e à incidência de juros moratórios, o contribuinte poderá oferecer bens em garantia ou efetuar o depósito do montante integral do débito, nos termos prescritos no artigo 151, II, do CTN, ficando apto a requerer os benefícios do artigo 206 do mesmo diploma.

Caso a autoridade fazendária, mesmo diante de tais garantias, negue ao devedor o direito à certidão positiva com efeitos de negativa e à interrupção da incidência de juros, seu ato denegatório poderá ser objeto de mandado de segurança, uma vez que incorre em flagrante ilegalidade.

Por fim, proposta e ação de execução fiscal, feita a penhora e decorrido o prazo para interposição de embargos, é forçosa a conclusão de que inexiste qualquer instrumento processual capaz de evitar que o contribuinte suporte a exação, malgrado os entendimentos doutrinário e jurisprudencial seguirem orientação diversa.

Não há tutela jurisdicional apta a desconstituir a obrigação tributária nestas circunstâncias. Qualquer tentativa de adaptação, para este estágio, de instrumentos processuais especificamente destinados à desconstituição da norma tributária em outra fase do processo de positivação, significaria infirmar a integridade sistêmica do ordenamento.

A subjetividade dos argumentos que, em nome da justiça e do direito de defesa, acabam por ignorar as imposições lógicas do sistema, é inaceitável, uma vez que, durante todo o processo de positivação da norma tributária, o sistema jurídico-processual colocou a disposição do contribuinte instrumentos capazes de afastar a imposição exacional. Pôde, de início, impedir a incidência normativa; posteriormente, foi-lhe concedido instrumento apto a desconstituir a obrigação tributária; por fim, no momento derradeiro da concretização máxima da norma tributária, houve oportunidade de questionar sua validade.

Não se trata, como é o caso da exceção de pré-executividade, de preenchimento de lacunas legislativas que comprometem a realização de valores básicos do sistema jurídico-positivo (constrição patrimonial injusta, ampla defesa e devido processo legal), mas sim de um alargamento das possibilidades processuais, fundado em situações circunstanciais que não justificam a abertura de tais precedentes.

Ademais, o princípio da Segurança Jurídica, intrínseco ao Estado de Direito, impõe a necessidade de se preservar a estabilidade das relações, sendo-nos forçosa a conclusão de que, neste momento, a norma jurídica tributária atinge a sua máxima concretude, adquirindo foro de imutabilidade.

A segurança jurídica, ensina Paulo de Barros Carvalho[22], realiza-se em decorrência de fatores sistêmicos que se dirigem à realização de um valor específico, qual seja, a propagação do sentimento de previsibilidade quanto aos efeitos jurídicos da regulação da conduta. Este sentimento de previsibilidade deve assistir não só ao contribuinte, mas também a pessoa política tributante, que, ao final das contas, também é sujeito de direitos.

---

22. *Curso de Direito Tributário*, 2002, p. 146.

AÇÃO ANULATÓRIA DE DÉBITO FISCAL

Júlio M. de Oliveira

De início cumpre referir, senão relembrar, que o assunto ora tratado diz respeito e afeta diretamente a relação jurídica obrigacional entre fisco e contribuinte. Daí, para que se possa mais apropriadamente desenvolver a temática da ação anulatória, importa trazer a lume os conceitos acatados de relação jurídica. Além disso, serão oportunas digressões acerca da obrigação tributária, do lançamento e suas modalidades e das classificações das ações.

I – Relação jurídica

Relação é o modo de ser ou de comportar-se dos objetos entre si.[1] A multiplicidade de relacionamentos possíveis entre os objetos encontra terreno fértil no âmbito do Direito, que, muitas vezes, visa a regular, pacificar ou estratificar relações. E, já referindo VILANOVA, não é o homem – coisa física – que é portador de direitos, mas o homem – ser biopsíquico – alçado ao nível de fato jurídico básico.[2] Assim, o papel do Direito "é ordenar a vida social, disciplinando o comportamento dos seres

---

1. ABBAGNANO, Nicola. *Dicionário de Filosofia*, 2ª Ed. Trad. Alfredo Bosi. São Paulo: Martins Fontes, 1998, p. 809.
2. VILANOVA, Lourival. *Causalidade e Relação no Direito*, 2ª ed. São Paulo: Saraiva, 1989, p. 73-5.

humanos, nas suas relações de intersubjetividade. Tomando por base esse caráter eminentemente instrumental do ordenamento jurídico, é curioso notar que o único meio de que dispõe, para alcançar suas finalidades precípuas é a relação jurídica, no contexto da qual emergem direitos e deveres correlatos, pois é desse modo que se opera a regulação das condutas."[3]

Do que dissemos fica evidenciado o cunho relacional típico do Direito, o que possibilita desencontros entre portadores de direitos e de deveres, cada qual em polo diverso e nem sempre convergentes quanto ao adimplemento das obrigações ou quanto aos contornos do direito. Surgem aí as pretensões resistidas e emerge do cunho relacional uma matiz coercitiva que justifica o Direito ou nele tem sua origem. "Por isso, ninguém é sujeito de direito sem sê-lo na modalidade de sujeito ativo, ou de sujeito passivo, sem o ser atualmente ou sem a potencialidade de sê-lo. Nem no nível lógico, nem no plano dos fatos, tais posições são absolutas. São relativas."[4]

A relatividade do papel a ser desempenhado em determinada relação jurídica, de sujeito ativo ou de sujeito passivo de direitos, viabiliza o contrato social e destaca o Direito como instrumento de segurança e manutenção da sociedade humana. Se os papéis adrede referidos fossem sempre fixos, o que justificaria a obediência a regras que sempre privilegiassem uns em detrimento de outros? O Direito seria, então, coação (injusta) e não coerção. Assim, a variação de ocupantes dos polos passivo e ativo na relação jurídica permite ao sujeito de direito compreender, no ordenamento jurídico, o funcionamento racional das normas dentro da relação entre os destinatários mediatos e imediatos das normas.

A coerção, elemento normativo fundamental, valoriza as *regras do jogo* e reconhece que, na realidade construída pelo Direito, não se pode abstrair que cada sujeito (portador de

---

3. CARVALHO, Paulo de Barros. *Curso de Direito Tributário*, 12ª ed. Revista e ampliada. São Paulo: Saraiva, 1999, p. 189-90.
4. VILANOVA, Lourival. Causalidade..., p. 72.

direitos ou de deveres), está desempenhando um papel em roteiros escritos e estruturados pelo Estado de Direito – isso tudo, obviamente, aceitas as premissas de que, no Estado contemporâneo, as normas são legitimadas pela vontade da maioria, que se manifesta, no teatro jurídico, pelos mecanismos democráticos de eleição e representação.

E assim também ocorre na relação jurídica tributária, em que há manifestação válida do Estado de Direito construindo a obrigação tributária principal, que se perfaz entre um sujeito ativo (detentor do direito de cobrar determinada quantia em dinheiro) relacionado a um sujeito passivo (detentor de uma obrigação de entregar esta determinada quantia em dinheiro). Paralelamente a esta mesma relação jurídica, pode ser criada a obrigação de fazer que se aperfeiçoa pela prestação de algum(ns) dever(es) instrumental(is) entre os mesmos sujeitos de direito da obrigação principal.

Em vista do descumprimento da obrigação principal e dos deveres instrumentais foram estabelecidas também normas sancionatórias, que visam a punir os sujeitos passivos e a estimular o cumprimento da obrigação tributária. "A regra matriz da multa pelo não-pagamento incide sobre o fato jurídico do não-pagamento (FJNP) apresenta como eficácia jurídica a relação jurídica da multa pelo não-pagamento (RJMNP). (...) A regra matriz da sanção instrumental é norma jurídica primária sancionadora, em que a não-observância do mandamento prescrito na relação instrumental é o suposto normativo que faz surgir a relação jurídica sancionadora instrumental."[5]

II – Lançamento tributário

Para que seja constituído o fato jurídico tributário e surja a obrigação, que se confunde com a própria relação jurídica

---

5. SANTI, Eurico Marcos Diniz de. *LançamentoTributário*. 2ª ed., São Paulo: Max Limonad, 1999, p. 138.

tributária, o sistema jurídico estabeleceu como linguagem competente o lançamento tributário, definido com maestria por EURICO DE SANTI como "o ato-norma administrativo que apresenta estrutura hipotético-condicional. Este associa à ocorrência do fato jurídico tributário (hipótese) uma relação intranormativa (consequência) que tem por termos o sujeito ativo e o sujeito passivo, e por objeto a obrigação deste em prestar a conduta de pagar quantia determinada pelo produto matemático da base de cálculo pela alíquota."[6]

O lançamento deve obrigatoriamente atender aos ditames do art. 142 do Código Tributário Nacional (CTN), que assim determina:

> "Art. 142. Compete privativamente à autoridade administrativa constituir o crédito tributário pelo lançamento, assim entendido o procedimento administrativo tendente a verificar a ocorrência do fato gerador da obrigação correspondente, determinar a matéria tributável, calcular o montante do tributo devido, identificar o sujeito passivo e, sendo caso, propor a aplicação da penalidade cabível.
>
> Parágrafo único. A atividade administrativa de lançamento é vinculada e obrigatória, sob pena de responsabilidade funcional."

Portanto, para que haja um lançamento válido no ordenamento jurídico, as esferas competentes (União, Estados, Distrito Federal e Municípios) para editar referido ato-norma deverão atender os requisitos para a sua produção. Convém esmiuçar o art. 142 acima transcrito para que se possa situar sistematicamente mencionado ato-norma administrativo.

Segundo entendemos, o comando complementar referido atribuiu norma de competência administrativa, autêntica norma de estrutura, que determina como e quando deve ser editada a outra norma, agora de comportamento, que irá

---

6. *Lançamento Tributário*, p. 157.

construir o fato jurídico tributário. O lançamento, conforme posto no comando do CTN, somente admite como agente introdutor a autoridade pública, o que afasta, ao nosso ver, digressões outras que admitam o particular como agente de lançamento.

Além disso, a função de lançar o tributo designada ao agente público, conterá seus contornos nas leis ordinárias das pessoas políticas competentes para instituir e cobrar os respectivos tributos. Ademais, é ato-norma vinculado e obrigatório – presentes os requisitos, deve ser lançado o tributo, sob pena de responsabilidade funcional em caso de omissão.

Aqui já se poderia opor argumentos bastante relevantes no sentido da quase inexistência de tributos lançados nos moldes do art. 142 do CTN, haja vista que a esmagadora maioria dos tributos são criados e pagos sem que haja a interferência de qualquer agente público dos entes políticos. De se ver que, por razões político-administrativas, o denominado lançamento por homologação é a modalidade, por excelência, de construção do fato jurídico tributário.

Ao se constatar que o evento tributário se constitui em fato jurídico tributário, na maioria das vezes, sem interferência do Estado, nota-se que o particular (sujeito passivo) assumiu importante papel no cenário da relação jurídica tributária. Tributos como o ICMS, o IPI e o ISSQN aparecem em linguagem competente, por intermédio de notas e livros fiscais preenchidos e escriturados pelo contribuinte e, mesmo em momento seguinte, são informados (GIAS, DCTF etc.) em ato unilateral do sujeito passivo ou de terceiro legalmente obrigado. Haverá interveniência do agente público, apenas na homologação tácita do pagamento ou em caso de revisão em auditorias específicas nos estabelecimentos dos contribuintes. Tem-se aqui que somente se aperfeiçoará o lançamento, como previsto no CTN, na modalidade de ofício, nos casos de oposição do fisco em face da conduta de pagamento a menor ou na omissão do pagamento (sonegação, erro etc.).

A regra geral, pelo que transparece do contexto fático atual, é o não-lançamento. Quem constitui o fato jurídico tributário é o contribuinte que se comporta conforme a hipótese de incidência tributária e cumpre os deveres instrumentais para constituir em linguagem competente o fato e recolhe aos cofres públicos o crédito tributário. A omissão do contribuinte ou daquele ao qual a legislação atribui a responsabilidade tributária para cumprir os deveres instrumentais e para recolher o tributo devido acarreta, aí sim, o lançamento. De tal fato, aliás, é que resulta o denominado Auto de Infração e Imposição de Multa (AIIM), que lança o tributo, constitui a regra matriz sancionadora principal, a regra matriz sancionadora instrumental e as respectivas penalidades.

O mesmo se diga em relação a tributos como o Imposto sobre a Renda, as Contribuições Sociais, as Contribuições de Intervenção no Domínio Econômico, que são constituídos pelos contribuintes ou por aqueles que a legislação específica dispuser e são extintos pelo pagamento sem qualquer intervenção estatal. Missão difícil é hoje identificar tributo que seja formalmente constituído através do clássico lançamento tributário.

Vale ainda referir que mesmo a jurisprudência já reconhece a dispensabilidade do lançamento formal para a cobrança executiva do ICMS. Há inúmeros julgados, jurisprudência pacífica, no sentido de acatar as Guias de Informação e Apuração do ICMS (GIA),[7] como meio suficiente para permitir a inscrição na dívida ativa, dispensada quaisquer providências adicionais pelo sujeito ativo, tais como: notificação prévia, lançamento formal nos termos do art. 142 etc. Pela oportunidade, segue abaixo a transcrição de excerto de acórdãos das 1ª e 2ª Turmas do Superior Tribunal de Justiça (STJ) e da

---

7. Documento elaborado pelo contribuinte, entregue mensalmente, que apresenta um resumo das operações ou prestações tributadas e que tenham gerado créditos e débitos do imposto estadual paulista.

2ª Turma do Supremo Tribunal Federal (STF) nesse sentido, com a ressalva de umas poucas situações pontuais[8]:

> "(...) 2. Nos tributos sujeitos a lançamento por homologação, a declaração do contribuinte por meio da Declaração de Contribuições e Tributos Federais – DCTF – elide a necessidade da constituição formal do débito pelo Fisco.
> 3. Caso não ocorra o pagamento no prazo, poderá efetivar-se imediatamente a inscrição na dívida ativa, sendo exigível independentemente de qualquer procedimento administrativo ou de notificação ao contribuinte (Acórdão AGRESP 443971/PR, 1ª Turma; Agravo Regimental no Recurso Especial 2002/0080310-6, DJ de 28/10/2002 PG:00254 Relator Min. JOSÉ DELGADO)".
>
> "Tratando-se de débito declarado e não pago, caso típico de autolançamento, não tem lugar a homologação formal, dispensado o prévio procedimento administrativo ou notificação prévia. – A realização de perícia, em execução fiscal, para cobrança de ICMS, está condicionada à inequívoca demonstração de erro ou engano, quando do autolançamento, sem o que não se configura o alegado cerceamento de defesa" (Acórdão RESP 238568/SP, 2ª Turma; Recurso Especial 1999/0103717-4, DJ de 05/08/2002 PG:00223, Relator Min. FRANCISCO PEÇANHA MARTINS)."
>
> "Débito fiscal declarado e não pago. Autolançamento. Desnecessidade de instauração de procedimento administrativo para cobrança do tributo. Em se tratando de autolançamento de débito fiscal declarado e não pago, desnecessária a inscrição da dívida e posterior cobrança" (Acórdão AgR 144609-9, 2ª Turma do STF; DJ de 01/09/95, Relator Min. Maurício Corrêa).

Afora a questão de, no lançamento tributário, verificar-se a ocorrência do fato gerador da obrigação correspondente, há,

---

8. Conforme decidiu o STJ no julgamento do AgRg REsp nº 981.095, Rel. Min. Humberto Martins, 2ª Turma, DJ 13/02/2009, se o contribuinte, ao declarar seu débito, declara a existência de compensação, o fisco somente poderá cobrar a dívida mediante a realização do lançamento, pois, neste caso, o contribuinte não teria "confessado" débito "a pagar".

ainda, os problemas de determinar-se a matéria tributável, calcular-se o montante do tributo devido, identificar o sujeito passivo e, sendo caso, propor-se a aplicação da penalidade cabível.

Evidentemente, como ato administrativo, deve o lançamento ser motivado e conter elementos suficientes para que se construa o fato jurídico tributário, com a identificação precisa dos critérios material, temporal, espacial, quantitativo e pessoal. O requisito da publicidade também deve ser atendido, sob pena de se considerar inexistente o lançamento pelo não cumprimento de rito essencial de qualquer ato administrativo.

Constatado o desatendimento ao comando do art. 142 do CTN, deve ser efetuada pela autoridade administrativa, enquanto não extinto o direito da Fazenda Pública, a revisão do lançamento, nos termos do art. 149 do CTN:

> "Art. 149. O lançamento é efetuado e revisto de ofício pela autoridade administrativa nos seguintes casos:
>
> I – quando a lei assim o determine;
>
> II – quando a declaração não seja prestada, por quem de direito, no prazo e na forma da legislação tributária;
>
> III – quando a pessoa legalmente obrigada, embora tenha prestado declaração nos termos do inciso anterior, deixe de atender, no prazo e na forma da legislação tributária, a pedido de esclarecimento formulado pela autoridade administrativa, recuse-se a prestá-lo ou não o preste satisfatoriamente, a juízo daquela autoridade;
>
> IV – quando se comprove falsidade, erro ou omissão quanto a qualquer elemento definido na legislação tributária como sendo de declaração obrigatória;
>
> V – quando se comprove omissão ou inexatidão, por parte de pessoa legalmente obrigada, no exercício da atividade a que se refere o artigo seguinte;
>
> VI – quando se comprove ação ou omissão do sujeito passivo, ou de terceiro legalmente obrigado, que dê lugar a aplicação de penalidade pecuniária;
>
> VII – quando se comprove que o sujeito passivo, ou terceiro em benefício daquele, agiu com dolo, fraude ou simulação;

VIII – quando deva ser apreciado fato não conhecido ou não provado por ocasião do lançamento anterior;

IX – quando se comprove que, no lançamento anterior, ocorreu fraude ou falta funcional da autoridade que o efetuou, ou omissão, pela mesma autoridade, de ato ou formalidade essencial.

O conteúdo extenso do art. 149 do CTN demonstra o cuidado do legislador complementar em proteger o crédito tributário e, ao mesmo tempo, garantir ao contribuinte ou a terceiros interessados um remédio, ainda, na esfera do Poder Executivo, de se invalidar ou revogar o ato-norma do lançamento viciado por meio de um novo ato-norma de invalidação ou revogação e de relançamento, se for o caso. Aplica-se ao ato-norma de invalidação ou revogação do lançamento a vinculação e a obrigatoriedade de ser efetuada pelo agente público, nas hipóteses do art.149 do CTN, que, quando ocorrentes e não sanadas pelo ente político competente, poderão ser conhecidas e declaradas pelo Poder Judiciário, inclusive pela via da ação anulatória tributária, nosso particular objeto de exame.

III – A ação anulatória tributária

Para que seja facilitada a compreensão do tema, propomos a seguinte definição de ação anulatória tributária: *meio de provocação do Poder Judiciário, a ser proposto pelos interessados contribuintes ou terceiros em face da Fazenda Publica ou de entidades parafiscais, com vistas a desconstituir o lançamento ou os créditos constituídos nos termos do art. 150 do CTN, sejam decorrentes de obrigação tributária ou de descumprimento de deveres instrumentais tributários ou provenientes de penalidades advindas de normas sancionatórias tributárias ou, ainda, na hipótese de decisão administrativa denegatória de restituição nos termos do art.169 do CTN. O provimento jurisdicional desta ação possui, pois, conteúdo constitutivo negativo ou meramente constitutivo, na hipótese especial do art. 169 do CTN.*

Iniciamos com as referências legislativas à ação anulatória tributária, comumente denominada ação anulatória de débito fiscal, mas que, em razão das inúmeras hipóteses em que se apresenta indicada, teria reduzida sua importância se acatássemos tal denominação.[9] A título exemplificativo, a hipótese do art. 169 do CTN em nada refere à anulação de débito fiscal, mas a afirmação de um direito de restituição, ou então, às hipóteses de anulação de débitos decorrentes de infração a normas sancionatórias.

A referência do Código de Processo Civil é apenas de soslaio e menciona unicamente o fato da *propositura de qualquer ação* (inclusive a ação anulatória tributária) *relativa ao débito constante do título executivo não* inibir *o credor de promover-lhe a execução* e arrola expressamente a *certidão de dívida ativa da Fazenda Pública da União, Estado, Distrito Federal, Território, correspondente aos créditos inscritos na forma da lei,* como títulos executivos extrajudiciais.

Já a Lei de Execução Fiscal (lei n. 6.830/80) assim determina:

> "Art 38. A discussão judicial da Dívida Ativa da Fazenda Pública só é admissível em execução, na forma desta Lei, salvo as hipóteses de mandado de segurança, ação de repetição do indébito ou **ação anulatória do ato declarativo da dívida**, esta precedida do depósito preparatório do valor do débito, monetariamente corrigido e acrescido dos juros e multa de mora e demais encargos.
>
> Parágrafo único. A propositura, pelo contribuinte, da ação prevista neste artigo importa em renúncia ao poder de recorrer na esfera administrativa e desistência do recurso acaso interposto" (grifamos).

Como se pode verificar houve apenas menção a aqui denominada ação anulatória do ato declarativo da dívida, talvez se referindo à certidão de dívida ativa ou ao lançamento, numa nítida adesão à corrente que considera que o lançamento apenas declara o fato jurídico tributário.

---

9. James Marins traz importantes assertivas acerca do tema (*Direito Processual Tributário Brasileiro*, 2ª ed. São Paulo: Dialética, 2002, p 400-6).

E, a última referência, já aludida, nada aclara, apenas estende o campo de aplicação da ação anulatória tributária. É o que fez o art. 169 do CTN ao estabelecer um prazo prescricional de dois anos, contados da decisão administrativa, nos casos em que tenha sido denegada restituição de tributo.

A constatação que se faz é que não há um regramento suficiente para se constituir um novo tipo de ação, donde se conclui que se trata de uma ação inominada. As referências legislativas são tópicas e a ação deve ser enquadrada nos contornos gerais do Código de Processo Civil como ação de cognição de rito comum, sendo constitutiva negativa ou simplesmente constitutiva, na hipótese da especial previsão do art. 169 do CTN.

Para uma melhor classificação da ação anulatória tributária adota-se a lição de Paulo Cesar Conrado que assim sintetiza:

"(a) É possível classificar as ações mediante dois critérios básicos, a saber, *a natureza da tutela* almejada e o tipo do procedimento adotado.

(b) A natureza da tutela jurisdicional pretendida pelo autor é revelada, sempre, por intermédio do pedido por ele formulado em sua petição inicial, daí advindo a conclusão segundo a qual é o *pedido*, como um dos elementos identificadores da ação, que está efetivamente capacitado a definir a sua natureza jurídica.

(c) Pelo primeiro critério (da natureza da tutela desejada), é possível falar em (a) ações de *conhecimento*; (b) ações de *execução*; e (c) ações *cautelares*.

(d) As ações de *conhecimento* provocam o fornecimento de uma providência jurisdicional que decorre de uma ampla atividade cognitiva do órgão julgador, tudo para que, por meio daquela mesma providência, seja possível a construção de uma norma, individual e concreta, capacitada a compor o conflito de interesses de que se estiver tratando.

(e) As ações de conhecimento desdobram-se em três subespécies, a saber, as *declaratórias*, as *condenatórias* e as *constitutivas*. (...)

(h) As *constitutivas*[10-11] guardam como objetivo, finalmente, a edição de um provimento jurisdicional capacitado a criar, modificar ou extinguir uma relação jurídica (...é uma inovação na ordem das relações jurídicas, e não a mera declaração sobre algo que já existe). (...)

(k) Pelo segundo critério (do tipo de procedimento), teremos, agora, ações de *rito especial*, ações de *rito comum sumário* e ações de *rito comum ordinário*"[12]

Adotando-se as classificações acima, temos que a Ação Anulatória Tributária é uma ação inominada de conhecimento da sub-espécie constitutiva negativa (desconstitutiva).

III.1. Ação anulatória tributária e a desnecessidade do depósito prévio

Questão que ainda merece considerações é a condição estabelecida pela Lei de Execuções Fiscais no sentido de que o ajuizamento da ação anulatória tributária seja precedido do depósito preparatório do valor do débito, monetariamente corrigido e acrescido dos juros e multa de mora e demais encargos. A norma indicada quis inserir no ordenamento jurídico como condição da ação ou pressuposto de procedibilidade o depósito do valor em discussão, o principal devidamente atualizado e acrescido dos consectários legais. A celeuma sequer deve ser aventada na hipótese da anulatória tributária suportada no art. 169 do CTN, já que seria muito absurdo supor

---

10. Lembra ainda o autor que "a modificação por elas postulada, no âmago de uma relação jurídica, poderá ser *positiva* ou *negativa*, donde é possível reconhecer a existência de ações constitutivas positivas e de ações constitutivas negativas (...): nas primeiras, o que se tem é uma inovação que tende à criação de um estado jurídico (...); nas segundas, a inovação dá-se no sentido da extirpação de um estado jurídico (...)." (*Introdução à Teoria geral do Processo Civil*. 2ª ed. São Paulo: Max Limonad, 2003, p. 190).
11. Refere James Marins as palavras de Pontes de Miranda, para quem "A constitutividade muda em algum ponto, por mínimo que seja o mundo jurídico" (*apud Direito processual tributário brasileiro*, p. 402).
12. *Introdução à teoria geral do processo civil*, p. 194-6.

que se deveria depositar o valor pago indevidamente para se ter direito de discutir a sua restituição.

Todavia, a jurisprudência uníssona afastou referido comando normativo em qualquer das hipóteses de cabimento da anulatória tributária e construiu a norma no sentido de harmonizá-la ao conteúdo do art. 151, II, do CTN, que suspende a exigibilidade do crédito tributário pelo depósito do montante integral do tributo. Desta feita, é pacífico o entendimento que pode ser ajuizada a ação anulatória tributária sem o depósito do valor discutido. Evidentemente, acaso se queira suspender a exigibilidade do tributo em discussão para evitar o ajuizamento do executivo fiscal, o depósito ou outra causa suspensiva deverá ser providenciada, nos termos do art. 151 do CTN.

O descabimento do depósito como pressuposto de procedibilidade ou como condição da ação anulatória tributária foi exemplarmente afastado nos julgamentos das mais diversas cortes do País, merecendo destaque a Súmula 247 do extinto Tribunal Federal de Recursos[13] e a jurisprudência firmada pelo Superior Tribunal de Justiça[14] e pelo Supremo Tribunal Federal.[15]

---

13. "Não constitui pressuposto da ação anulatória do débito fiscal o depósito de que cuida o art. 38 da Lei n. 6.830, de 1980.".
14. "1. A propositura de ação anulatória de débito fiscal não está condicionada à realização do depósito prévio previsto no art. 38 da Lei de Execuções Fiscais, posto não ter sido o referido dispositivo legal recepcionado pela Constituição Federal de 1988, em virtude de incompatibilidade material com o art. 5º, inciso XXXV, *verbis*: 'a lei não excluirá da apreciação do Poder Judiciário lesão ou ameaça a direito'." (REsp 962.838/BA, Rel. Ministro Luiz Fux, 1ª Seção, julgado em 25/11/2009, DJe 18/12/2009, julgado sob a sistemática do art. 543-C do CPC).
15. "Ação anulatória de débito fiscal. Depósito prévio. Art-38 da lei de execuções fiscais (lei 6830/80). Pressuposto da ação anulatória de ato declaratório da divida ativa é o lançamento do crédito tributário, não havendo sentido em protraí-lo ao ato de inscrição da dívida. O depósito preparatório do valor do debito não é condição de procedibilidade da ação anulatória, apenas, na circunstância, não é impeditiva da execução fiscal, que com aquela não produz litispendência, embora haja conexidade. Entretanto, a satisfação do ônus do depósito prévio da ação anulatória, por ter efeito de suspender a exigibilidade do crédito (art-151, II do CTN), desautoriza a instauração da execução fiscal. Recurso Extraordinário não conhecido" (RE. 103.400-9/SP, DJ de 01.02.1985, relator Rafael Mayer, 1ª Turma do STF).

Há julgados acerca de questões relevantes do depósito judicial para a suspensão da exigibilidade do crédito tributário que devem ser conhecidos. Neste mister, vale destacar: a) a impossibilidade de conversão do depósito em renda da Fazenda Pública em caso da improcedência do pedido desconstitutivo e, b) a faculdade do levantamento do valor depositado, devidamente remunerado,[16] pelo autor da ação anulatória tributária em caso de procedência do pedido.

Apesar de entendermos que o depósito efetuado nos autos de mandado de segurança, mesmo após sentença ou acórdão denegando a segurança pleiteada, não deveria ser convertido em renda ou sofrer a remessa para outra ação em curso (execução fiscal), tendo em vista o cunho exclusivamente mandamental desta ação, bem como a eventual falta de constituição do crédito tributário por uma das modalidades aceitas pelo CTN.[17], entendeu o Superior Tribunal de Justiça que, em qualquer caso, deverá haver tal conversão em renda.[18]

III.2. Ação anulatória tributária, ação declaratória positiva e negativa de relação jurídica entre fisco e contribuinte

Há um consenso doutrinário no sentido de ser um pressuposto da ação anulatória tributária a existência do lançamento formal ou de outro ato administrativo que se pretende anular.

---

16. Assim julgou o STF: "Ação anulatória de débito fiscal. Sua procedência. Devolução do depósito prévio, corrigido monetariamente. Recurso extraordinário provido" (RE 98596/SP, Relator Min. Djaci Falcão, DJ de 26/08/1983 pg. 12717, 2ª T., j. 05/08/1983.
17. "1. Não há previsão legal que embase a transferência de valores efetuados na ação declaratória (mandado de segurança) para o juízo das execuções, merecendo ser reformado o acórdão que dessa forma determinou. 2. Havendo depósito judicial para se evitar a exigibilidade do tributo discutido, é imperioso, em tal situação, que os valores retidos sejam levantados pelo contribuinte" (REsp 361743/SP, Relator Min. José Delgado, DJ de 13/05/2002 p. 160, 1ª T. do STJ, j. 16/04/2002).
18. Cite-se, a esse respeito, o REsp 589992/PE, Rel. Min. Teori Albino Zavascki, 1ª Turma, julgado em 17/11/2005, DJ 28/11/2005, que, na origem, era um mandado de segurança.

Neste sentido as lições de Cleide Previtalli Cais para quem "a ação anulatória de débito fiscal pode ser promovida pelo contribuinte contra o Poder Público tendo como pressuposto a preexistência do lançamento fiscal, cuja anulação se pretende pela procedência da ação, desconstituindo-o."[19] "Como afirma Arruda Alvim a distinção que se há de fazer entre ação anulatória e declaratória é que a anulatória pressupõe um lançamento, que se pretende desconstituir ou anular; declaratória não o pressupõe. Através desta pretende-se declarar uma relação jurídica como inexistente, pura e simplesmente."[20]

E também o magistério de James Marins asseverando que "diferentemente da ação declaratória a ação anulatória fiscal *necessariamente pressupõe a existência de ato administrativo cuja desconstituição seja objeto do processo.*"[21] Ou, ainda, o ensinamento de Alberto Xavier: "Ao contrário da ação declaratória, que pode ser proposta antes da prática do lançamento, a ação anulatória pressupõe necessariamente a prévia prática do ato administrativo que visa anular, sendo incabível na inexistência deste."[22]

Nada obstante os respeitáveis entendimentos acima identificados e a jurisprudência remansosa em igual sentido[23],

---

19. *O processo tributário*, p. 380.
20. *O processo tributário*, p. 383.
21. *Direito processual tributário brasileiro*, p. 403.
22. *Do lançamento*, p. 366.
23. "A ação declaratória negativa distingue-se da ação anulatória de débito fiscal, pois, aquela tem cabimento antes do lançamento, enquanto esta pressupõe o lançamento e tem por objeto anulá-lo. Todavia, em tal caso, o cabimento da ação anulatória não exclui a possibilidade de ajuizamento da declaratória negativa. No caso, a declaratória negativa, de que a autora foi julgada carecedora, era cabível, pois, a autuada, recolhera as contribuições questionadas; visava, pois, com a declaratória, a certeza jurídica quanto à inexistência da relação jurídico-tributária controvertida, possivelmente visando a futura ação de repetição de indébito". TFR – Ap. 35013-SP – 4ª Turma – Rel. Min. Pádua Ribeiro –j. 17.10.84 (Cleide Previtalli Cais, *O processo tributário*, p. 383). "Ação anulatória de débito fiscal. Depósito prévio. Art. 38 da lei de execuções fiscais (Lei 6830/80). Pressuposto da ação anulatória de ato declarativo da dívida ativa é o lançamento do crédito tributário, não havendo sentido em protraí-lo ao ato de inscrição da dívida" (Ac. RE 103400/ SP, DJ de 10/12/84, p. 10474, relator Min. Rafael Mayer, 1ª Turma do STF).

somos de opinião que a ação anulatória tributária pode ser e é proposta para anular atos praticados pelo próprio contribuinte na grande maioria dos tributos constituídos sem a interveniência das Fazendas da União, dos Estados, do Distrito Federal, dos Municípios e das entidades parafiscais. O exemplo mais elucidativo e já referido neste trabalho dá-se na hipótese de ação anulatória para desconstituir crédito tributário de ICMS, originado de informações constantes de GIA elaborada pelo contribuinte, e executado judicialmente sem quaisquer das formalidades do art. 142 do CTN ou mesmo daquelas exigidas para formação de título executivo extrajudicial, no caso, a certidão da dívida ativa estadual.

O exemplo carreado do ICMS é aplicável a todos os tributos não lançados (denominados impropriamente de autolançados). Nestes tributos (ICMS, IPI, ISSQN, IRPJ, Contribuições Sociais etc.) não há interferência da autoridade administrativa na formação do fato jurídico tributário, a não ser na homologação tácita do pagamento, se este se efetivar.

O fenômeno, já noticiado anteriormente, da predominância quase absoluta de tributos construídos a partir de documentos, informe e livros dos contribuintes ou de terceiros legalmente identificados, torna desnecessário o lançamento formal e todos os procedimentos de formação do crédito tributário, inclusive para ajuizamento do executivo fiscal e provoca o intérprete a repensar a finalidade da existência da ação anulatória tributária, que não apenas visa a anular o ato administrativo de lançamento ou outro ato administrativo de exigência de crédito tributário (obrigação tributária principal ou decorrente do descumprimento de deveres instrumentais) ou de exigência de penalidades.

A nosso ver, o perfil de aplicação da ação anulatória prescinde da existência dos atos de formalização dos agentes da administração pública (lançamento ou certidão de dívida ativa ou outros quaisquer) e pode ser proposta em face das Fazendas Públicas que exigem créditos tributários ou mesmo em vista de declarações unilaterais apostas em DCTF ou GIA ou qualquer meio de criação do fato jurídico tributário que venha a se verificar viciado em aspectos formais ou mesmo materiais, em razão de ilegalidades ou inconstitucionalidades.

Por evidente, que nos casos de existência de lançamento de ofício ou de certidão de dívida ativa, o perfil da ação anulatória tributária se manterá nos moldes tratados pela doutrina e jurisprudência assentes.

De todo modo, aceita a premissa segundo a qual a ação anulatória pode ser proposta para desconstituir tributos não lançados, mesmo antes da expedição da certidão de dívida ativa, importa distinguir a ação declaratória da ação anulatória, já que o primeiro fator de distinção – a precedibilidade do lançamento – não nos parece aplicável.

Nesse sentido, de se verificar, preliminarmente, que a ação anulatória tributária não encontra coincidência com a ação anulatória regrada pelo art. 486 do Código de Processo Civil (CPC) que tenciona a rescisão de atos judiciais não veiculados por sentença ou dispostos em sentenças meramente homologatórias.

Acreditamos que a distinção que ainda persiste entre a ação declaratória negativa de existência de relação jurídica entre fisco e contribuinte e a ação anulatória tributária está no fato de que a anulatória sempre (exceto a hipótese do art. 169 do CTN) *visa a desconstituir tributos (créditos tributários decorrentes da ocorrência do fato jurídico tributário ou do descumprimento de deveres instrumentais) ou créditos oriundos da aplicação de penalidades tributárias que possuem presunção de legalidade no sistema jurídico.*[24]

Nesse sentido, há precedente do Superior Tribunal de Justiça que, por considerar que a decisão proferida na ação

---

24. Cleide Previtalli Cais lembra que, para Celso Agrícola Barbi, a "ação anulatória de débito fiscal nada mais é do que uma ação declaratória negativa, em que se pretende o reconhecimento da inexistência de uma dívida fiscal." (*O processo tributário*, p. 382). Para o autor o que sempre existiu foram divisões entre os autores acerca da nomenclatura das mencionadas ações fiscais.

anulatória de débito fiscal visa a compor determinado conflito de interesses acerca da legitimidade da dívida, entende que a sentença, no caso de improcedência, tem o condão de interromper o prazo prescricional para a cobrança do crédito tributário, nos termos do art. 174 do CTN[25].

Portanto, a ação anulatória tributária inova no mundo jurídico e afasta a presunção relativa do crédito tributário (lato sensu), desconstituindo o fato jurídico tributário ou desconstituindo o montante do crédito tributário, mesmo que parcialmente. Note-se que o pressuposto é a ocorrência do fato jurídico tributário ou do fato jurídico do não pagamento ou do fato jurídico a não implementar o dever instrumental etc.

De seu turno, a ação declaratória de inexistência de relação jurídica não cria e nem desconstitui algo já construído dentro do ordenamento jurídico, dirige-se tão somente, em linguagem declarativa, a afirmar que nunca existiu, tomadas as circunstâncias dos autos, determinada relação jurídica entre certo sujeito ativo (portador de direitos) e outro sujeito passivo (detentor de obrigações).

Desta feita, não havia uma obrigação tributária constituída, pelo menos não em linguagem competente aceita pelo Direito. Acaso existisse a obrigação tributária e um crédito exigível, o veículo apropriado para a sua desconstituição não seria a ação declaratória negativa, mas poderia ser a ação anulatória tributária, dentre outros.

Em síntese:

a) a ação anulatória pressupõe e visa a desconstituir o fato jurídico tributário erigido em linguagem competente, inovando no mundo jurídico;

---

25. "I – A sentença de improcedência da ação anulatória de débito fiscal configura a legitimidade da dívida, exsurgindo a interrupção da prescrição em conformidade com o artigo 174, do CTN. (...)" (REsp 147845/ES, Rel. Min. Francisco Falcão, 1ª Turma, julgado em 17/06/2003, DJ 08/09/2003 p. 220).

b) a ação declaratória negativa de relação jurídica entre fisco e contribuinte tenciona declarar a inexistência de relação jurídica, dentro de determinadas circunstâncias, entre sujeitos determinados de direito. A declaração usa linguagem descritiva imediata de cunho prescritivo mediato.

Cumpre asseverar que são compatíveis para ajuizamento concomitante ou mesmo cumulativo a ação anulatória tributária e ação declaratória negativa, haja vista que o objeto da primeira é mais restrito e específico, no sentido de desconstituir determinado crédito tributário com presunção de legalidade, e a segunda busca uma declaração ampla que inviabilize mediatamente quaisquer tentativas fazendárias de constituir créditos advindos da relação jurídica tributária declarada inexistente.

De se ressaltar que este entendimento acabou prevalecendo na jurisprudência do Superior Tribunal de Justiça, que, exatamente por vislumbrar o caráter constitutivo negativo da ação anulatória tributária, o que inexistiria na ação declaratória negativa, aplicou à primeira o prazo decadencial do art. 1º do Decreto 20.910/32. Transcreve-se, abaixo, a ementa do paradigma:

> "2. É cediço que, em sede tributária, faz-se mister distinguir a ação declaratória negativa da ação anulatória de débito fiscal, porquanto seus efeitos são diversos. Esta última tem como objetivo precípuo a anulação total ou parcial de um crédito tributário definitivamente constituído, sendo este, portanto seu pressuposto.
>
> Sua eficácia é, desse modo, constitutiva negativa. Consoante lição de Cleide Previtalli Cais, litteris: "(...) Entretanto, o efeito da sentença declarativa, segundo Pontes de Miranda, "é a prestação jurisdicional que se entrega a quem pediu a tutela jurídica sem querer "exigir", já que, no fundo, "protege-se o direito ou a pretensão somente, ou o interesse em que alguma relação jurídica não exista, ou em que seja verdadeiro, ou seja falso, algum documento", sendo típico caso de pretensão à sentença declarativa, sem outra eficácia relevante que a da coisa julgada material, enquanto o efeito da sentença constitutiva é mais amplo, porque quem

"constitui faz mais do que declarar", quem somente declara não constitui, se abstém de constituir, enquanto a "constitutividade muda em algum ponto, por mínimo que seja, o mundo jurídico".

Considerando que na ação anulatória de débito fiscal ocorre o efeito constitutivo, são diferentes os reflexos provocados pela ação declaratória negativa e pela ação anulatória de débito fiscal.

Como já foi assinalado, a ação anulatória demanda um lançamento contra o qual é voltada, enquanto a ação declaratória pode ser proposta, entre outros casos, visando declarar a inexistência de obrigação tributária; declarar a não incidência de determinado tributo; declarar a imunidade tributária; declarar isenção fiscal; declarar ocorrência de prescrição etc. Quando outorga a feição de declaratória negativa ao seu pedido, o autor não está pretendendo desconstituir o crédito tributário, mas, antecipando-se à sua constituição, requer uma sentença que afirme não ser devido determinado tributo.

Como afirma Carreira Alvim, a "distinção que se há de fazer entre ação anulatória e declaratória é que a anulatória pressupõe um lançamento, que se pretende desconstituir ou anular; a declaratória não o pressupõe. Através desta pretende-se declarar uma relação jurídica como inexistente, pura e simplesmente." (in O Processo Tributário, Ed. Revista dos Tribunais, 4ª ed., p. 495/496).

3. In casu, o ora Recorrido ajuizou, em 12/2001, ação anulatória dos lançamentos fiscais que constituíram créditos tributários relativos ao IPTU, TCLLP e TIP – tributos eivados de vício de inconstitucionalidade – referentes aos exercícios de 1996/04 e 1997/03, tendo sido os lançamentos relativos ao exercício de 1996 realizados em 01/01/1996.

4. Conseqüentemente, afasta-se a tese do acórdão recorrido acerca da imprescritibilidade da presente demanda, posto que, conforme evidenciado, trata-se de hipótese cuja sentença é constitutiva negativa. Assim, na ausência de norma específica a regular a matéria, o prazo prescricional a ser observado é qüinqüenal, nos moldes do art. 1º do Decreto 20.910/32 (...)"(REsp 766.670/RJ, Rel. Min. Luiz Fux, 1ª Turma, julgado em 03/08/2006, DJ 31/08/2006 p. 232).

James Marins assegura com propriedade que os pedidos das ações em comento podem não ser incompatíveis, tendo em vista que seus objetos são distintos, podendo assim, ser cumulados, uma vez que na causa de pedir pode ser a mesma, como no caso em que se quer anular um crédito nascido de uma relação jurídica que se pretende seja declarada inexistente, pois fundada em norma inconstitucional.[26]

Questão que parece tormentosa é classificar a ação anulatória tributária regulada no art. 169 do CTN. Entendo tratar-se de *ação constitutiva*: a) *negativa*, pois desconstitui a decisão administrativa que indeferiu a restituição; e b) *positiva*, pois constrói no sistema jurídico a norma individual e concreta que garante o direito à restituição.

III.3. Ação anulatória tributária e a execução fiscal

A propositura da ação anulatória tributária não suspende a exigibilidade do crédito tributário, haja vista o disposto no art. 585, § 1º do CPC, ao determinar que *a propositura de qualquer ação relativa ao débito constante de título executivo* (inclusa a certidão de dívida ativa das Fazendas Públicas) *não inibe o credor de promover-lhe a execução*, o que é corroborado pelo art. 38 da lei de Execução Fiscal e pela inexistência de menção à ação anulatória no rol do art. 151 do CTN, definidor das hipóteses de suspensão da exigibilidade do crédito tributário.

A hipótese de opção pelo contribuinte de realização do depósito judicial no bojo da ação anulatória tributária implicará a suspensão da exigibilidade do crédito tributário, como ocorreria em qualquer ação ou processo com opção de depósito judicial do montante total do tributo em discussão, nos termos do art. 151, II do CTN. Portanto, o que suspende a

---

26. *Direito processual tributário brasileiro*, p. 404.

exigibilidade, no caso, é o depósito do montante integral do crédito tributário em discussão e não a ação anulatória.[27]

Matéria de interesse processual relevante é o relacionamento que se dá entre a ação anulatória tributária, a execução fiscal e, ainda, a ação de embargos à execução, quando concomitantes.

Entendemos, acompanhados da doutrina[28] e, hoje, da jurisprudência do Superior Tribunal de Justiça (apenas recentemente pacificada),[29] que ocorre conexão[30] entre o processo

---

27. "A ação anulatória de débito fiscal, precedida do depósito do crédito tributário, impede a Fazenda Pública de ajuizar a execução fiscal, (...)" (RE 93849/RJ, Rel. Min. Djaci Falcão, DJ de 03/07/81, 2ª Turma). "Razoável é a interpretação do aresto recorrido no sentido de que não constitui requisito para a propositura da ação anulatória de débito fiscal o depósito previsto no referido artigo. Tal obrigatoriedade ocorre se o sujeito passivo pretender inibir a Fazenda Pública de propor a execução fiscal. (...)" (RE 105552/SP, Rel. Djaci Falcão, DJ de 30/08/85, 2ª Turma)."O depósito somente suspende a exigibilidade do crédito tributário se for integral e em dinheiro" (Súmula 212 do STJ).
28. Menciono o posicionamento de Cleide Previtalli Cais e de James Marins.
29. "CONFLITO DE COMPETÊNCIA. EXECUÇÃO FISCAL E AÇÃO ORDINÁRIA. CONEXÃO. 1. Debate-se acerca da competência para processar e julgar ação ordinária 'na qual se busca a revisão e parcelamento de débito tributário objeto de execução fiscal precedentemente ajuizada, tendo em vista a possível ocorrência de conexão. 2. A Primeira Seção desta Corte pacificou o entendimento de que existe conexão entre a ação anulatória ou desconstitutiva do título executivo e a ação de execução, por representar aquela meio de oposição aos atos executórios de natureza idêntica a dos embargos do devedor.3. "A ação anulatória ou desconstitutiva do título executivo representa forma de oposição do devedor aos atos de execução, razão pela qual quebraria a lógica do sistema dar-lhes curso perante juízos diferentes, comprometendo a unidade natural que existe entre pedido e defesa" (CC 38.045/MA, Rel. p/ Acórdão Min. Teori Albino Zavascki, DJ 09.12.03).4. É incontroverso que o débito tributário em questionamento na ação ordinária está em cobrança nos autos da Execução Fiscal n. 2002.61.82.038702-0; logo, os feitos devem ser reunidos para julgamento perante o Juízo Federal da 11ª Vara das Execuções Fiscais da Seção Judiciária de São Paulo (juízo prevento). 5. Conflito de competência conhecido para declarar competente Juízo Federal da 11ª Vara das Execuções Fiscais da Seção Judiciária de São Paulo, o suscitante."(CC 103.229/SP, Rel. Min. Castro Meira, 1ª Seção, julgado em 28/04/2010, DJe 10/05/2010).
30. "Reputam-se conexas duas ou mais ações, quando lhes for comum o objeto ou a causa de pedir" (art. 103 do CPC).

executivo fiscal (lato sensu, incluídos a execução e os embargos à execução) e a ação anulatória tributária e não se aperfeiçoa o fenômeno da litispendência.[31] James Marins aclara o tema quando afirma: "o que há de comum entre a execução e a ação anulatória do débito fiscal e que deve induzir a conexão com a reunião das causas é justamente a *causa de pedir remota (ou razão mediata do pedido)*, isto é, no primeiro caso, *o lançamento como fundamento do título executivo* (causa de pedir remota para a excutição dos bens do contribuinte devedor) e, no segundo caso, *o próprio lançamento tido como viciado*, agora como causa de pedir remota do pedido anulatório. Por sua afinidade devem os processos (embargos de execução fiscal e anulatória) ser reunidos evitando-se a possibilidade de julgamentos contraditórios."[32]

Apenas complementaríamos as observações do ilustre autor no sentido de que tanto pode ser o lançamento formal quanto outro processo legalmente definido para a constituição do crédito tributário a causa de pedir remota da execução fiscal, mesmo que sem a intervenção de agente público e as formalidades do art. 142 do CTN.

E, no mesmo sentido, o lançamento ou o processo de constituição do crédito tributário (lato sensu) tidos como viciados são a causa de pedir remota[33] do pedido da anulatória tributária.

Importa referir que a conexão com o executivo fiscal restará implementada, nos casos de ação anulatória sem efetivação de depósito judicial, quando o executado se contrapor

---

31. Vale rememorar a definição do Código do Processo Civil: "Art. 301. § 1º Verifica-se a litispendência (...) quando se reproduz ação anteriormente ajuizada. § 2º Uma ação é idêntica à outra quando tem as mesmas partes, a mesma causa de pedir e o mesmo pedido."
32. *Direito processual tributário brasileiro*, p. 404-5.
33. Vale conferir a lição de Paulo César Conrado acerca dos elementos identificadores da ação, dentre eles a causa de pedir (*Introdução à teoria geral do processo civil*, p. 165-6).

à pretensão fazendária, seja pelos embargos à execução ou pela exceção de pré-executividade.

O que justifica a conexão entre as ações, além do atendimento aos comandos normativos processuais, é a garantia do sobrevalor da segurança jurídica, que estaria sobremaneira atingida com a construção de normas individuais e concretas contraditórias, emitidas por juízos igualmente competentes. O que se busca é a resolução da lide tributária de maneira uniforme, de tal modo a que se decida ou pela constituição ou pela desconstituição do tributo.

Questão levada ao STF foi a viabilidade do trancamento de ação penal de crime contra a ordem tributária em vista da efetivação de depósito do valor tributo discutido na ação anulatória. A Corte Máxima entendeu que referido depósito não elide o ilícito penal e indeferiu Habeas Corpus. A matéria é controvertida, mas, em nossa opinião, a alegação de intenção fraudulenta é afastada pela boa-fé demonstrada em discutir a questão em juízo e, inclusive, depositar o valor objeto da pretensão resistida.[34] O sonegador é aquele que usa de meios fraudulentos para ocultar a ocorrência do fato jurídico tributário ou diminuir o montante do tributo devido e a conduta do depositante em juízo nos parece incompatível com este tipo penal.

III.4. Ação anulatória tributária e tutela antecipada

Entendemos cabível a antecipação total ou parcial dos efeitos da tutela desconstitutiva da ação anulatória tributária,

---

34. "Não cabe obstar essa investigação, tão-só, porque aforou a empresa de que os pacientes são sócios ação anulatória de débito fiscal, com o depósito da importância para a garantia do juízo, tornando inviável, assim, de logo, a execução fiscal (Lei n. 6830/1980, arts. 1. e 2.; ilícito criminal de sonegação fiscal. Questão relativa à boa-fé dos indiciados pende de provas e seu exame. Código de processo penal, art. 93. Habeas Corpus indeferido" (HC 68902/DF, relator Min Néri da Silveira, DJ de 14/08/92, pg. 12226, j. 19/05/1992, Tribunal Pleno).

desde que atendidos os requisitos do art. 273 do CPC, precipuamente a existência nos autos de prova inequívoca que convença o juízo da verossimilhança da alegação e haja receio de dano irreparável ou de difícil reparação ou fique caracterizado o abuso do direito de defesa ou o manifesto propósito protelatório do réu. Acrescidas, ainda, pela Lei 10.444, de 7.5.02, a possibilidade de concessão da tutela antecipatória na parcela que se mostrar incontroversa no decurso processual e o efeito cautelar incidental dentro do próprio processo de conhecimento.

De se lembrar também que o provimento antecipatório não poderá ser deferido se houver perigo de irreversibilidade da tutela concedida.

Parece-nos tranquila a possibilidade de antecipação de tutela contra a Fazenda Pública, como já pacificado pelo STJ, com exceção de um acórdão da 1ª Turma deste tribunal que não a admitiu.[35] A tutela antecipatória contra a Fazenda Pública não está sujeita ao duplo grau necessário de jurisdição ou a denominada remessa oficial para que produza os seus regulares efeitos, pois não há qualquer comando legal que o imponha e por ser medida excepcional deveria constar expressamente das condições do art. 273 do CPC ou de alguma lei especial. Ademais, o argumento que defende a aplicabilidade do duplo grau para a eficácia do provimento antecipado não subsiste, mormente se considerarmos que, em outros provimentos que geram efeitos contrários à Fazenda Pública, antes da prolação da sentença (liminar em mandado de segurança, medida cautelar incidental ou inominada), não se aplica o duplo grau necessário.

---

35. "Afora a exceção restritiva prevista na Lei n. 9.494, de 10.9.97, é admissível a antecipação de tutela contra a Fazenda Pública" (STJ-2ª Turma, Med. Caut. 1.794-PE, rel. Min. Franciulli Netto, j. 22.2.00, julgaram procedente, v.u., DJU 27.3.00, p. 82). No mesmo sentido: REsp 171.258-SP (...), REsp 231.550-CE (...), REsp 311.659-CE (...). Há um acórdão isolado da 1ª Turma do STJ em sentido contrário: (...) (STJ-1ª Turma, REsp 231.993-PE, rel. Min. Garcia Vieira, j. 16.12.99, negaram provimento, v.u., DJU 21.2.00, p. 105)" (Theotônio Negrão, *Código de processo civil e legislação processual em vigor*, p. 355).

Sobre tanto, o Pleno do Supremo Tribunal Federal julgou improcedente a reclamação feita pelo Estado do Piauí, que entendia ter ocorrido desrespeito à decisão tomada por aquela corte na Ação Declaratória de Constitucionalidade n.º 4, tendo em vista ter sido concedida tutela antecipada, nos autos de ação anulatória tributária, que impedia a inscrição de débito fiscal na dívida ativa e a consequente execução fiscal. *O que entendeu o STF é que não há vedação à concessão de tutela antecipada no seio de ação anulatória tributária*, inclusive quando consideradas as vedações e os novos requisitos para concessão do provimento antecipatório contra a Fazenda Pública, nos termos da Lei n. 9.494, de 10.9.97.[36]

Note-se que a aceitação do efeito suspensivo da exigibilidade do crédito tributário perpetrado pela tutela antecipada não infirma o caráter não suspensivo da ação anulatória. Repise-se que tal efeito é obtido, nos autos da ação anulatória, somente se atendidos os requisitos para deferimento da tutela antecipada. Portanto, é a concessão do provimento antecipatório que suspende a exigibilidade do crédito e não a ação proposta.

Ademais, houve um alargamento das hipóteses de suspensão da exigibilidade do crédito tributário, sendo incluída expressamente, no rol do art. 151 do CTN, a concessão da tutela antecipada em qualquer tipo de ação judicial.

Atendidos, portanto, os requisitos para obtenção da antecipação de tutela e, não havendo interesse do autor da ação anulatória em depositar o montante do tributo em discussão,

---

36. "Reclamação, Tutela antecipada. Decisão que, antecipando a tutela nos autos de ação anulatória, impediu a inscrição de débito fiscal na dívida ativa e a conseqüente execução fiscal. Inexistência de desrespeito à decisão do Plenário na ADC n. 4. Reclamação improcedente" (Rcl 1161/PI, relatora Min. Elen Gracie, DJ. de 19/12/2002, pg. 72, j. 28/11/2002, Tribunal Pleno). O texto inserido pela LC 104/01 determina que suspendem a exigibilidade do crédito tributário: "V – a concessão de medida liminar ou de tutela antecipada, em outras espécies de ação judicial; VI – o parcelamento."

nada obstará o juízo a conceder referido provimento para os efeitos de suspender a exigibilidade do crédito tributário.

BIBLIOGRAFIA

ABBAGNANO, Nicola. *Dicionário de filosofia*. 2. ed. Trad. Alfredo Bosi. São Paulo: Martins Fontes, 1998.

ALVIM, Teresa Arruda; MARINS, James; ALVIM, Eduardo Arruda. *Repertório de jurisprudência e doutrina sobre processo tributário*. São Paulo: RT, 1994.

BUENO, Cássio Scarpinella Bueno. *O poder público em juízo*. São Paulo: Max Limonad, 2000.

CAIS, Cleide Previtalli. *O processo tributário*. 3. ed. Ver. Atual. E ampl.. São Paulo: Revista dos Tribunais, 2001.

CALDAS AULETE. *Dicionário contemporâneo da língua portuguesa*. Rio de Janeiro: Delta, 1958.

CARVALHO, Paulo de Barros. *Curso de direito tributário*. 12 ed. Revista e ampliada. São Paulo: Saraiva, 1999.

CASTRO, Alexandre Barros. *Teoria e prática do direito processual tributário*. São Paulo: Saraiva, 2000.

COELHO FILHO, Luiz Walter. *Jurisprudência fiscal*. Salvador: Nova Alvorada Ed. Ltda., 1995.

CONRADO, Paulo Cesar. *Introdução à teoria geral do processo civil*. 2. ed. São Paulo: Max Limonad, 2003.

DINIZ, Maria Helena. *Dicionário Jurídico*. São Paulo: Saraiva, 1998.

LIMA, Alcides de Mendonça. *Comentários ao código de processo civil*, vol. VI. 6. ed. Ver. E atual. Rio de Janeiro: Forense, 1991.

MARINS, James. *Princípios fundamentais do direito processual tributário*. São Paulo: Dialética, 1998.

———. *Direito processual tributário brasileiro*. 2. ed. São Paulo: Dialética, 2002.

MARTINS, Ives Gandra da Silva. *Processo administrativo tributário*. São Paulo: RT : Centro de Estudos de Extensão Universitária, 1999.

NEGRÃO, Theotônio. *Código de processo civil e legislação processual em vigor.* 34. ed. Atual. Até 14 de junho de 2002. São Paulo: Saraiva, 2002.

NUNES, Cleucio Santos. *Teoria e prática do processo tributário.* São Paulo: Dialética, 2002.

PONTES DE MIRANDA. *Tratado das ações.* Tomos III e IV. São Paulo: RT, 1973.

ROCHA, Valdir de Oliveira. *Problemas de processo tributário.* 3. v. São Paulo: Dialética: 1999.

―――――. *Problemas de processo tributário.* 4. v. São Paulo: Dialética: 2000.

SANTI, Eurico Marcos Diniz de. *Lançamento tributário.* 2. ed. São Paulo: Max Limonad, 1999.

VATTIMO, Gianni. *Para além da interpretação.* Trad. Raquel Paiva. Rio de Janeiro: Tempo Brasileiro, 1999.

XAVIER, Alberto. *Do lançamento: teoria geral do ato, do procedimento e do processo tributário.* 2. ed. (totalmente reformulada e atualizada). Rio de Janeiro: Forense, 1998.

REPETIÇÃO DE INDÉBITO NOS CASOS DE AUTOLANÇAMENTO:
Da viabilidade de ajuizamento antes da respectiva homologação

Maria Rita Gradilone Sampaio Lunardelli

Caso Concreto

Contribuinte (C1), durante o exercício de 1996, efetuou o recolhimento mensal do imposto sobre a renda pelo regime de estimativa. Ao final do exercício, por ocasião do fechamento de suas demonstrações financeiras, detectou que recolheu imposto em valor superior ao que de fato seria devido. A mesma lei que determinava o recolhimento mensal do imposto por estimativa previa que, no caso de ser apurado um saldo em favor do contribuinte, o fisco deveria proceder à restituição, de acordo com procedimento específico ou poderia o contribuinte, a partir do mês de janeiro de 1997, efetuar a compensação com o próprio imposto sobre a renda. Em 31/12/96 é editada lei revogando a sistemática de recolhimento do imposto sobre a renda por estimativa, determinando que a partir do exercício seguinte seria devido o imposto somente sobre o acréscimo verificado no decorrer do ano, o que impossibilitaria a compensação mensal caso houvesse crédito do contribuinte (C1) relativo ao exercício anterior. Também em 31/12/96 o contribuinte (C1) fechou suas demonstrações financeiras com prejuízo fiscal, podendo concluir, nesse momento, que o imposto pago no decorrer do exercício, foi indevido. Em abril de 1997 entregou sua declaração do Imposto de Renda do exercício de 1996, na qual informou ao fisco a existência e o montante do crédito a seu favor. Em maio de 1997, ingressou com pedido de restituição, o qual foi negado pela administração, sob o fundamento de que a restituição de tributo somente pode ocorrer após a homologação expressa do seu pagamento ou após o decurso do prazo de 5 anos de que dispõe o fisco para assim proceder (homologação tácita), pois só nesse momento terá certeza do crédito do contribuinte. Diante dessa situação pergunta-se:

1) Os valores recolhidos pelo contribuinte (C1) no decorrer do exercício de 1996, podem ser considerados como "pagamento indevido"?

2) Considerando a resposta anterior, poder-se-ia cogitar de uma coordenada temporal para este fato? Qual seria ela: **a)** a data do próprio recolhimento; **b)** a data do fechamento das demonstrações financeiras; ou **c)** a data da entrega da declaração do imposto de renda?

3) Diante da negativa do fisco em restituir o valor sob o argumento de que ainda não estaria definitivamente extinto o crédito tributário, poderia o contribuinte ingressar com uma ação de repetição de indébito sem esbarrar no artigo 169 do CTN (ação anulatória)? Nesse caso, estariam preenchidas as condições da ação?

1. Fixação de conceitos

Para analisarmos uma relação jurídica tributária, necessária se faz a análise do processo de aplicação das normas que compõem o direito positivo[1], nas diversas fases que antecedem a constituição da relação jurídica.

---

1. As normas não se confundem com os textos legais, mas representam a significação construída pelo intérprete a partir da leitura desses textos. Apresentam-se em uma linguagem prescritiva, apontando como *devem ser* os comportamentos humanos em suas relações intersubjetivas, e se manifestam em uma estrutura lógica hipotético-condicional (se ocorrer o fato F, então deve ser a conduta C).

PROCESSO TRIBUTÁRIO ANALÍTICO

Esse processo de aplicação das normas jurídicas, nada mais é do que o relato, em linguagem competente, de todos os fatos que, ocorridos na vida real, coincidam com os eventos previstos nas normas, surgindo, daí, as relações jurídicas. É, portanto, a deflagração do processo de positivação do direito.[2]

Esse processo de positivação do direito tem seu início nas normas gerais e abstratas, as quais preveem comportamentos de possível ocorrência que, se confirmados, darão continuidade a esse processo, até que alcancem as relações jurídicas, constituídas por meio das normas individuais e concretas.

Percorrendo as normas que foram apontadas na formulação do caso concreto, temos a Constituição Federal outorgando competência à União Federal (norma de estrutura)[3] que, utilizando-se de sua faculdade legislativa inseriu norma (de conduta)[4], aqui designada de "regra-matriz de incidência tributária" prevendo eventos (neste caso mero ingresso de receita) que, tendo ocorrido e sendo vertidos em linguagem própria pelo sujeito competente (atividades exercidas pelo contribuinte que denominaremos de autolançamento), deram ensejo à constituição do fato jurídico e da obrigação tributária, percurso finalizado com o implemento dessa obrigação através do pagamento do tributo.

Neste caso, o processo de positivação ocorreu sem que houvesse qualquer obstáculo em seu percurso, tendo a regra-matriz

---

2. Na lição de Paulo de Barros Carvalho, processo de positivação "é o ato mediante o qual alguém interpreta a amplitude do preceito geral, fazendo-o incidir no caso particular e sacando, assim, a norma individual. É pela aplicação que se constrói o direito em cadeias sucessivas de regras, a contar da norma fundamental, axioma básico da existência do direito enquanto sistema, até as normas particulares, não passíveis de ulteriores desdobramentos, e que funcionam como pontos terminais do processo derivativo de produção do direito." *(Curso de Direito Tributário*, 13ª ed. Saraiva, 2000, p. 88).
3. São as que dispõem sobre órgãos, procedimentos e que estabelecem condições e limites que devem ser obedecidos na produção, alteração e desconstituição de outras normas, cf. Paulo de Barros Carvalho ("Curso....., p. 137).
4. São as que regem os comportamentos intersubjetivos, *idem,* p. 137.

de incidência tributária alcançado sua finalidade com o implemento do pagamento. É o que, na lição de Paulo de Barros Carvalho se denomina de "eficácia jurídica" da norma, ou seja, *"o próprio mecanismo lógico de incidência, o processo pelo qual, efetivando-se o fato previsto no antecedente, projetam-se os efeitos prescritos no consequente".*[5]

Faremos um corte metodológico para analisar esse processo, partindo da regra-matriz de incidência tributária, norma geral e abstrata que é, não sem antes reafirmarmos que essa norma (a geral e abstrata), somente atingirá as condutas intersubjetivas, se houver, nesse processo, a linguagem competente produzida pelo sujeito assim habilitado pelo ordenamento jurídico.

Muito bem. Tomemos a regra-matriz de incidência tributária como ponto de partida de nossa análise.

Sabemos que as normas jurídicas são juízos hipotético-condicionais que prescrevem o cumprimento de determinadas condutas, caso ocorram os eventos por elas descritos como suficientes para que se formem relações jurídicas. E mais, para que a norma se apresente em sua estrutura completa, necessária se faz a presença de uma sanção, caso haja o descumprimento da conduta regulada em um de seus modais deônticos como proibida ou obrigatória.

Temos assim, as normas primárias, descrevendo eventos em seu antecedente e que, por implicação lógica, geram as relações jurídicas de direito material em seu consequente (relações intranormativas).

Por outro lado, caso haja o descumprimento da norma primária, o titular do direito terá que provocar a atividade jurisdicional, já que em nosso ordenamento não há que se falar em autotutela, decorrendo, daí, a norma secundária, única que poderá ensejar o cumprimento do dever em razão da força coativa que lhe é própria.

---
5. "Curso...", p. 81.

PROCESSO TRIBUTÁRIO ANALÍTICO

Assim, o descumprimento da conduta prevista como obrigatória no consequente da norma primária será o antecedente da norma secundária, no consequente da qual instalar-se-á uma relação processual[6].

Eurico Marcos Diniz de Santi[7] apresentou importante contribuição à Ciência do Direito, ao apontar que muito embora a sanção (*possibilidade de uso da coação organizada mediante órgão jurisdicional*) esteja prevista na norma secundária, fato inclusive que a diferencia da norma primária, encontramos nesta (na primária), a possibilidade de constituição de relações jurídicas não só decorrentes de atos lícitos, mas também relações jurídicas decorrentes de atos ilícitos, veiculando sanção no sentido de obrigação advinda do não cumprimento de um dever jurídico, mas que é destituída de eficácia coercitiva.[8]

Denominou a primeira de norma primária dispositiva e a segunda de norma primária sancionatória, ambas prescrevendo condutas para a constituição de relação jurídica de direito material. A inobservância da conduta prescrita (seja a decorrente de ato lícito ou a decorrente de ato ilícito) no consequente da norma primária, atuará como pressuposto fático para a instalação da norma secundária.

---

6. Marcelo Fortes de Cerqueira distingue com precisão as normas primárias das normas secundárias apontando que o critério fundamental "reside na circunstância de esta última, a secundária, expressar no consequente uma relação de cunho jurisdicional, de natureza adjetiva, em que o titular do direito comparece diante do Estado Juiz para obter, coativamente, a prestação insatisfeita. A regra jurídica secundária é processual. Logo, as relações que não revestirem essa forma estarão nas normas primárias. O cerne da distinção reside, destarte, na possibilidade do emprego da coatividade jurídica, prevista na norma secundária. Esta, uma das características essenciais do direito. (*Repetição do Indébito no Sistema Tributário Brasileiro*, Max Limonad, 2000, p. 77).
7. "Lançamento Tributário", Max Limonad, 1996, p. 38.
8. Assim como veremos mais adiante que poderão ser formadas relações jurídicas processuais, sem que haja nas relações de direito material (pressuposto de sua existência), a presença de condutas ilícitas.

Eis a visão panorâmica da norma.

Fixemos, por ora, nossas atenções na norma primária, para analisarmos o processo de formação de uma relação jurídica tributária.

Como dissemos anteriormente, o direito não se realiza se não houver uma conduta humana vertendo em linguagem os eventos previstos nas normas jurídicas e que, por terem ocorrido, se tornarão "fatos jurídicos".[9]

Entretanto, não basta que haja a linguagem para tornar o evento um fato jurídico. A ela deve ser agregado o agente competente: de nada adiantaria o mero relato da ocorrência de um fato, se o emissor não fosse qualificado para gerar as consequências previstas na norma.

Com isso, chegamos à uma primeira conclusão: não há fato jurídico e não há relação jurídica se o evento previsto na norma não for vertido em linguagem e se essa linguagem não for produzida por um agente competente. É a norma individual e concreta.

Como nosso objeto de análise é uma norma de incidência do imposto sobre a renda, passaremos a discorrer sobre as fases necessárias para a constituição da relação jurídica tributária entre o sujeito passivo (C1) e o sujeito ativo (União Federal).

2. Processo de positivação a partir da regra-matriz de incidência. O fenômeno da incidência tributária

Já sabemos que, ocorridos os fatos previstos na regra-matriz de incidência tributária, advirá daí uma relação jurídica

---

9. Cf. Paulo de Barros Carvalho, "fato jurídico é um enunciado protocolar, denotativo, posto na posição sintática de antecedente de uma norma individual e concreta, emitido, portanto, com função prescritiva, num determinado ponto do processo de positivação do direito." *Fundamentos..*, p. 105.

entre fisco e contribuinte, desde que haja uma linguagem produzida pelo sujeito competente (norma individual e concreta)[10].

No exato instante em que essa linguagem for produzida, nascerá, ao mesmo tempo, a obrigação tributária (dever do sujeito passivo de pagar tributo) e o crédito tributário (direito do sujeito ativo de exigir o pagamento do tributo).[11]

Essa linguagem, que dará nascimento à obrigação e ao crédito tributário, é o lançamento tributário[12], assim definido pelo artigo 142 do CTN:

> *"Artigo 142 – Compete privativamente à autoridade administrativa constituir o crédito tributário pelo lançamento, assim entendido o procedimento administrativo tendente a verificar a ocorrência do fato gerador da obrigação correspondente, determinar a matéria tributável, calcular o montante do tributo devido, identificar o sujeito passivo e, sendo o caso, propor a aplicação da penalidade cabível."*

Muito embora referido dispositivo tenha previsto o lançamento como sendo ato de competência exclusiva da autoridade administrativa, o próprio CTN contempla hipóteses em que todas as atividades que seriam praticadas pela administração, que levariam ao ato "lançamento", acabam sendo realizadas pelo próprio contribuinte, cabendo àquela apenas aceitar (expressa ou tacitamente); retificar ou substituir.

---

10. Essa linguagem poderá ser emitida pela autoridade administrativa (nos casos de lançamento de ofício e lançamento por declaração) ou pelo próprio sujeito passivo da obrigação tributária (autolançamento).
11. Paulo de Barros Carvalho tece severas críticas à separação feita pelo legislador ao indicar no CTN que a obrigação tributária nasceria com a ocorrência do fato gerador ao passo que o crédito tributário somente com o lançamento. Para ele não há obrigação sem crédito e vice-versa. Ambos são elementos indispensáveis para que haja o vínculo obrigacional. (Cf. *Curso...*, p. 290).
12. Sobre as várias acepções do termo "lançamento" confira-se Eurico Marcos Diniz de Santi, Lançamento Tributário, p. 124.

Não se trata exatamente de um "lançamento", mas, nos dizeres de Paulo Ayres Barreto, *"de uma sistemática adotada pelo legislador, que privilegia o ato do particular, permitindo que a percussão tributária se opere sem a interferência do agente público"*.[13]

Tão relevante é essa participação do contribuinte, que o próprio sistema permite que a cadeia de positivação do direito siga seu curso, ainda que em momento algum haja uma atividade de controle da administração sobre os atos dos particulares, chegando mesmo ao final desse processo com a estabilização da relação jurídica[14], o que significa dizer que os atos praticados pelos contribuintes constituem fatos jurídicos e, portanto, relações jurídicas.

Cumpre-nos, portanto, descrever em que momento ocorrerá a constituição da obrigação e do crédito tributário, a fim de que possamos resolver as questões inicialmente colocadas.

Os tributos sujeitos a lançamento por homologação são aqueles aos quais a legislação atribui ao próprio sujeito passivo o dever de calcular e antecipar o pagamento, sem prévio exame da autoridade administrativa, muito embora fique essa conduta sujeita a revisão desta autoridade pelo período de cinco anos.

Esses são os exatos termos do artigo 150 do CTN:

> *"Artigo 150 – O lançamento por homologação, que ocorre quanto aos tributos cuja legislação atribua ao sujeito passivo o dever de antecipar o pagamento, sem prévio exame da autoridade administrativa, opera-se pelo ato em que a referida autoridade, tomando conhecimento da atividade assim exercida pelo obrigado, expressamente a homologa.*

---

13. Imposto sobre a Renda e Preços e Transferência, Dialética, p. 55.
14. Cf. artigo 150, § 4º do CTN, segundo o qual, *"se a lei não fixar prazo à homologação, será ele de 5 (cinco) anos, a contar da ocorrência do fato gerador; expirado esse prazo sem que a Fazenda Pública se tenha pronunciado, considera-se homologado o lançamento e definitivamente extinto o crédito, salvo se comprovada a ocorrência de dolo, fraude ou simulação"*.

§ 1º. *O pagamento antecipado pelo obrigado nos termos deste artigo extingue o crédito, sob condição resolutória da ulterior homologação do lançamento.*

§ 2º. *<u>Não influem sobre a obrigação tributária quaisquer atos anteriores à homologação</u>, praticados pelo sujeito passivo ou por terceiro, visando à extinção total ou parcial do crédito.*

§ 3º. *Os atos a que se refere o parágrafo anterior serão, porém, considerados na apuração do saldo porventura devido e, sendo o caso, na imposição de penalidade, ou sua graduação.*

§ 4º. *Se a lei não fixar prazo à homologação, será ele de 5 (cinco) anos, a contar da ocorrência do fato gerador; expirado esse prazo sem que a Fazenda Pública se tenha pronunciado, <u>considera-se homologado o lançamento e definitivamente extinto o crédito</u>, salvo se comprovada a ocorrência de dolo, fraude ou simulação."*

Pela análise do referido dispositivo legal, no momento em que a obrigação for cumprida (pagamento), desaparece o direito subjetivo do credor, ocorrendo a extinção da obrigação.

Não obstante, muito embora ocorra a extinção da obrigação, não haverá ainda neste momento, a dissolução do vínculo entre contribuinte e fisco, já que vimos que para que ocorra a extinção do crédito, é necessário que haja a homologação do pagamento antecipado (seja de forma expressa, seja de forma tácita, pelo decurso do prazo de 5 anos).

Entretanto, no momento em que ocorre o pagamento antecipado do tributo, ao mesmo tempo em que se dissolve a relação jurídica que se formou em decorrência da aplicação da norma geral e abstrata aos fatos praticados pelo contribuinte, nasce uma nova relação entre esses dois sujeitos, relação essa decorrente da aplicação de uma outra norma, qual seja, a que obriga a administração a homologar o pagamento.

Desta afirmação, podemos extrair uma conclusão fundamental: se o pagamento do tributo dissolve a relação de débito e de crédito existente entre o contribuinte e o fisco, pondo fim a essa relação jurídica e por outro lado, fazendo nascer uma nova relação na qual estará o contribuinte na condição de sujeito ativo e o fisco na de sujeito passivo, então é o pagamento uma norma individual e concreta, pois não há norma onde não houver relação.

Veja-se que o consequente da primeira norma (pagamento), se instala no antecedente da segunda norma (a de homologação do pagamento), sendo em relação a esta última, um "pressuposto fático" e em relação à primeira um "fato jurídico". Mais uma razão para considerarmos o pagamento como sendo uma norma individual e concreta: ela constitui um fato jurídico ao mesmo tempo em que passa a ser fonte criadora de outra norma, e, portanto, fonte de novas relações.[15]

Nesse ponto, merece ser feito um esclarecimento sobre o entendimento de parte da doutrina quanto ao momento, a partir do qual, considera-se extinto o crédito tributário.

Eurico Marcos Diniz de Santi, afirma categoricamente que *"a constituição do crédito tributário não exige necessariamente ato-norma administrativo de lançamento, pois, conforme expressa determinação do § 1º do Art. 150 do CTN, pagamento antecipado extingue o crédito sob condição resolutória da ulterior homologação. Nosso direito positivo, portanto, reconhece expressamente a possibilidade jurídica de o contribuinte constituir a relação jurídica tributária (crédito)"*.[16]

Parece-nos, entretanto, que pela análise integral do artigo 150 e seus parágrafos, quis o legislador dar à homologação o único fato capaz de extinguir o crédito tributário, principalmente se analisarmos o conteúdo de seu § 2º, combinado com o § 3º, segundo os quais podemos interpretar que os atos praticados

---

15. Para Lourival Vilanova, "um fato é jurídico na medida em que uma norma a ele vincule efeitos(...) Um fato F é fonte de normas porque outras normas do sistema lhe conferiram essa potencialidade criadora. Fizeram-no fato jurídico, cujo efeito é a constituição ou desconstituição de normas" (Causalidade e Relação no Direito, Saraiva, 2ª ed., p. 87-8).
16. Decadência e Prescrição no Direito Tributário, Max Limonad, 2000, p. 120.

pelo contribuinte anteriormente à homologação, não extinguem total ou parcialmente o crédito, mas apenas poderão ser considerados na apuração de saldo devido e na consequente imposição de penalidade.

Isso demonstra que, de fato, antes da homologação expressa ou tácita (§ 4º do artigo 150 do CTN), não há extinção de crédito, mas apenas a constituição de um fato jurídico – o "pagamento antecipado" do tributo, do qual serão geradas novas relações jurídicas.

No caso do imposto sobre a renda, ocorre um fato curioso. Por ser imposto que, de acordo com a sua configuração constitucional, incide sobre o "acréscimo patrimonial", somente após a análise dos fatos ocorridos entre um determinado lapso de tempo é que se poderá falar em verificação de fatos capazes de gerar a incidência do imposto. E, em nosso sistema jurídico, esse lapso de tempo foi fixado pela legislação como sendo o exercício civil.

Muito se discutiu, em razão deste período, em que momento poderia ser considerado ocorrido o fato gerador do imposto, chegando parte da doutrina a classificá-lo como "complexivo", já que o seu ciclo de formação se completaria num período de tempo[17], corrente essa que não se sustentou, prevalecendo o entendimento segundo o qual ocorre o fato gerador no último instante do dia 31 de dezembro de cada ano.

Não nos deteremos, neste momento, nos aspectos que compõem a regra-matriz de incidência do imposto sobre a renda, limitando-nos a afirmar nosso entendimento de que o legislador positivo, ao atribuir ao sujeito passivo o dever de "antecipar" o pagamento do imposto que somente será devido se houver "acréscimo patrimonial", adotou a figura da presunção[18],

---
17. Amílcar de Araújo Falcão, Fato Gerador da Obrigação Tributária.
18. E isso apenas por uma questão orçamentária, de forma a garantir ingresso de receita nos cofres públicos, sem que tenha que aguardar a finalização do exercício social.

já que o fato "acréscimo patrimonial" somente será conhecido pelo sujeito passivo no momento em que fechar suas demonstrações financeiras, quando então terá uma visão completa de sua situação patrimonial.

O fechamento das demonstrações financeiras não está contido em qualquer norma geral e abstrata como evento suficiente para ensejar o nascimento de uma relação jurídica tributária, mas sim como "evento qualificado", do qual decorrerá, ou não, o evento "acréscimo patrimonial".

Nesse sentido, podemos afirmar que com o fechamento das demonstrações financeiras é que nasce a denominada "relação jurídica efectual".[19]

Será, portanto, o fechamento das demonstrações financeiras, o elemento necessário para que se "concretize" o evento previsto na norma geral e abstrata (regra matriz do imposto sobre a renda), que dará nascimento a uma relação jurídica tributária.

O que fará nascer a relação intranormativa (consequente da norma geral) será a entrega da declaração de imposto sobre a renda, este sim o veículo introdutor de norma jurídica individual e concreta havida entre contribuinte e fisco, pois será ela a responsável pela versão em linguagem do fato "acréscimo patrimonial", ensejador da constituição da obrigação e do crédito tributário.[20]

---

19. Nesse sentido, Marcelo Fortes de Cerqueira muito bem apontou que *"não há como negar, diante da bidimensionalidade (do direito), caráter jurídico aos eventos qualificados por normas jurídicas gerais e abstratas. São jurídicos, justamente em função dessa qualificação normativa, e também por ocasionarem efeitos de direito: o surgimento da relação jurídica efectual. Se qualificado normativamente, o evento será jurídico, e tão logo se realize no plano concreto, fará irromper a relação jurídica efectual, no bojo da qual se encontram direitos e deveres ainda ilíquidos e inexigíveis"*. "Repetição do Indébito Tributário", 2000, p. 146.

20. Importante notar que nessa sistemática mostra-se bastante clara a afirmação de Paulo de Barros Carvalho no sentido de que o lançamento "apresenta caráter declaratório do fato e constitutivo da relação", *in* "Curso...", p. 392.

PROCESSO TRIBUTÁRIO ANALÍTICO

Entretanto, no caso concreto posto a análise, não podemos afirmar que a relação jurídica nasceu em decorrência da relação jurídica efectual, já que havia uma norma prescrevendo a conduta de pagar o imposto (na forma de tributação definitiva), em decorrência de meros ingressos[21], sendo desprezada, em princípio, a manifestação do efetivo "acréscimo patrimonial", este sim suporte fático da norma de incidência do imposto sobre a renda.

Se havia uma norma que, de acordo com as circunstâncias nela previstas, prescrevia a conduta "pague", a guia de recolhimento do tributo utilizada pelo sujeito passivo mostra-se, neste caso, como veículo suficiente para que seja dado conhecimento ao sujeito ativo de que a conduta imposta foi cumprida. Neste momento, portanto, diante da norma impositiva, ter-se-á pagamento de "tributo devido".

Tal fato não se apresenta da mesma forma, todavia, quando olhamos para o momento seguinte, em que o contribuinte será obrigado a entregar sua declaração de imposto sobre a renda (segunda norma que se instala), na qual estarão denotados todos os fatos praticados no exercício anterior e que, pelos cálculos efetuados (receitas menos despesas), apurou-se a existência de um saldo a seu favor, ou seja, de um tributo recolhido acima do devido. Neste segundo momento, portanto, vemos no consequente desta norma a constituição do fato "pagamento indevido".

Mas o processo de aplicação do direito ainda não se esgotou.

Existe ainda uma terceira norma (esta que nos interessa especificamente) prevendo que "dado o fato de ocorrer o

---

21. Isto nos dá condições de afirmar que há uma norma no sistema que não corresponde aos delineamentos constitucionais do imposto sobre a renda contidos na norma de competência. Porém, por ser válida (pertencer ao sistema), o seu descumprimento geraria uma sanção (aquela instalada no consequente da norma primária – sancionatória), de forma que, mesmo estando a relação implicacional entre seu antecedente e consequente (da norma geral) em desconformidade com o ordenamento jurídico, pode-se falar que houve a sua eficácia técnica.

pagamento do imposto em valor superior ao que seria devido então deve ser a restituição". O fato, como visto, já ocorreu, deflagrando daí a possibilidade de o contribuinte pleitear a restituição, providência essa adotada, porém indeferida administrativamente, sob o fundamento de que a relação jurídica de direito material ainda não estaria extinta por falta de homologação dos pagamentos efetuados.

A autoridade administrativa condicionou, portanto, a restituição à homologação dos pagamentos realizados no decorrer do exercício, já que em seu entender, somente após a extinção do crédito, que se dá com a homologação expressa ou tácita, pode-se falar em saldo a favor do contribuinte.

Não iremos, nesse momento, analisar se essa decisão contrariou ou não o direito ao devido processo legal ao simplesmente não apreciar o pedido, sob o fundamento de que ainda haveria prazo legal para o fisco exercer essa atividade. Consideremos, apenas, que se tratava de autoridade não investida na função de lançar tributos e, por esse motivo, incompetente para homologar o lançamento e extinguir o crédito tributário.

Façamos apenas mais um corte na análise da questão, em razão de o tema dizer respeito à "ação de repetição do indébito tributário", para a qual há necessidade, não só do lançamento tributário, como também da ocorrência do pagamento que se reputa indevido ou já constituído como tal.

Neste momento, entendemos encerrar-se a cadeia de normas primárias. Esse indeferimento, por revelar uma pretensão tornada resistida pelo fisco, será fato suficiente para ensejar o nascimento da norma secundária (relação adjetiva).

Veja-se que o "pagamento indevido", ora mostrou-se em uma norma geral e abstrata como descrição de um evento, ora como fato de uma norma individual e concreta, tudo dependendo do momento em que foquemos nossa atenção.

Mas, retornando um pouco no percurso do processo de positivação, e sem perder de vista que não há norma sem que haja relação jurídica, podemos afirmar, categoricamente, que a partir da entrega da declaração do imposto sobre a renda foi constituída a relação inversa à da norma de imposição, entre fisco e contribuinte, estando aquele obrigado à conduta de restituir o excesso de imposto por este recolhido.

Ocorre que um obstáculo se coloca neste momento para que a obrigação do fisco seja exigida de imediato. É o fato de termos visto que o pagamento do tributo, por um lado, extinguiu a obrigação do contribuinte, mas por outro, deu nascimento à norma que impõe ao fisco o dever de homologar o pagamento, para que ocorra a extinção do crédito tributário.

Em princípio, isso significaria dizer que o contribuinte somente teria direito à restituição do tributo pago acima do valor efetivamente devido, após o decurso do prazo dado ao fisco para homologar o pagamento e, consequentemente, extinguir o crédito tributário.[22]

É como se essa norma de restituição ficasse com sua eficácia suspensa enquanto não ocorresse o decurso do prazo previsto na norma de homologação.

Seria este o caminho natural (sem qualquer interferência) de aplicação dessas normas.

Neste momento, portanto, não haveria que se falar em qualquer descumprimento das condutas previstas nas normas de restituição e na de homologação dos pagamentos, já que a primeira ainda não se implementou porque tem como condição a implementação da segunda norma, para a qual há prazo de cumprimento.

E, pela análise do caso concreto, vimos que foi este o motivo que ensejou o indeferimento do pedido de restituição

---

22. Este, inclusive, um outro argumento que poderia dar embasamento à tese segundo a qual o prazo para a restituição de tributos sujeitos a lançamento por homologação é de dez anos, pois somente inicia-se o prazo para a restituição (artigo 168 do CTN), após a extinção do crédito tributário (artigo 150, § 4º do CTN).

formulado pelo contribuinte, após a constituição do fato "pagamento indevido", entendendo a administração que, por existir prazo que permite à administração homologar o pagamento em até cinco anos contados de sua ocorrência, somente quando isto ocorrer (a homologação ou decurso do prazo), é que nascerá a obrigação de restituição.

Num primeiro momento, portanto, afirmaríamos ser cabível a propositura de ação anulatória contra essa decisão que indeferiu a restituição, fulcrada no artigo 169 do CTN.

Entretanto, cumpre-nos, ir adiante em nossa análise e examinar se esse dispositivo anularia a possibilidade de o contribuinte, diante da recusa do fisco em restituir os valores de imposto sobre a renda, ingressar com uma ação de repetição de indébito, investigando se estariam presentes as condições da ação.[23]

3. Cabimento ou não da ação de repetição de indébito

Vimos, inicialmente, que nasce a relação processual, a partir do descumprimento de uma relação de direito material, instalando-se, no antecedente de sua estrutura lógico-normativa (norma secundária), o "fato do descumprimento", que é o consequente da norma primária que lhe deu ensejo, cuja finalidade será a obtenção de um veículo introdutor de uma nova norma jurídica, individual e concreta (sentença).

Por outro lado, não havendo descumprimento (como ilícito) de uma conduta prevista na norma primária[24], não haveria, em princípio, que se falar em fato ensejador da instalação da norma secundária, se esta for vista apenas em sua função de coação, de aplicação de sanção.

---

23. Legitimidade de partes, interesse de agir e possibilidade jurídica do pedido.
24. Vimos, anteriormente, que não há nenhuma conduta negativa, nem da administração nem do contribuinte, que possa ser considerada contrária à lei e, portanto, ilícita.

Entretanto, não é somente desta forma que deve ser vista a norma secundária. Nesse sentido, muito bem elucidou Tárek Moysés Moussalem, ao afirmar que *a norma secundária não visa somente efetivar o cumprimento coativo do disposto no consequente da norma primária, mas prevê uma atuação do Estado-Juiz para expedir uma outra norma(...) A norma secundária preveria a "atuação do Estado-Juiz", ou seja, um ato de aplicação do direito que teria por consequência a criação de normas jurídicas.*[25]

Aceitamos essa afirmação de que não necessariamente deverá haver uma conduta ilícita no consequente da norma primária para que possa ser instado o Judiciário a emitir uma norma individual e concreta.

Voltemos, pois, ao caso em análise de forma a podermos concluir se haverá ou não possibilidade de o contribuinte (C1), diante da negativa do fisco de restituir o "pagamento indevido", sem antes haver a extinção definitiva do crédito (homologação), provocar a atividade jurisdicional através de uma ação de repetição de indébito.

De ordinário, a ação de repetição de indébito é o instrumento por meio do qual será pleiteada a declaração da validade do pagamento bem como sua constituição como "pagamento indevido", pleito esse que, por se inserir no bojo de um processo, somente poderá ser concedido através de uma sentença (responsável pela constituição do respectivo fato jurídico).

E esse fato jurídico será exatamente o "pagamento indevido", fato que será, portanto, somente a partir da sentença transitada em julgado e, porque não dizer, da qual não caiba mais ação rescisória.

Entretanto, no caso em análise, vimos que esse fato "pagamento indevido" já foi constituído no momento da entrega

---

[25]. Fontes do Direito Tributário, Max Limonad, 2001, p. 88 e 90.

da declaração de imposto sobre a renda, em razão de uma norma geral e abstrata que previa esse evento como ensejador do fato jurídico.

Seria esse um motivo inviabilizador da propositura de uma ação de repetição de indébito já que o fato "pagamento indevido" que de ordinário é por ela constituído, já se apresenta como tal por força de um outro veículo introdutor (entrega da declaração de imposto de renda) e que levaria à falta de interesse de agir?

Pensamos que não.

Muito embora na ação de repetição de indébito encontremos função predominantemente constitutiva, esta não se apresenta unicamente como constitutiva do "pagamento indevido", já que podem ocorrer situações, em que este já se apresente como "fato constituído", sendo, por esse motivo, capaz de ensejar outras relações.

E é exatamente o que verificamos no presente caso: o fato "pagamento indevido" foi constituído com a entrega da declaração do imposto sobre a renda. O fisco, por sua vez, negou-se a restituir, sob a alegação de que só poderia fazê-lo após a extinção do crédito pela homologação dos pagamentos. Está o contribuinte (C1), com isso, diante de uma pretensão resistida (e não de uma conduta ilícita, anteriormente verificada como desnecessária para a existência da norma secundária) e que, portanto, denotará o interesse de agir[26].

O artigo 165 do CTN é o que traz as hipóteses de cabimento da restituição de tributos, sendo que a que nos interessa, especialmente, é a contida no seu inciso I:

> "*Artigo 165* – O sujeito passivo tem direito, independentemente de prévio protesto, à restituição total ou parcial do

---

26. No entender de Paulo Cesar Conrado, como sendo "o resultado da conjunção de dois elementos básicos, a necessidade de recorrer ao Estado-juiz e a utilidade do provimento postulado" (*Introdução à Teoria Geral do Processo Civil*, 2003, p. 174).

tributo, seja qual for a modalidade do seu pagamento, ressalvado o disposto no § 4º do art. 162, nos seguintes casos:

> I – cobrança ou pagamento espontâneo de tributo indevido ou maior que o devido em face da legislação tributária aplicável, ou de natureza ou circunstâncias materiais do fato gerador efetivamente ocorrido;
>
> (...)

Essa é, portanto, a norma geral e abstrata que autoriza a restituição de tributo ao contribuinte, na hipótese de ter ocorrido o <u>pagamento indevido ou maior que o devido</u>.

Verifica-se, neste caso, que o pagamento indevido é o suporte fático da ação de repetição de indébito (entendido neste caso como um mero evento descrito pelo Autor, ou como um fato jurídico já constituído pelo veículo e agente competente).

Na primeira hipótese, a sentença a ser proferida na ação de repetição de indébito, constituirá o pagamento como "pagamento indevido", e condenará o réu à restituição do tributo.

Já na segunda hipótese, não haverá que se falar em constituição desse fato, mas apenas em declaração do "fato pagamento indevido", (declaração da existência de relação jurídica entre fisco e contribuinte – aquele como devedor e este como credor) com a consequente condenação da União na devolução do tributo.

Não se trata, aqui, de afirmar que sentença proferida na ação de repetição de indébito teria a finalidade de transferir ao Judiciário a função de homologar o lançamento e consequentemente extinguir o crédito do contribuinte (o que, em última análise, pela decisão administrativa, teria dado ensejo à restituição), mas temos que convir que a declaração da existência de relação jurídica entre fisco e contribuinte, por si só já terá o condão de produzir os mesmos efeitos.

Além disso, deve ser lembrado que, o fato de não ter ocorrido a extinção do crédito tributário, não se mostra como impedimento para a ação de repetição de indébito, também pelo fato de o artigo 168 do CTN contemplar apenas <u>o prazo final</u>, a partir do qual não mais poderá ser pleiteada a restituição, estabelecendo que esse prazo será <u>contado a partir</u> de um determinado momento (extinção do crédito). Mas essa afirmação não autoriza, em hipótese alguma, a conclusão de que a restituição <u>somente</u> poderá ser pleiteada <u>a partir desta data</u>, já que o referido dispositivo está tratando de prazo de prescrição, cuja característica é a adoção de um <u>marco final</u> para que ocorra a perda do direito de ação.

Com isso, podemos afirmar que não há qualquer óbice para que o contribuinte ingresse com uma ação de repetição de indébito após a decisão desfavorável de restituição proferida pela administração, já que presentes as condições para tanto: legitimidade de partes, interesse de agir e possibilidade jurídica do pedido.

Ressalte-se, ainda, que por ser uma ação de conhecimento, haverá *"uma ampla atividade cognitiva do órgão julgador, tudo para que, por meio daquela mesma providência (dita tutela de conhecimento), seja possível a construção de uma norma individual e concreta, capacitada a compor o conflito de interesses de que se estiver tratando"*[27], o que, por si só, será suficiente para confirmar o fato "pagamento indevido".

4. Localização das normas primárias e da norma secundária

Neste momento, portanto, podemos montar as seguintes estruturas normativas encontradas no decorrer deste trabalho:

1ª Norma Primária – dado o acréscimo patrimonial, deve ser o pagamento do imposto (relação jurídica tributária);

2ª Norma Primária – dado o pagamento do imposto pelo contribuinte, deve ser a homologação tácita ou expressa, esta no prazo de cinco anos (extinção do crédito tributário);

---

27. Cf. Paulo Cesar Conrado, *Introdução...*, p. 188.

3ª Norma Primária – dado o fato de ser contribuinte do imposto sobre a renda, deve ser a entrega da Declaração de Imposto de Renda;

4ª Norma Primária – dada a entrega da Declaração de Imposto de renda + demonstração de pagamento indevido, deve ser a constituição do fato "pagamento indevido";

5ª Norma Primária – Dado o pagamento indevido, deve ser a restituição.

Pelo indeferimento do pedido administrativo, teremos:

Norma Secundária – Dada a pretensão resistida à restituição pleiteada, deve ser a declaração de existência da relação jurídica de direito material + a restituição do tributo.

Dentro dessa estrutura da norma secundária, a causa de pedir remota será o fato "pagamento indevido", constante no consequente da 4ª Norma e no antecedente da 5ª Norma Primária e a causa de pedir próxima será o indeferimento do pedido administrativo.

A sentença de procedência será o veículo introdutor da norma individual e concreta, em cuja fundamentação estará a descrição dos fatos afirmados na petição inicial e aceitos como ocorridos pelo Estado-juiz e, na parte dispositiva, a declaração da existência da relação jurídica entre fisco e contribuinte, no que diz respeito ao direito material (contido na norma de incidência) que, por resultar na extinção do crédito tributário, resultará na necessidade de cumprimento da obrigação de restituir o "pagamento indevido".

A AÇÃO DE CONSIGNAÇÃO EM PAGAMENTO E A EXTINÇÃO DO CRÉDITO TRIBUTÁRIO

Camila Campos Vergueiro Catunda

1. Caso Concreto

A empresa XPTO pretende efetuar o recolhimento de determinado tributo sujeito a autolançamento, o qual recai sobre a comercialização dos produtos que industrializa, à alíquota de 12% (doze por cento). Contudo, a Fazenda Pública pretende que o pagamento seja feito à alíquota de 15% (quinze por cento).

Diante da presunção de existência de uma pretensão resistida, a empresa XPTO ajuizou ação de consignação em pagamento, depositando o valor que entende ser devido, apurando, assim, o imposto à alíquota de 12% (doze por cento).

Processada a ação, ela é, ao final, julgada procedente com o reconhecimento integral da pretensão da empresa XPTO e o depósito efetuado convertido em renda.

2. Questões

2.1. O depósito é condição da ação de consignação em pagamento?

2.2. Os casos de extinção do crédito tributário previstos nos incisos VI e VIII do art. 156 do CTN são excludentes, ou devem concorrer para que se efetive a extinção do crédito tributário?

2.3. Na ação de consignação em pagamento o crédito tributário extingue-se com: (i) o depósito do montante que o autor entende ser devido; (ii) a sentença julgando procedente a ação; (iii) o trânsito em julgado da sentença de procedência; ou (iv) a conversão do depósito em renda?

2.4. A sentença que dá provimento à ação consignatória tem cunho declaratório, constitutivo ou condenatório?

2.5. Caso a ação de consignação em pagamento seja julgada improcedente seria possível aplicar o art. 899, § 2º do Código de Processo Civil?

3. Abordagem do Tema Proposto

3.1. Do nascimento da obrigação tributária à extinção do crédito tributário

É na Constituição Federal que se encontram as regras fundamentais de outorga de competência para instituir tributos e as hipóteses que permitirão a sua cobrança. Tais regras permitem pressupor a existência de relações entre o Estado e o particular, segundo as quais o primeiro estará apto a exigir do segundo parcela do patrimônio deste para que aquele possa manter suas atividades e atingir seus fins.

Assim, tomando-se as limitações e os ditames pressupostos na Constituição, cada ente político está habilitado a prever as hipóteses que implicarão o surgimento da relação tributária firmada entre o particular e o poder público, prescrita no consequente da regra jurídica.

Com efeito, na hipótese normativa tributária estará descrito um evento colhido do mundo fenomênico por um ato de valoração do legislador, e no consequente a relação jurídica que deverá se instaurar entre os sujeitos envolvidos naquela ocorrência concreta.

Para que essa norma, estruturada de forma dual (hipótese e consequência), atinja sua finalidade, ou seja, "enlace" os sujeitos actantes da ocorrência fenomênica, é essencial que concretamente a descrição hipotética venha a ocorrer, já que o direito positivo tem como fim precípuo disciplinar a conduta humana.

Entretanto, a incidência da norma (a subsunção do conceito do fato ao conceito da norma) não pressupõe apenas a ocorrência no mundo concreto da hipótese prevista normativamente, pois o direito positivo prevê a linguagem competente que terá o condão de "traduzir" a ocorrência do mundo fenomênico e implicar o consequente normativo, para fins de instauração da relação jurídica.

Essa relação jurídica, constituída na linguagem competente, no âmbito tributário gera direitos e deveres correlatos: ao particular, praticante da ocorrência fenomênica, cabe o dever de cumprir a obrigação tributária e ao ente público o direito de vê-la satisfeita.

Somente com a edição em linguagem que o direito positivo prescreve como apta para "traduzir" o evento verificado espacial e temporalmente no mundo social, que essa relação sinalagmática[1] entre fisco e contribuinte se perpetuará.

O veículo que qualificamos como apto para traduzir o evento, ou simplesmente linguagem competente, é a norma individual e concreta editada pelo ente autorizado pelo próprio sistema normativo que tem o condão de enunciar o fato jurídico.

À norma individual e concreta é pressuposta a norma geral e abstrata que é a previsão hipotética que indica as notas

---

1. Relação sinalagmática é aquela em que há vínculo de reciprocidade entre os sujeitos que conformam a obrigação.

que o fato social deve ter para que seja considerado fato jurídico, da qual a norma individual e concreta colhe "matéria-prima" para conformação desse fato jurídico.

A relação jurídica tributária de natureza pecuniária, cujos critérios são indicados no consequente da norma geral e abstrata e cujos elementos constam no consequente da norma individual e concreta, é modalizada pelo vetor deôntico obrigatório (O), uma vez que a conduta de pagar tributo[2] é obrigatória. E, nesse contexto, estar o sujeito de direito obrigado quer significar também estar autorizado ao cumprimento da conduta, isto porque *"os modais deônticos podem ser definidos uns pelos outros, devido a sua interdefinibilidade"*[3]: para que o sistema mantenha um mínimo de racionalidade e coerência é preciso que a norma modalizada deonticamente pelo vetor obrigatório (O) pressuponha a permissão (P) ao cumprimento da conduta, pois, *"quem deve tem o direito de efetuar a prestação que lhe cabe, na conformidade da lei"*[4].

Relembre-se que a conduta humana é regulada pelo direito em um dos três modais deônticos, quais sejam obrigatório (O), permitido (P) ou proibido (V ou Ph) e, como relembra a Profa. Aurora Tomazini de Carvalho, *"os operadores deônticos qualificam as condutas, possibilitado, assim, que elas sejam reguladas"*[5].

Supondo-se que um sistema prescrevesse apenas deveres jurídicos, pelo menos um direito subjetivo seria conservado, *"o direito de cumprir todos os deveres, o direito de não ser impedido no cumprimento das obrigações"*, já que *"na base da obrigação, como modalidade deôntica de toda ação possível, residiria a permissão do exercício da conduta lícita,*

---

2. Veja-se que utilizamos o vocábulo "tributo" na acepção de quantia em dinheiro.
3. Curso de Teoria Geral do Direito, Ed. Noeses, 1ª edição, 2009, p. 197.
4. CARVALHO, Paulo de Barros, Curso de Direito Tributário, Ed. Saraiva, 14ª edição, 2002, p. 470.
5. *Idem, ibidem*, p. 197.

que seria, na hipótese, toda conduta em cumprimento a dever positivo ou a dever negativo"[6].

Assim, para que o fenômeno jurídico da relação fisco-contribuinte possa atingir os seus fins, é de sua essência que o sujeito que tem o dever de cumprir uma obrigação, *in casu*, a obrigação tributária, esteja autorizado a conduzir-se da forma que a lei determina. É uma questão da lógica da linguagem, estrutura sobre a qual se conforma todo o mundo jurídico, e não apenas da lógica do que é jurídico.

Com efeito, a obrigação tributária pode ser extinta mediante a satisfação de seu objeto, o pagamento do tributo[7], o qual, segundo prescreve o artigo 3º do Código Tributário Nacional (CTN), "*é toda prestação pecuniária compulsória, em moeda ou cujo valor nela se possa exprimir, que não constitua sanção de ato ilícito, instituída em lei e cobrada mediante atividade administrativa plenamente vinculada*".

As hipóteses que o direito positivo admite como exaurientes do vínculo fisco-contribuinte estão todas previstas no artigo 156 do CTN, quais sejam:

(i) o pagamento;
(ii) a compensação;
(iii) a transação;
(iv) a remissão;
(v) a prescrição e a decadência;
(vi) a conversão do depósito em renda;
(vii) o pagamento antecipado e a homologação do lançamento nos termos do disposto no artigo 150 e seus §§ 1º e 4º;

---

6. VILANOVA, Lourival, Causalidade e Relação no Direito, Ed. Revista dos Tribunais, 4ª edição, 2000, p. 224.
7. Importante esclarecer que o pagamento não é o único meio de satisfação da obrigação tributária, tendo em vista o que dispõe o artigo 156 do CTN, mas é o instrumento por excelência, pois compreende a entrega de dinheiro aos cofres públicos.

(viii) a consignação em pagamento, nos termos do disposto no § 2º do artigo 164;

(ix) a decisão administrativa irreformável, assim entendida a definitiva na órbita administrativa, que não mais possa ser objeto de ação anulatória;

(x) a decisão judicial passada em julgado; e

(xi) a dação em pagamento em bens imóveis, na forma e condições estabelecidas em lei.

Da leitura desse dispositivo verifica-se que a primeira forma que o sistema admite para extinção da obrigação tributária é o pagamento. E, consoante as premissas acima adotadas, somente convertido na linguagem que o direito positivo reconhece como apta para constituir o fato jurídico é que o pagamento terá o condão de extinguir a obrigação tributária, assim como nas demais hipóteses de extinção da obrigação tributária. Seja para dar nascimento ao vínculo jurídico, seja para exterminá-lo sempre haverá a necessidade de edição da linguagem que o direito reputa competente para esse fim.

Cumpre ressaltar que, a despeito do artigo 3º, acima transcrito, permitir o cumprimento da obrigação tributária *in natura*, o artigo 162 do CTN estabelece que essa obrigação deve ser adimplida em moeda corrente, cheque ou vale postal, restringindo, nesses termos, interpretação que amplie a disposição do citado artigo 3º.

Sem dúvida, o pagamento efetuado em dinheiro é a forma de extinção da obrigação tributária por excelência, correspondendo à obrigação de dar coisa certa, ou seja, ao dever de um dos sujeitos de direito da relação entregar ao outro sujeito de direito, dessa mesma relação, parcela de seu patrimônio representada pelo tributo[8].

---

8. A expressão tributo está aqui sendo utilizada no sentido de prestação pecuniária.

Como toda norma jurídica que é orientada pelo modal obrigatório pressupõe a permissão de seu cumprimento, é hialino que o sujeito de direito que tenha o dever de cumprir a obrigação tributária tem a permissão de fazê-lo, não podendo o poder público criar óbices para tanto.

Relembre-se que norteia todo e qualquer ordenamento jurídico o princípio de que modalizada a conduta pelo vetor obrigatório (O), implicitamente estará prescrita a permissão (P) para o seu cumprimento, o que enseja a concepção de que pagar não é somente um dever, mas, também, um direito subjetivo cometido ao devedor, que na relação tributária é o sujeito passivo.

Assim, o legislador infraconstitucional, fulcrado nessa ideia que o próprio sistema positivo impõe, para o caso do pagamento não poder se consumar por óbice criado àquele sujeito que tem o dever de cumprir a obrigação tributária, prescreve como hipótese de aniquilação do vínculo existente entre sujeito passivo e fisco, a consignação em pagamento.

O CTN no acima transcrito artigo 156 dispõe que a obrigação tributária pode ser extinta mediante a consignação em pagamento, nos termos do disposto no § 2º[9] do artigo 164[10].

---

9. Art. 164. A importância do crédito tributário pode ser consignada judicial pelo sujeito passivo, nos casos:

I – de recusa de recebimento, ou subordinação deste ao pagamento de outro tributo ou de penalidade, ou ao cumprimento de obrigação acessória;

II – de subordinação do recebimento ao cumprimento de exigências administrativas sem fundamento legal;

III – de exigência, por mais de uma pessoa jurídica de direito público, de tributo idêntico sobre um mesmo fato gerador.

§ 2º Julgada procedente a consignação, o pagamento se reputa efetuado e a importância consignada é convertida em renda; julgada improcedente a consignação no todo ou em parte, cobra-se o crédito acrescido de juros de mora, sem prejuízo das penalidades cabíveis.

10. É de bom alvitre frisar que, tendo em vista o tema escolhido para dissertação, não se deterá às demais modalidades de extinção do crédito tributário prescritas no referido artigo 156 do CTN, acima transcritas.

A consignação em pagamento é o remédio que o ordenamento jurídico assegura ao devedor que pretende pagar o tributo, mas está impedido de fazê-lo, em função da recusa ou de exigências ilegais determinadas pelo credor.

Portanto, quando aquele que tem o direito de receber o pagamento impede ou inviabiliza a sua efetivação, a obrigação tributária será passível de extinção mediante a consignação judicial em pagamento, que, no âmbito da relação tributária, somente pode ser promovida por instrumento processual judicial, ou seja, pela ação de consignação em pagamento.

3.2. Da Ação de Consignação em Pagamento em matéria tributária

Prestigiando os casos em que a relação jurídica tributária de direito material para entrega de bem seja obstada de se conformar naturalmente, o sistema de direito positivo estabeleceu um mecanismo para contornar essa situação e permitir que o sujeito de direito, que tenha o dever de cumpri-la, libere-se desse vínculo.

Destarte, para as situações em que o adimplemento da obrigação tributária esteja sendo impedido pelo credor, sem justo motivo, nosso ordenamento permite que o devedor consigne judicialmente o montante da dívida por meio da ação de consignação em pagamento.

Com a ação de consignação em pagamento, portanto, pretende o sujeito passivo ver extinta a obrigação tributária por meio do depósito judicial da quantia que entende ser devida, ou seja, objetiva que a relação jurídica de direito material seja extinta.

Tratando da relação tributária, o artigo 164 do CTN prescreve quatro situações em que o devedor, contido pelo credor sem justo motivo, poderá consignar em juízo a importância do crédito tributário. São elas:

1º) recusa do recebimento do pagamento,

2º) subordinação do recebimento ao pagamento de outro tributo ou penalidade, ou ao cumprimento de dever instrumental[11];

3º) subordinação do recebimento ao cumprimento de exigências administrativas sem fundamento legal; e

4º) exigência de tributo idêntico com a mesma hipótese de incidência[12], por pessoas jurídicas de direito público distintas.

Assim, terá interesse de agir[13] para a ação de consignação em pagamento o sujeito de direito que se deparar com quaisquer das hipóteses taxativamente previstas no citado artigo. Desta forma, verificando alguma das situações acima discriminadas, o sujeito passivo da obrigação tributária estará apto para pleitear a tutela jurisdicional, a fim de quitar seu débito, consignando-o judicialmente.

A ação de consignação em pagamento, em matéria tributária, é o instrumento por meio do qual o sujeito que tem o dever de pagar o tributo provoca a jurisdição para liberar-se dessa obrigação mediante o depósito da quantia que entende ser devida, tendo em vista obstáculo criado pelo credor, o qual pode ser presumido e não só efetivo.

---

11. O CTN utiliza a expressão obrigação acessória.
12. Hipótese de incidência é a nota fáctica que está descrita na norma que, ocorrida no mundo fenomênico, ensejará determinados efeitos previstos no consequente da própria norma. Nos ensinamentos do Prof. GERALDO ATALIBA, in Hipótese de Incidência Tributária (Malheiros Ed., 6ª edição, 2ª tiragem, pág. 58): "A h.i. é primeiramente a descrição legal de um fato: é a formulação hipotética, prévia e genérica, contida na lei, de um fato (é o espelho do fato, a imagem conceitual de um fato; é seu desenho)."
13. Preleciona o Prof. Paulo Cesar Conrado que o interesse de agir é o "resultado da conjunção de dois elementos básicos, a necessidade de recorrer ao Estado-juiz e a utilidade do provimento postulado" (Introdução à Teoria Geral do Processo Civil, Max Limonad, 1ª edição, pág. 166).

Identifica-se a ação de consignação em pagamento, como qualquer outra ação, pelos elementos que a compõem, quais sejam: partes, causa de pedir (remota e próxima) e pedido (mediato e imediato).

As partes da ação em comento serão os figurantes da relação jurídica de direito material tributário, portanto, sujeito passivo e sujeito ativo da obrigação tributária.

O CTN alude apenas ao sujeito passivo da obrigação tributária como parte ativa da demanda, entretanto, aplicando-se subsidiariamente o CPC (art. 890[14]), a ação de consignação em pagamento pode ser proposta por terceiro que queira quitar a dívida tributária. Dúvida que surge a esse respeito é: tanto o terceiro interessado quanto o não interessado estariam legitimados para propor a ação de consignação em pagamento?

Tal inquietação do espírito pode ser contida ante o teor do disposto no parágrafo único[15] do artigo 204 do CTN, que, ao apontar que a presunção de liquidez e certeza da dívida ativa pode ser suprimida por prova inequívoca produzida pelo sujeito passivo ou por terceiro a que aproveite, assenta a ideia de que, no âmbito das relações tributárias, é necessário que haja interesse jurídico do terceiro para que este se proponha a obter a extinção da dívida tributária.

Já o sujeito que deverá figurar no polo passivo da demanda será o credor, ou seja, aquele que tem o direito subjetivo de exigir o tributo (capacidade tributária ativa), o qual, contudo, está criando óbices ao cumprimento da obrigação.

Situação peculiar acerca do polo passivo da ação de consignação em pagamento é aquela em que duas pessoas jurídicas de direito público estejam exigindo tributo que tenha uma mesma

---

14. Art. 890. Nos casos previstos em lei, poderá o devedor ou terceiro requerer, com efeito de pagamento, a consignação da quantia ou da coisa devida.
15. Art. 204. (...)
Parágrafo único. A presunção a que se refere este artigo é relativa e pode ser ilidida por prova inequívoca, a cargo do sujeito passivo ou do terceiro a que aproveite.

hipótese de incidência. Nesse caso, a ação deverá ser intentada em face dos dois sujeitos que o exigem, sendo que o depósito deverá ser suficiente para cobrir a dívida de maior valor para que se purgue eventuais efeitos da mora em face de ambos credores.

Sobre o cabimento da consignação em pagamento da obrigação tributária quando há dúvida sobre o seu sujeito ativo, a orientação do Supremo Tribunal Federal reconhece a plena aplicabilidade do art. 164 do CTN:

> *DEPÓSITOS – AÇÃO DE CONSIGNAÇÃO EM PAGAMENTO. Pendente o deslinde sobre o titular de valores a serem recolhidos, tem-se como adequado o depósito à disposição do órgão no qual tramita a ação de consignação em pagamento.*
>
> (ACO 960 AgR, Relator(a): Min. Marco Aurélio, Tribunal Pleno, julgado em 25/06/2008, DJe-162 DIVULG 28-08-2008 PUBLIC 29-08-2008 EMENT VOL-02330-01 PP-00011 LEXSTF v. 30, n. 359, 2008, p. 59-66).

Portanto, diante de qualquer das hipóteses previstas no artigo 164 do CTN, o sujeito passivo, ou o terceiro interessado, tem o direito de invocar a tutela jurisdicional, mediante a consignação da dívida tributária que entende ser devida e pleitear a extinção da obrigação tributária.

O segundo elemento de uma ação é a causa de pedir, a qual compreende os fatos e fundamentos do pedido e pode ser analisada sob dois enfoques: o próximo e o remoto.

A causa de pedir: (i) remota corresponde à relação jurídica de direito material, que no âmbito do direito tributário, compreende a relação composta pela pessoa jurídica de direito público, ou quem lhe faça às vezes, e o particular que pratica o fato gerador do tributo; (ii) próxima se refere à patologia que afeta a relação jurídica de direito material, ou seja, os motivos que levam o sujeito a provocar a jurisdição.

Da leitura dos dispositivos do CTN que tratam da ação de consignação em pagamento, acima transcritos, é possível vislumbrar que, para cada situação que prescreve, a causa de pedir (patologia que afeta a relação jurídica) será distinta, verificando-se que ora o conflito incide sobre o objeto da relação jurídica, isto é, sobre o tributo, ora sobre o sujeito ativo.

Assim, para a hipótese que corresponde:

1º) à primeira parte do inciso I, do artigo 164 do CTN (recusa de recebimento): a causa de pedir remota será a relação jurídica tributária e a causa de pedir próxima se refere à própria recusa do sujeito ativo ao recebimento do tributo (conflito sobre o objeto);

2º) à segunda parte do inciso I do artigo 164 do CTN (subordinação do recebimento ao pagamento de outro tributo): a causa de pedir remota é a relação jurídica tributária e a causa de pedir próxima implica a subordinação do recebimento do tributo ao pagamento de outro tributo (conflito sobre o objeto);

3º) à terceira parte do inciso I do artigo 164 do CTN (subordinação do recebimento ao pagamento de penalidade): a causa de pedir remota é a relação jurídica tributária e a causa de pedir próxima à subordinação do recebimento do tributo ao pagamento de penalidade (conflito sobre o objeto);

4º) à quarta parte do inciso I do artigo 164 do CTN (subordinação do recebimento ao cumprimento de obrigação acessória): a causa de pedir remota é a relação jurídica tributária e a causa de pedir próxima opera-se sobre a subordinação do recebimento do tributo ao cumprimento de dever instrumental[16] (conflito sobre o objeto);

5º) ao inciso II do artigo 164 do CTN (subordinação do recebimento ao cumprimento de exigências administrativas sem fundamento legal): a causa de pedir remota se refere à relação jurídica tributária e a causa de pedir próxima à subordinação do recebimento do

---

16. O CTN utiliza a expressão obrigação acessória.

tributo ao cumprimento de exigência administrativa sem base legal (conflito sobre o objeto);

6º) ao inciso III do artigo 164 do CTN (exigência, por mais de uma pessoa jurídica de direito público, de tributo idêntico sobre um mesmo "fato gerador"): a causa de pedir remota se refere à relação jurídica tributária e a causa de pedir próxima é a exigência por duas pessoas jurídicas de direito público distintas de um tributo com a mesma hipótese de incidência[17] (conflito sobre o sujeito ativo da relação).

A fim de clarear a exposição, veja-se o seguinte quadro:

	Causa de pedir remota	Causa de pedir próxima
1ª parte, inc. I, art. 164, CTN	Relação jurídica tributária	Recusa ao recebimento do tributo.
2ª parte, inc. I, art. 164, CTN	Relação jurídica tributária	Subordinação do recebimento do tributo ao pagamento de outro tributo.
3ª parte, inc. I, art. 164, CTN	Relação jurídica tributária	Subordinação do recebimento do tributo ao pagamento de penalidade.
4ª parte, inc. I, art. 164, CTN	Relação jurídica tributária	Subordinação do recebimento do tributo ao cumprimento de dever instrumental.
Inciso II, art. 164, CTN	Relação jurídica tributária	Subordinação do recebimento ao cumprimento de pretensões administrativas ilegais.
Inciso III, art. 164, CTN	Relação jurídica tributária	Exigência por sujeitos de direito público distintos de um tributo com mesma hipótese de incidência.

---

17. Hipótese de incidência é a nota fáctica que está descrita na norma que, ocorrida no mundo fenomênico, ensejará determinados efeitos previstos no consequente da própria norma. Nos ensinamentos do Prof. GERALDO ATALIBA, in Hipótese de Incidência Tributária (Malheiros Ed., 6ª edição, 2ª tiragem, pág. 58): "A h.i. é primeiramente a descrição legal de um fato: é a formulação hipotética, prévia e genérica, contida na lei, de um fato (é o espelho do fato, a imagem conceitual de um fato; é seu desenho)."

O terceiro e último elemento identificador de uma ação, como acima mencionado, é o pedido, também denominado de objeto da ação, e pode ser observado sob seu aspecto mediato e imediato. O pedido imediato corresponde à tutela judicial almejada, que, em se tratando de ação: (i) de conhecimento, será condenatório, declaratório ou constitutivo; (ii) de execução, a obtenção de atos estatais que impliquem a realização de um crédito; (iii) cautelar, obter decisão judicial que assegure a eficácia e a utilidade de decisão a ser proferida em outro processo principal.

Especificamente, na ação de consignação em pagamento o pedido (i) mediato é a extinção da obrigação decorrente da relação tributária e o (ii) imediato é a prolação de uma sentença que constitua o fato jurídico da extinção da obrigação (linguagem que o sistema prescreve como competente para introduzir no sistema a norma individual e concreta constituidora do fato jurídico extintivo).

A ação consignatória deve ser proposta no foro do local do pagamento do tributo, sendo que a competência jurisdicional é delimitada em função do ente político que figurar como sujeito ativo da relação jurídica tributária e, por consequência, irá figurar no polo passivo da demanda. Isto porque, o artigo 109[18] da Constituição da República, expressamente, prevê que qualquer ação em que a União ou entidade autárquica federal figure, seja como parte, seja como assistente ou oponente, compete à Justiça Federal processá-la e julgá-la.

Nos casos de exigência de um mesmo tributo por sujeitos de direito público distintos, aplica-se a regra do artigo 111[19] do

---

18. Art. 109. Aos juízes federais compete processar e julgar:

I – as causas em que a União, entidade autárquica ou empresa pública federal forem interessadas na condição de autoras, rés, assistentes ou oponentes, exceto as de falência, as de acidentes de trabalho e as sujeitas às Justiça Eleitoral e à Justiça do Trabalho.

19. Art. 111. A competência em razão da matéria e da hierarquia é inderrogável por convenção das partes; mas estas podem modificar a competência em razão do valor e do território, elegendo foro onde serão propostas as ações oriundas de direitos e obrigações.

CPC que prescreve que a competência em razão da matéria e da hierarquia são inderrogáveis, razão pela qual quando um dos sujeitos que compuserem o litisconsórcio passivo for a União ou entidade autárquica federal, o foro competente será o da Justiça Federal; nos demais casos será competente a Justiça Estadual.

Vale notar, ainda, que o CTN (art. 164, *caput*) cogita expressamente de consignação judicial, inviabilizando a aplicação do dispositivo do Código de Processo Civil que permite a efetivação do depósito em instituição bancária (§ 1º[20] do art. 890, do CPC) com a pretensão de liberação da dívida.

Como o fundamento de validade das normas se haure da Constituição Federal e, segundo esse ordenamento, lei complementar é hierarquicamente superior à lei ordinária, as disposições do CTN sobre a ação de consignação em pagamento em matéria tributária que é lei complementar prevalece em relação ao CPC, que é lei ordinária.

Importante destacar que a ação de consignação em pagamento não terá como prosperar se o devedor não efetuar o depósito da quantia cuja extinção da obrigação pelo pagamento está sendo obstada pelo credor.

O depósito é condição inerente a esse tipo de ação, já que o contribuinte pretende discutir em juízo, justamente, a situação criada pelo sujeito ativo que, sem motivo legal, obsta o pagamento.

Na ação de consignação em pagamento o devedor não questiona o dever de pagar o tributo (ele sabe que deve e quer pagar). Entretanto, ora a administração pública impõe óbices

---

20. Art. 890. (...)

§ 1º Tratando-se de obrigação em dinheiro, poderá o devedor ou terceiro optar pelo depósito da quantia devida, em estabelecimento bancário, oficial onde houver, situado no lugar do pagamento, em conta com correção monetária, cientificando-se o credor por carta com aviso de recepção, assinado o prazo de 10 (dez) dias para a manifestação de recusa.

à consecução do pagamento e, consequentemente, à extinção do vínculo existente entre sujeito-devedor e sujeito-credor (conflito sobre o objeto), ora o sujeito-devedor tem dúvida a quem deve pagar, já que duas pessoas de direito público estão lhe exigindo um mesmo tributo[21] (conflito sobre o sujeito ativo que deve figurar na relação).

Efetuado o depósito restará suspensa a exigibilidade do crédito tributário, purgando-se os eventuais efeitos da mora e a possibilidade de aplicação de multa punitiva pelo descumprimento da obrigação, que decorreriam do atraso do pagamento devido à recusa do credor em receber o tributo.

O depósito terá o condão de suspender a exigibilidade do crédito tributário, uma vez que entendemos que o artigo 151 do CTN não é taxativo. Neste sentido preconizou a doutrina e acabou por reconhecer a jurisprudência, quando discutiram a possibilidade de concessão de liminar em medida cautelar para suspender a exigibilidade do crédito tributário.

A jurisprudência reconheceu que o aplicador do direito deve se pautar por uma interpretação sistêmica das normas do sistema positivado e não literal, cujo voto do ilustre juiz do Tribunal Regional Federal da 5ª Região, Dr. Rivado Costa[22], traduz a plenitude da afirmação: "*Contudo, a taxatividade das hipóteses descritas no mencionado dispositivo legal não deve ser confundida com imposição de uma interpretação puramente literal de seu conteúdo normativo, em completo desprivilégio dos outros elementos interpretativos, sobretudo o sistêmico e o teleológico, disponíveis ao aplicador do direito na realização do mister de apreensão do significado dos enunciados lingüísticos veiculadores das normas jurídicas*".

Reconhece a suspensão da exigibilidade do crédito tributário quando é efetuado o depósito do montante integral do

---

21. Nesse instante, utiliza-se o termo tributo como prestação correspondente ao dever jurídico do sujeito passivo.
22. Apelação Cível n. 170.155/CE, TRF 5ª Região, 3ª Turma, julg. em 30/09/1999.

débito a jurisprudência do Superior Tribunal de Justiça reproduzida no seguinte julgado:

> TRIBUTÁRIO. AÇÃO DE CONSIGNAÇÃO EM PAGAMENTO. DEPÓSITO INTEGRAL. DIVERGÊNCIA ACERCA DE QUAL ENTE FEDERATIVO DETÉM A COMPETÊNCIA PARA A COBRANÇA DE TRIBUTO RELATIVO AO MESMO FATO GERADOR. SUSPENSÃO DO CRÉDITO TRIBUTÁRIO.
>
> *1. O recorrente objetivou com a propositura da ação consignatória exercer o seu direito de pagar corretamente, sem que tenha que suportar uma dupla cobrança sobre o mesmo fato gerador pelo Estado e pelo Município. Não se trata, pois, de discussão acerca do valor devido, mas sim de verificar qual é o ente federativo competente para a cobrança do respectivo tributo, tendo o recorrente, inclusive, realizado o depósito integral do valor devido nos autos da ação consignatória.*
>
> *2. O tribunal recorrido assentou que foi autorizado, nos autos do processo consignatório, o depósito judicial do valor do ICMS cobrado, e suspensão da exigibilidade dos créditos tributários em discussão.*
>
> *3. Dada as peculiaridades do caso concreto, em que pese a propositura da ação de consignação não ensejar a suspensão do crédito tributário, houve o depósito integral do montante cobrado, razão pela qual não poderia o Estado de Minas Gerais promover a Execução Fiscal. Assim, excepcionalmente, é possível aplicar ao caso em comento a sistemática do enunciado da Súmula 112 desta Corte (o depósito somente suspende a exigibilidade do crédito tributário se for integral e em dinheiro).*
>
> *3. Considerando ter sido a ação consignatória interposta previamente à ação executiva, impõe-se reconhecer a sua extinção, pois, segundo a jurisprudência desta Corte, a exigibilidade do crédito tributário encontrava-se suspensa.*
>
> *4. Recurso especial provido.*
>
> (REsp 1.040.603/MG, Rel. Ministro Mauro Campbell Marques, Segunda Turma, julgado em 09/06/2009, DJe 23/06/2009).

Desta forma, analisando as normas do CTN que tratam da suspensão da exigibilidade conjuntamente com as da ação de consignação em pagamento, a confirmação de que o depósito efetuado nessa espécie de ação suspende a exigibilidade do crédito tributário está no teor da parte final do § 2º do artigo 164 do CTN, que dispõe que se a ação for julgada improcedente (ou parcialmente improcedente) o crédito deverá ser cobrado com os juros de mora e as penalidades cabíveis.

Essa afirmação encontra ainda respaldo nas lições de Luciano da Silva Amaro[23], para quem *"na pendência da ação de consignação, entendemos, que a exigibilidade da obrigação fica suspensa, o que é confirmado pelo § 2º, segunda parte, ao dizer que, julgada improcedente a consignação (e não antes), o crédito é cobrável."*

Nas hipóteses em que a obrigação tributária deve ser cumprida periodicamente, os depósitos deverão ser efetuados nos mesmos autos do processo em que foi realizado o primeiro deles, em até cinco dias da data do vencimento (art. 892[24], CPC), sendo plenamente aplicável o CPC porque esta norma é de ordem processual e visa garantir a eficácia do processo. Cumprindo ressalvar que esse dispositivo em nada afeta a data de vencimento do tributo, muito menos o *dies a quo* para contagem dos juros e penalidades aplicáveis quando a obrigação é cumprida extemporaneamente.

Mesmo estando obstado de efetuar o pagamento, se o sujeito passivo não ajuizar a ação até a data do vencimento do débito (mesmo que esteja dentro do prazo de cinco dias acima referido), ele sofrerá os efeitos da mora e sujeitar-se-á às penalidades, arcando com as consequências que desse fato decorrem até o dia da efetivação da consignação judicial do pagamento e dos respectivos consectários legais, devidos até essa

---

23. Direito Tributário Brasileiro, Ed. Saraiva, 4ª edição, 1999, pág. 374.
24. Art. 892. Tratando-se de prestações periódicas, uma vez consignada a primeira, pode o devedor continuar a consignar, no mesmo processo e sem mais formalidades, as que se forem vencendo, desde que os depósitos sejam efetuados até 5 (cinco) dias, contados da data do vencimento.

data. A partir de então, estará suspensa a exigibilidade do crédito tributário, como acima esposado.

Para o caso de ação consignatória ajuizada após a data de vencimento da obrigação acompanhada apenas do valor do principal da dívida tributária, sem os consectários legais devidos até a data de sua distribuição, estará configurada a hipótese de depósito inferior ao devido e o fisco estará livre para cobrar a parcela faltante, mediante lançamento dos juros de mora e das penalidades cabíveis.

Na consignatória, segundo dispõe o artigo 895 do CPC, o réu poderá alegar na contestação que: (i) não houve recusa ou mora em receber a quantia ou coisa devida; (ii) foi justa a recusa; (iii) o depósito não se efetuou no prazo; (iv) o depósito não se efetuou no lugar do pagamento; (v) o depósito não é integral, sendo que, nesta última hipótese, deverá indicar o montante que entende devido.

Com a apresentação da defesa, o juiz proferirá a sentença: norma individual e concreta que terá o condão de pôr termo à patologia até então existente quanto ao objeto ou sobre a relação jurídica de direito material, resolvendo o conflito de interesse.

Na ação de consignação em pagamento, a sentença de procedência constituirá o fato jurídico da extinção da obrigação tributária, reportando-se ao fato jurídico do pagamento realizado mediante a consignação do valor do débito quando do ajuizamento da ação. Correspondendo essa sentença à linguagem que o direito positivo prescreve como competente para "curar" a patologia da relação de direito material, produzindo, o Judiciário, o veículo que documenta a quitação da dívida tributária.

O que se verifica é que, sendo acolhido o pedido do autor, o vínculo jurídico que ele possuía com o fisco (réu), no contexto da relação jurídica levada a juízo, desaparecerá, conformando-se uma norma individual e concreta modalizada pelo vetor proibido para o fisco.

A sentença de procedência da ação é uma norma de cunho proibitivo, pois tem o condão de impedir que o credor adote qualquer medida, a fim de exigir tributo reconhecidamente extinto pelo Judiciário, que é o ente competente para erigir em linguagem essa norma individual e concreta.

Veja-se que a contestação baseada na insuficiência do depósito, no âmbito da relação jurídico-tributária e prevista no *Codex* Adjetivo (art. 896, IV), esbarra no disposto no § 1º do artigo 164 do CTN, segundo o qual a consignação somente poderá versar sobre o crédito que o consignante se propõe a pagar[25].

Tal previsão do CTN limita a atividade jurisdicional, que não poderá se pronunciar além do pedido do autor (sujeito passivo da obrigação tributária), pois o Poder Judiciário não tem competência para constituir o crédito tributário, função outorgada exclusivamente à administração pública, nos termos do artigo 142[26] do mesmo Código, o qual, contudo, não impede o Poder Judiciário de produzir a norma individual e concreta que constitui o fato da extinção da obrigação tributária.

É cediço que à lei complementar cabe estabelecer normas gerais em matéria de legislação tributária, dentre elas o lançamento, e que o CTN (que é Lei Complementar) prescreve que lançamento é ato que compete privativamente à administração

---

25. *PROCESSUAL CIVIL. ICMS. TRIBUTO RECOLHIDO A MENOR. CONSIGNATÓRIA EM PAGAMENTO. EM AÇÃO CONSIGNATÓRIA, NÃO ESTÁ O CONTRIBUINTE OBRIGADO A DEPOSITAR O VALOR EXIGIDO PELO FISCO, SENÃO O QUE ENTENDE DEVIDO, SENDO PASSÍVEL DE DISCUSSÃO A DIFERENÇA.*
(RESP 26.156/SP, Rel. Ministro Américo Luz, Segunda Turma, julgado em 17/10/1994, DJ 07/11/1994, p. 30014).
26. Art.142. Compete privativamente à autoridade administrativa constituir o crédito tributário pelo lançamento, assim entendido o procedimento administrativo tendente a verificar a ocorrência do fato gerador da obrigação correspondente, determinar a matéria tributável, calcular o montante do tributo devido, identificar o sujeito passivo e, sendo caso, propor a aplicação da penalidade cabível.

pública. Assim, não pode um dispositivo do CPC que permite que a sentença determine o montante do crédito tributário (art. 899, § 2º[27], do CPC) ser aplicado em questões tributárias por ausência de previsão normativa nesse sentido no CTN. A lei complementar (CTN) prevalece em relação à lei ordinária (CPC).

Portanto, uma vez constatado que o autor não se encontrava diante de qualquer das hipóteses previstas no artigo 164 do CTN, a ação deverá ser julgada improcedente, devendo o fisco (réu) efetuar o lançamento e aplicar a correção monetária sobre seu crédito e cobrar os juros de mora, bem como as penalidades cabíveis.

Não é possível vislumbrar, então, que uma ação de consignação em pagamento seja julgada parcialmente procedente, já que ao juiz não é dada a competência para constituir o crédito tributário.

Veja-se que, no tributo sujeito a lançamento por homologação, a consignação judicial suspenderá a exigibilidade do crédito tributário. Já no tributo adstrito ao lançamento de ofício, o prazo prescricional para o fisco propor a competente ação executiva, fica suspenso desde a ocorrência de sua citação válida, tendo em vista o disposto no artigo 219[28] do CPC.

Decorrido o prazo para interposição de recurso em face da decisão, ou esgotadas todas as instâncias, ocorrerá o trânsito em julgado, preconizando o princípio da segurança jurídica e da impossibilidade de eternização da relação jurídica processual, pondo-se termo ao processo.

---

27. Art. 899. (...)
§ 2º A sentença que concluir pela insuficiência do depósito determinará, sempre que possível, o montante devido, e, neste caso, valerá como título executivo, facultado ao credor promover-lhe a execução nos mesmos autos.
28. Art. 219. A citação válida torna prevento o juízo, induz litispendência e faz litigiosa a coisa; e, ainda quando ordenada por juiz incompetente, constitui em mora o devedor e interrompe a prescrição.
§ 1º. A interrupção da prescrição retroagirá à data da propositura da ação.

Com o trânsito em julgado da sentença que deu provimento ao pleito do sujeito passivo da obrigação tributária, os valores depositados serão convertidos em renda do sujeito ativo.

No caso de desprovimento da ação consignatória, os valores depositados poderão ser levantados pelo autor, cabendo à Fazenda Pública efetuar o lançamento com os consectários legais cabíveis e exigi-los pelas vias pertinentes.

4. Análise do caso concreto: resposta às questões propostas

4.1. O depósito é condição da ação de consignação em pagamento?

Sim, o depósito é condição da ação de consignação em pagamento, porque, o autor dessa ação pretende que o Poder Judiciário forneça o termo de quitação da dívida tributária e extinga a relação jurídica de direito material preexistente, por obstrução daquele que tem o direito subjetivo à percepção do tributo.

4.2. Os casos de extinção do crédito tributário previstos nos incisos VI e VIII do art. 156 do CTN são excludentes ou devem concorrer para que se efetive a extinção do crédito tributário?

As hipóteses de extinção do crédito tributário previstas no art. 156 excluem-se mutuamente, pois, do contrário, não haveria razão para se cogitar de modalidades de extinção do crédito tributário e, sim, exclusivamente na existência de uma única forma de desaparecimento do vínculo entre fisco e contribuinte. Basta que se realize uma das hipóteses prescritas no referido artigo para ocorrer a extinção do crédito tributário.

4.3. Na ação de consignação em pagamento o crédito tributário extingue-se com: (i) o depósito do montante que o autor entende ser devido; (ii) a sentença julgando procedente a ação; (iii) o trânsito em julgado da sentença de procedência; ou (iv) a conversão do depósito em renda?

Somente com a "tradução" em linguagem competente é possível reconhecer a extinção do crédito tributário.

Portanto, não é suficiente a consignação para que se reconheça a extinção do crédito tributário, sendo necessária a expedição do termo de quitação da dívida, por meio do qual se constitui o fato jurídico da extinção, reportando-se àquele fato jurídico da consignação.

Tal termo de quitação é formalizado na norma individual e concreta alçada pelo juiz na sentença (veículo introdutor de norma) quando reconhece a procedência do pleito do autor.

4.4. A sentença que dá provimento à ação consignatória tem cunho declaratório, constitutivo ou condenatório?

Na sentença de provimento da ação consignatória predomina o caráter constitutivo, já que visa extinguir a relação jurídica tributária, mediante a edição de norma individual e concreta que reconhece o cumprimento da obrigação tributária. Contudo, não é demais observar o cunho declaratório que possui, uma vez que se reporta ao fato jurídico da consignação do tributo, que assume as características de verdadeiro pagamento.

Sobre esse ponto é importante destacar que a orientação do Superior Tribunal de Justiça é no sentido de que a sentença da ação de consignação em pagamento tem natureza declaratória:

> *PROCESSO CIVIL. AÇÃO DE CONSIGNAÇÃO EM PAGAMENTO. IMPROCEDÊNCIA. LEVANTAMENTO DO DEPÓSITO PELO AUTOR. DESEMBARAÇO ADUANEIRO. SENTENÇA. DECISÃO INTERLOCUTÓRIA.*
>
> *1. A ação de consignação em pagamento tem cabimento na hipótese em que o devedor, não conseguindo liberar-se de uma dívida, tem de lançar mão do Poder Judiciário para tal. A ação tem, portanto, natureza declaratória, e não constitutiva.*
>
> *2. Há apenas uma hipótese em que a lei processual atribui à sentença proferida na ação de consignação força executiva: quando o Juiz conclui que o depósito é insuficiente, determinando a complementação, na forma do § 2º do art. 899 do Código de Processo Civil.*

3. Ato do juiz que não extingue simultaneamente o procedimento e a relação processual é decisão interlocutória e deve ser impugnada via agravo.

4. Recurso especial improvido.

(REsp 661.959/RJ, Rel. Ministro João Otávio de Noronha, Segunda Turma, julgado em 20/04/2006, DJ 06/06/2006, p. 142).

PROCESSO CIVIL. TRIBUTÁRIO. AÇÃO DE CONSIGNAÇÃO EM PAGAMENTO. NATUREZA E FINALIDADE. UTILIZAÇÃO PARA CONSIGNAR VALOR DE TRIBUTO. POSSIBILIDADE.

1. O depósito em consignação é modo de extinção da obrigação, com força de pagamento, e a correspondente ação consignatória tem por finalidade ver atendido o direito – material – do devedor de liberar-se da obrigação e de obter quitação. Trata-se de ação eminentemente declaratória: declara-se que o depósito oferecido liberou o autor da respectiva obrigação.

2. Com a atual configuração do rito, a ação de consignação pode ter natureza dúplice, já que se presta, em certos casos, a outorgar tutela jurisdicional em favor do réu, a quem assegura não apenas a faculdade de levantar, em caso de insuficiência do depósito, a quantia oferecida, prosseguindo o processo pelas diferenças controvertidas (CPC, art. 899, § 1º), como também a de obter, em seu favor, título executivo pelo valor das referidas diferenças que vierem a ser reconhecidas na sentença (art. 899, § 2º).

3. Como em qualquer outro procedimento, também na ação consignatória o juiz está habilitado a exercer o seu poder-dever jurisdicional de investigar os fatos e aplicar o direito na medida necessária a fazer juízo sobre a existência ou o modo de ser da relação jurídica que lhe é submetida a decisão. Não há empecilho algum, muito pelo contrário, ao exercício, na ação de consignação, do controle de constitucionalidade das normas.

4. Não há qualquer vedação legal a que o contribuinte lance mão da ação consignatória para ver satisfeito o seu direito de pagar corretamente o tributo quando entende que o fisco está exigindo prestação maior que a devida. É possibilidade prevista no art. 164 do Código Tributário Nacional. Ao mencionar que "a consignação só pode versar sobre o crédito que o consignante se propõe a pagar", o § 1º daquele artigo deixa evidenciada a possibilidade de ação consignatória nos casos em que o contribuinte se propõe a pagar valor inferior ao exigido pelo fisco. Com efeito, exigir valor maior equivale a recusar o recebimento do tributo por valor menor.

(REsp 505460/RS, Rel. Ministro Francisco Falcão, Rel. p/ Acórdão Ministro Teori Albino Zavascki, Primeira Turma, julgado em 03/02/2004, DJ 10/05/2004, p. 172).

4.5. Caso a ação de consignação em pagamento seja julgada improcedente seria possível aplicar o art. 899, § 2º do Código de Processo Civil?

Dispõe o mencionado artigo 899, § 2º do CPC que reconhecida, pela sentença, a insuficiência do depósito, deverá o juiz determinar o montante devido, e neste caso ela valerá como título executivo.

Como já apontado no decorrer do presente trabalho, o cálculo do montante do tributo é atividade privativa da administração pública, nos termos e na forma do disposto no artigo 142 do CTN.

Cabendo à lei complementar (e o CTN faz as vezes dessa espécie legislativa) tratar de normas gerais em matéria de direito tributário e entre elas se encontra o lançamento, consoante o artigo 146 da Constituição Federal, há que prevalecer tal permissivo em detrimento da lei ordinária, que é o CPC.

Desta forma, não se aplica às relações jurídicas tributárias o referido dispositivo da lei adjetiva.

MANDADO DE SEGURANÇA PREVENTIVO EM MATÉRIA TRIBUTÁRIA:
Requisitos e Efeitos

Eurico Marcos Diniz de Santi
Paulo Cesar Conrado

1) Processo de positivação do direito tributário

As competências tributárias delineadas na Constituição são o ponto de partida do processo de positivação do direito tributário, tendente à constituição das obrigações tributárias.

Observado o ciclo evolutivo juridicamente idealizado para as referidas obrigações, supor-se-ia, caminhando adiante, o exercício daquelas competências constitucionais, mediante a produção de norma geral e abstrata, denominada *regra-matriz de incidência*, em cujo antecedente encontra-se a lista de notas que um acontecimento precisa ter para ser considerado *fato jurídico tributário* e em cujo consequente vê-se, doutra parte, as notas que uma relação tem de ter para ser considerada *obrigação tributária*.

Avançando mais ainda, agora na direção do plano individual e concreto, encontrar-se-á outra peça essencial do processo de constituição das obrigações tributárias: a norma (individual e concreta) do *lançamento*, em cujo antecedente constará um enunciado protocolar denotativo, obtido pela redução à unidade da classe de notas do antecedente da norma geral e abstrata, e em cujo consequente ter-se-á, por fim, um outro enunciado, também protocolar e denotativo, construído pela redução à unidade da classe de notas do consequente da norma geral e abstrata.

Dando-se mais um passo no aludido processo, supor-se-á, ainda, notificação do contribuinte acerca do lançamento lavrado, ato que esgotaria, em si, a noção de contraditório, tudo de molde a garantir a intersubjetividade da obrigação tributária posta por esse último (o lançamento).

2) Intervenção do contribuinte no processo de positivação do direito tributário: direta (administrativa) ou indireta (jurisdicional)

Registramos, pouco antes que o contribuinte, notificado, tem oportunidade de exercitar o contraditório, opondo-se à pretensão fiscal, com a consequentemente dilatação do processo de positivação do direito tributário, ciclo que, nesse caso (de reação administrativa do contribuinte), ou se fechará com o acolhimento da impugnação, ou, se rejeitada, seguirá.

Paralelamente a tal afirmação, impõe-se reconhecer que a impugnação do lançamento não constitui o único modo de intervenção do contribuinte no ciclo de positivação do direito tributário. Com efeito, ademais desse modo, o sistema garante ao contribuinte a possibilidade de ingressar no aludido processo, mediante posturas ditas *judiciais*, assim entendidas porque, diversamente da impugnação administrativa (que é dirigida à própria Administração), tais posturas interventivas ocorrerão por meio de terceiro sujeito, o Estado-juiz, exercente de função tipicamente *jurisdicional*.

Podemos dizer, assim, que a introdução do contribuinte no ciclo de positivação do direito tributário, quando tendente a veicular oposição à pretensão fiscal, ou ocorrerá (i) de forma direta (via impugnação administrativa), situação que supõe a notificação do lançamento (sendo esse, portanto, o seu momento propício de veiculação), ou ocorrerá (ii) de forma indireta (via judicial).

3) **Caráter obrigatoriamente judicial das intervenções que antecedem a produção da notificação do lançamento (intervenções preventivas)**

É de interesse sublinhar que, nos casos de intervenção indireta do contribuinte (via judicial, reitere-se), não se supõe a mesma rigidez quanto à fixação do tempo de seu exercício, podendo ocorrer, em rigor, antes ou depois da notificação do lançamento – mas sempre preservada a ideia, evidentemente, de que já tenha sido exercitada, pelo menos, a competência tributária.

O que se percebe, por essa descrição, é que o sistema do direito positivo dota o contribuinte de legitimidade para produzir linguagem de resistência perante a própria Administração apenas quando já edificada a norma individual e concreta do lançamento, servindo essa linguagem de resistência, portanto, sempre para reprimir os efeitos advindos de tal norma.

Diversamente, porém, quando o contribuinte pretende produzir linguagem de resistência em face de norma individual e concreta (lançamento) ainda não posta (de caráter preventivo, portanto), o mesmo sistema impõe-lhe a adoção da via judicial.

A esse modo de intervenção (judicial), relembre-se, atribuímos o predicado *indireto*, porquanto, nesse campo, não se estabelecerá canal de linguagem linear entre contribuinte e Administração, senão um peculiar modo comunicacional, de composição angular: o contribuinte apresenta sua resistência à pretensão fiscal iminente (assim entendida, aquela ainda não corporificada em norma individual e concreta, mas que se apresenta desde sempre possível, dada a existência de norma geral e abstrata – regra matriz de incidência – no sistema) ao

Estado-juiz (e não à própria Administração), que, por sua vez, noticia a existência de tal pretensão à Administração, para ao final decidir qual versão deve ser observada *in concreto*, se a do contribuinte ou a do fisco.

4) Intervenção preventiva: jurisdição geral (ação declaratória de inexistência de relação jurídico-tributária) e jurisdição especial (mandado de segurança preventivo)

O contribuinte que pretender introduzir-se no processo de positivação do direito tributário antes da edificação da respectiva norma individual e concreta, deverá observar, já o dissemos, o caminho jurisdicional.

Sem prejuízo dessa unidade de conduta, cumpre salientar que a via jurisdicional não se assenta, na realidade do ordenamento brasileiro, numa única possibilidade.

De fato, duas serão, de ordinário, as veredas que poderão ser adotadas pelo contribuinte, ambas garantindo o mesmo resultado (tal seja, a intervenção preventiva do contribuinte no processo de positivação do direito tributário): (i) uma de caráter especial, vinculada ao preenchimento de requisitos igualmente específicos, e aplicável, portanto, apenas às situações recobertas por esse nível de especificidade; e (ii) uma de índole geral, vinculada, agora, ao preenchimento de requisitos genéricos, e aplicável, ao final, a todos os casos que não se acomodem à especificidade da via especial.

A via especial a que nos referimos é preenchida pelo conceito de mandado de segurança (modo de invocação da jurisdição especificamente descrito no art. 5º, inciso LXIX, da Constituição Federal), ação que assume o já mencionado caráter preventivo quando visa atacar ato de autoridade pública (o lançamento) iminente. A via geral, a seu turno, constitui-se pelas denominadas ações declaratórias de inexistência de relação jurídico-tributária (modo de invocação da jurisdição que se prende à ideia genérica do art. 5º, inciso XXXV, da Constituição Federal, veículo prescritor da assim chamada *jurisdição universal*).

5) Mandado de segurança preventivo como específico meio de intervenção do contribuinte no processo de positivação do direito tributário

Sem prejuízo da noção de jurisdição universal (delineada, repise-se, no art. 5º, inciso XXXV, da Constituição Federal), a ordem constitucional garante ao contribuinte, segundo aludido, um outro meio de interferir, preventivamente, no processo de positivação do direito tributário, meio esse reputado especial uma vez revestido de condições igualmente especiais: falamos do mandado de segurança, constitucionalmente catalogado no mesmo dispositivo que enuncia o direito de ação universal (art. 5º), agora, porém, em seu inciso LXIX, onde se encontram inscritas as duas fundamentais condições que permeiam essa ação especial: (i) a existência (consolidada ou iminente) de ato de autoridade pública e (ii) o direito líquido e certo.

6) Condições da ação de mandado de segurança

Estabelecido (i) que o mandado de segurança encerra um meio especial de intervenção do contribuinte no processo de positivação do direito tributário, bem assim (ii) que os fatores que fazem *especial* essa ação, retirando-a da vala comum das ações fundadas no art. 5º, inciso XXXV, da Constituição Federal, são as sobreditas condições –ato de autoridade pública e direito líquido e certo – impende investir, já de logo, na definição dessas específicas condições, observando-as do ponto de vista da preventividade.

6.1) Ato de autoridade pública

O conceito de ato de autoridade pública é definido em função dos atributos que o direito confere aos atos que o agente público pratica, fundamentalmente o atributo da *especial* presunção de legalidade.

Nos atos de autoridade pública, com efeito, a presunção de legalidade implica a presunção de correção de seu processo de produção (procedimento)[1] e justamente nesse sentido que se coloca o objetivo do mandado de segurança: cortar a *especial* presunção de legalidade que é atributo exclusivo dos atos de autoridade pública, desqualificando sua legalidade e requalificando-o como ato coator.

Admita-se, porém, que, (i) sendo referida presunção atributo exclusivo dos atos de autoridade pública, e (ii) tendo o mandado de segurança o objetivo de cortar essa *especial* presunção de legalidade, a única conclusão que se poderia tirar é que o ato de autoridade pública constitui verdadeiro pressuposto do mandado de segurança, funcionando, noutro dizer, como elementar para sua utilização: à falta de ato de autoridade, descabido uso da via jurisdicional especial, o que nos levaria, em tese, para a via geral do já referido art. 5º, inciso XXXV, da Constituição Federal.

É de interesse notar, porém, que o ato de autoridade pública de que falamos pode ou não estar assentado na linguagem pelo sistema prevista; pode, em suma, já ter sido produzido ou não. Eis o assento para a ideia, já sinalizada, de mandado de segurança preventivo.

Em matéria tributária, sendo o lançamento o ato de autoridade pública que se busca afastar pela via do mandado de segurança, possível supor hipóteses em que, mesmo não tendo sido ainda lavrado (o lançamento), sua veiculação apresentar-se-á iminente, bastando, para tanto, que exista no sistema enunciados prescritivos suficientes para a construção da regra-matriz de incidência e, consequentemente, da correspondente norma individual e concreta (o próprio lançamento). E assim é porque, sendo produto do exercício de atividade administrativa

---

1. Diversamente, a correção da forma (procedimento de produção) dos atos em direito privado é que implica sua presunção de legalidade (assim ocorre nos contratos de direito privado em geral). Em direito público, a presunção de legalidade decorre dos respectivos atos serem produzidos por autoridade pública; em direito privado, da forma de sua produção: *o ato por ser de autoridade pública pressupõe em si o cumprimento da forma*.

(vinculada, portanto, e não discricionária; obrigatória, e não facultativa), o ato da autoridade lançadora revelar-se-á, para o mundo jurídico, como um elemento presumivelmente inevitável.

Nesse sentido, o ato de autoridade pública, requisito indispensável à caracterização do direito de ação especial de mandado de segurança, deve ser entendido, quando presente a ideia de preventividade, como *viabilidade de ato de autoridade pública*, condição que se apura, ressalte-se, pela presença no sistema de enunciados prescritivos suficientes à formulação da regra-matriz de incidência (norma geral e abstrata tributária) e do correspondente lançamento (norma individual e concreta tributária).

6.2) Direito líquido e certo

Liquidez e certeza é expressão que apresenta, em seu uso no direito, uma série de prismas significativos, variando seu sentido em função do objeto que qualifica. Assim temos: (i) liquidez e certeza do crédito tributário, *ex vi* do art. 170 do Código Tributário Nacional; (ii) liquidez e certeza do crédito tributário mediante inscrição em Dívida Ativa, *ex vi* do art. 2º, § 3º, da Lei n. 6.830/80; (iii) liquidez e certeza da inscrição em Dívida Ativa, *ex vi* do art. 3º, *caput*, da Lei n. 6.830/80; e (iv) liquidez e certeza do direito em mandado de segurança, *ex vi* do art. 5º, inciso LXIX, da Constituição Federal de 1988.

Note-se que tais acepções encontram uso em momentos diversos do processo de positivação do direito tributário: depois do ato inicial de formalização do crédito, acepção (i); no processo de inscrição da dívida ativa, acepção (ii); depois desse processo, representando o produto da Certidão de Dívida Ativa, acepção (iii) e antes da incidência jurídica[2], ou depois do lançamento, ou durante o processo de inscrição em Dívida

---

2. Cf. Paulo de Barros Carvalho, *Direito tributário: fundamentos jurídicos da incidência*, São Paulo: Saraiva, 2000, p. 7-14.

Ativa, ou depois desse processo, atacando vários atos de possível ilegalidade, na acepção (iv).

Ao que se vê, portanto, a pluralidade significativa do seguimento linguístico *liquidez e certeza* decorre, de ordinário, da mutação do objeto, no processo de causalidade do direito, que esse predicativo busca qualificar.

Em mandado de segurança, porém, o objeto da *liquidez e certeza* não retrata apenas uma etapa da constituição da relação jurídico-tributária, espraiando-se, antes disso, por todo o processo de positivação: onde houver ato ou possibilidade de ato de autoridade pública (observada a noção de preventividade antes delineada), o Estado-juiz exercerá o controle da presunção que recobre o ato (praticado ou iminente).

Em suma: enquanto as acepções (i), (ii) e (iii) referem-se a níveis de constituição e exigibilidade da relação jurídico-tributária, a acepção (iv), muito mais metafórica, refere-se à condição específica para o exercício da jurisdição tendente a controlar e expurgar do sistema norma jurídica individual e concreta (ato de autoridade) qualificada com especial presunção de legalidade.

A especificidade dessa condição mostra-se clara a partir do confronto dos já mencionados incisos XXXV e LXIX do art. 5º da Constituição Federal; leia-se:

> "*a lei não excluirá da apreciação do poder judiciário lesão ou ameaça a direito*" (inciso XXXV)
>
> "*conceder-se-á mandado de segurança para proteger direito líquido e certo, não aparado por habeas corpus ou habeas data, quando o responsável pela ilegalidade ou abuso do poder for autoridade pública ou agente de pessoa jurídica no exercício de atribuições do poder público*" (inciso LXIX)

Dois níveis há, segundo se vê, de delimitação da atividade jurisdicional: (i) no primeiro dispositivo, a proteção do Poder Judiciário cuida de *lesão ou ameaça a direito*; (ii) no segundo, de lesão ou ameaça a *direito líquido e certo*.

A diferença específica da tutela do mandado de segurança situa-se, portanto, não só no conceito de ato de autoridade pública, mas também na ideia de *liquidez e certeza*.

Segundo já assentamos, com efeito, o princípio da universalidade da jurisdição labora com a ideia genérica de proteção a direitos, independentemente de seu grau de liquidez e certeza. Contudo, quando se fala em liquidez e certeza no mandado de segurança, o direito refere qualidade pré-processual: não se trata de liquidez e certeza produzidas no curso do processo judicial, mas de liquidez e certeza pré-constituídas, articuladas pelo impetrante na petição inicial do mandado de segurança.[3]

Na expressão *direito líquido e certo* para fins de mandado de segurança, o que se tira, portanto, é que o predicativo *líquido e certo* não se aplica imediatamente a ideia de direito, mas aos fundamentos fácticos e jurídicos que sustentam o exercício dessa especial forma de jurisdição: *liquidez e certeza*, neste sentido, é a tessitura do argumento jurídico, articulada na inicial do mandado de segurança, se necessário com a prova dos fatos que o justificam, tendente a qualificar o direito que se pleiteia.

Nos casos de mandado de segurança preventivo em matéria tributária é claro que, à míngua de ato de autoridade já praticado, o aspecto fáctico da lide revelar-se-á, de ordinário, amesquinhado, tudo porque não falaremos, nesses casos, em ato, mas possibilidade de ato, ideia que, consoante afirmado, decorre da presença, no sistema de tantos enunciados prescritivos quantos forem necessários à construção da regra-matriz de incidência e do correspondente lançamento. Se assim é, o direito líquido e certo prender-se-á, no mais das vezes, à prova unicamente da condição de potencial contribuinte que haverá

---

[3]. Em decorrência dessa peculiar *liquidez e certeza*, aliás, é que o procedimento do mandado de segurança, diversamente das ações fundadas no art. 5º, inciso XXXV, da Constituição Federal, não prevê a possibilidade de produção incidental de provas.

de recobrir o impetrante: se o ato de autoridade que se supõe iminente diz, por exemplo, com o lançamento de tributo que incide sobre atividade comercial, o fato cuja demonstração se exigirá de plano, para fins de caracterização do direito líquido e certo, dirá justamente com o exercício de tal atividade.

7) Mérito da ação de mandado de segurança preventivo em matéria tributária

Diversamente das ações comuns, o mandado de segurança ataca objetivamente o ato normativo da autoridade pública, relativizando sua presunção de legalidade: esse, precisamente, o seu mérito – definir a subsistência ou não da presunção de legalidade do ato normativo da autoridade.

Estivéssemos ocupados dos casos de mandado de segurança repressivo, cujo suposto é a consumação do ato de autoridade pública, referida regra não demandaria acréscimos quaisquer, restringindo-se o mandado de segurança à definição da manutenção da decantada presunção.

Ocorre, todavia, que as hipóteses de mandado de segurança preventivo transcendem tal afirmação.

É que, tomando como referência a iminência de ato de autoridade, o mandado de segurança preventivo implica, quando julgado procedente, a emissão de norma individual e concreta que, se não anula o ato (uma vez ainda não praticado), impede sua realização, funcionando, assim, como verdadeira regra de proibição, de caráter flagrantemente declaratório, portanto.

Em outro dizer: ao julgar procedente o mandado de segurança preventivo, o Estado-juiz, afasta a presunção de legalidade que permearia todo e qualquer ato que viesse a ser praticado pela autoridade pública, proibindo-a, por via oblíqua, de fazê-lo.

Nesse aspecto, destarte, assemelha-se o mandado de segurança à outra via de ação preventiva que o contribuinte tem a seu dispor – a ação declaratória –, sem que se possa dizer, de todo modo, que seus efeitos são idênticos, dada presença, no mandado de segurança, do *plus* da mandamentabilidade, efeito adicional que decorre justamente dos pressupostos específicos dessa ação (ato de autoridade e direito líquido e certo).

Com efeito, porque supõe aquelas condições, o mandado de segurança preventivo não se limita, como as declaratórias em geral, a veicular regra de proibição, implicando, adicionalmente, um comando canalizado à autoridade responsável pela prática do ato iminente, tudo de molde a dotar a sentença que nele (mandado de segurança) se produz de eficácia nitidamente superior: o efeito declaratório se perfaz em mandamento diretamente endereçado à autoridade pública; é o poder (jurisdicional) limitando, de forma direta, o poder (administrativo); ao poder, ainda não exercitado, de emitir atos com especial presunção de legalidade interpõe-se o poder de desqualificar, preventivamente, tais atos, impingindo-lhes o predicativo de *coator*: esse o resultado da ação de mandado de segurança na sua via preventiva.

TUTELA JURISDICIONAL DIFERENÇADA (CAUTELAR E SATISFATIVA) EM MATÉRIA TRIBUTÁRIA

Paulo Cesar Conrado

1. Conceitos fundamentais: jurisdição, ação, processo, procedimento e tutela jurisdicional

Jurisdição é dever estatal, predominantemente cometido ao Poder Judiciário, que objetiva a composição de conflitos de interesses. Sendo dever, supõe a contrapartida de um direito, de molde a preservar a equação segundo a qual a todo dever corresponde um direito: ao direito em foco – contraface do dever jurisdicional – dá-se o nome de ação.

Por força de sua raiz constitucional (art. 5º, inciso XXXV), o direito de ação é tomado de feição eminentemente abstrata, não se efetivando no plano da concretude, senão quando um dos sujeitos de direito envolvidos no conflito que se quer compor provoca o Estado-juiz – titular, como dito, do dever de prestar a jurisdição.

E assim é porque, sendo *inerte*[1], o Estado-juiz não age salvo quando provocado – repise-se, nesse ponto, que a função jurisdicional, tendente que é à composição de conflitos de

---
1. Nos termos dos arts. 2º e 262 do Código de Processo Civil.

interesses, tem como premissa um fator essencialmente negativo, um verdadeiro desvalor (a afirmação de um conflito de interesses), cuja pressuposição, por força de regra geral, é vedada; daí, precisamente, a razão pela qual o exercício da função jurisdicional encontra-se condicionado a uma atuação de caráter provocativo, tendente a constituir uma situação que é insusceptível de ser presumida, vale dizer, o estado de conflituosidade.[2]

Tal provocação submete-se, no sistema do direito processual não-penal brasileiro[3], a uma série de prescrições, todas tendentes a conformar referido ato a um modelo, especificamente denominado *petição inicial*, instrumento que demanda, em regra geral, o cumprimento dos arts. 39, 282, 283 e 295, parágrafo único, todos do Código de Processo Civil – é interessante observar que a opção firmada pelo direito positivo nacional (no sentido de condicionar a regularidade da petição inicial à observância de um detalhado arquétipo formal) não se afigura presente em relação à generalidade dos atos processuais praticados pelas partes, aprisionando-se, com foros de exclusividade, àquele específico ato (a petição inicial).

Petição inicial, guardada tal observação, acaba se revelando, conceptualmente, como um modelo de ato processual (aspecto formal, revelado, repita-se, nos arts. 39, 282, 283 e 295, parágrafo único, do Código de Processo Civil), cuja função é instrumentalizar o exercício do direito de ação, retirando o Estado-juiz de sua posição de inércia (aspecto finalístico).

---

2. Ademais disso, não custa realçar que a posição de inércia do Estado-juiz assegura-lhe equidistância, instrumento essencial para o cumprimento de sua missão, sendo essa um'outra razão que dá assento àquela ideia – de inércia.
3. Usamos essa expressão – "direito processual não-penal" – na tentativa de redefinir o conceito convencional de "direito processual civil", ramificação didática do direito que, consoante sabido, espraia efeitos em relação a todos os domínios do direito material, exceção apenas ao penal. Daí a expressão proposta ("direito processual não-penal"), nitidamente marcada por uma visão de exclusão, cuja maior virtude, assim nos parece, é afastar a associação que usualmente se faz, quase automaticamente, do "direito processual civil" com o "direito civil".

Nessa linha, desponta, tal ato, como condição necessária ao exercício do direito de ação (e, consequentemente, do correlato dever jurisdicional), desde que preenchido, evidentemente, o aspecto formal que lhe é próprio.

Paralelamente a isso, todavia, é de se destacar que esse mesmo ato não se apresenta como condição suficiente para o exercício daquele direito/dever (ação/jurisdição): é que o direito de ação, estando conectado ao dever estatal de prestar jurisdição (ou seja, com o dever do Estado de proporcionar, mediante específicos atos, a solução dos conflitos de interesses que lhe são postos), não se esgotaria apenas com a apresentação da petição inicial, muito embora esse expediente represente, reitere-se, condição necessária de tanto.

Nesse sentido, é de se entender exercitado o direito de ação à medida que cumprido o dever de prestar jurisdição, circunstância cuja verificação fica sempre na dependência de uma série de atos que transcendem a petição inicial, todos lógica e cronologicamente distribuídos segundo um'ordem pré-estabelecida, normalmente designada de procedimento ou de rito. Todos esses atos – a petição inicial e os que a sucedem, até que se chegue ao ato-fim –, somados e sintetizados, é que implicarão o conceito (íntegro) de processo, entidade de caráter necessariamente complexo, justamente porque resultante da conjugação dessa série de atos.

Por isso mesmo, processo pode ser definido como tipo específico de relação jurídica, tendente à instrumentalização e constituição do direito de ação e, consequentemente, do dever jurisdicional, relação essa que se apresenta pela síntese de uma série de atos, sendo o primeiro deles a petição inicial (condição necessária à constituição do processo) e o último o ato estatal capaz de resolver, por presunção, o conflito de interesses posto (exata e precisamente o fim colimado pela jurisdição e assim por seu instrumento, o processo).

A esse ato-fim do processo é que se dá o nome, de ordinário, de *tutela jurisdicional*, veículo que instrumentaliza o cumprimento do dever de prestar a jurisdição e que reconhece, por via de consequência, a existência do direito de ação.

2. A tutela jurisdicional como critério de classificação do processo

Por tudo quanto exposto no item anterior, viável dizer que todo processo não-penal iniciar-se-ia com petição inicial e terminaria com o precitado ato estatal de tutela (jurisdicional).

Talvez por sua natureza complexa – como entidade resultante da somatória/síntese de uma série de atos –, o processo permitiria análise classificatória sob variados prismas, expediente que se vê anotado, aliás, nos textos da Ciência do Direito que se dedicam a esse específico ramo do direito positivo.

De todo modo, dentre os diversos modos de classificação desde antes apregoados pela doutrina, um há que se nos afigura merecedor de destaque, ao menos em vista das intenções metodológicas que nos movem, uma vez fundado na noção de tutela jurisdicional, sendo ela mesma (a tutela jurisdicional) o critério que governaria esse modo de classificação.

Nessa senda, reconheceríamos, no corpo do subsistema do direito processual não-penal brasileiro (fundamentalmente encarnado no Código de Processo Civil), três formas de tutela jurisdicional (e, consequentemente, três tipos processuais): (i) a sentença de mérito,[4] (ii) o ato executivo e (iii) a sentença cautelar, estando cada uma dessas modalidades tratada, pela ordem, nos Livros I, II e III do precitado diploma legislativo. Falaremos, observada essa mesma sequência, em processo de conhecimento (aquele que implica tutela jurisdicional sob a forma de sentença de mérito), de execução (aquele que implica, a seu turno, tutela jurisdicional sob a forma de ato executivo) e cautelar (aquele que implica, por fim, tutela jurisdicional sob a forma de sentença cautelar).

Note-se que o critério que norteia esse modo de classificação (objeto de explícita adoção pelo direito positivo) diz exatamente com a forma pela qual se exterioriza a tutela jurisdicional a ser prestada pelo Estado, sendo irrelevante, de ordinário, o seu conteúdo.

---

4. Entendido o vocábulo mérito como sinônimo da expressão *direito material*.

Dada a noção de inércia da qual falamos alhures, é imperativo admitir, evidentemente, que essa forma de exteriorização da tutela jurisdicional encontra-se alojada, desde sempre, no seio da petição inicial, constituindo-se como um de seus elementos integrativos (art. 282, inciso IV, do Código de Processo Civil). Quer isso significar que o veículo de que se valerá o Estado-juiz para exteriorizar a tutela jurisdicional, produzindo o ato-fim do processo, não deve ser outro senão aquele que foi requerido pela parte autora, nos limites de sua petição inicial.[5] Por isso mesmo, reconhecer que a tutela jurisdicional é critério de classificação do processo é tal como reconhecer no pedido (especificamente, o imediato) idêntica potência – tudo porque a tutela jurisdicional a ser dada (ou denegada) pelo Estado haverá de ser, em regra, a que fora pelo autor requerida.

3. O procedimento como forma acessória de classificação do processo

Paralelamente à tutela jurisdicional, podemos reconhecer no procedimento um segundo critério para classificação do processo.

Seguindo a trilha que nos leva a ess'outra possibilidade classificatória, cumpre lembrar que entre um e outro dos atos terminais do processo (petição inicial e tutela jurisdicional, respectivamente) uma série de outros tantos há, que chamaríamos, genericamente, de "atos internos".

Embora pudéssemos dizer que todos esses elementos (petição inicial, tutela jurisdicional e "atos internos") encontram-se debaixo de um mesmo conceito, cumprindo o papel genérico de ato(mo)s processuais, impende registrar pelo menos uma das diferenças que os permeia, justamente aquela que nos permite isolar, de um lado, petição inicial e tutela jurisdicional, como "atos terminais" (termos inicial e final, respectivamente) dos

---

[5]. Essa, precisamente, a noção que deve ter de pedido imediato (sobre tanto, já escrevemos em *Introdução à teoria geral do processo civil*, 2. ed., Max Limonad: São Paulo, 2003, p. 167).

demais atos, os tais "internos": falamos do binômio constância *versus* variabilidade. De fato, se é possível dizer que processo não-penal é entidade complexa que se inicia, sempre, por meio de petição inicial e termina, também sempre, com a produção da tutela jurisdicional, o mesmo não é dado afirmar sobre seus "atos internos". Por isso, os primeiros (petição inicial e tutela jurisdicional) seriam atos processuais constantes – e, ainda por isso, seriam eles passíveis de prévia identificação –, ao passo que os outros, os "internos", variáveis – e, justamente por variáveis, quedariam indefinidos, insusceptíveis de prévia identificação.[6]

Pois é exatamente daí que deriva ess'outro modo de classificação do processo, segundo o qual teríamos tantos tipos processuais quantos forem as possibilidades procedimentais.

É bem de ver, todavia, que essa outra maneira de focar o processo ostenta viés nitidamente acessório, uma vez aplicável se e quando esgotada a forma de classificação antes enfrentada (a que parte do tipo de tutela jurisdicional). E assim é porquanto os procedimentos previstos no direito positivo encontram-se jungidos às categorias processuais que aquele mesmo sistema reconhece. Nessa linha, teríamos, então, (i) procedimentos que se afinam à ideia de processo de conhecimento; (ii) procedimentos próprios do processo de execução; e (iii) procedimentos pertinentes ao processo cautelar, numa relação de correspondência que se afigura de todo compreensível, uma vez que (i) se os "atos internos" do processo promovem a ligação dos "atos terminais", permitindo a estruturação da cadeia processual completa, desde a petição inicial até a tutela jurisdicional (*premissa a*); (ii) se é pelas regras de procedimento que os aludidos "atos internos" são praticados (*premissa b*); (iii) se o direito positivo prevê procedimentos que cambiam de acordo com o tipo de tutela jurisdicional que se pretende obter (*premissa c*), é porque, para cada fim (tutela jurisdicional), há um trajeto (pro-

---

6. O que não quer significar, todavia, que o direito positivo deixou solta a questão da produção desses "atos internos", delimitando-a, antes disso, através das regras de procedimento.

cedimento) mais apropriado, determinado no mais das vezes de forma absoluta pelo direito positivo (*conclusão*).[7]

4. Classificação do processo: síntese

Ao final, da conjugação dos dois critérios adrede apontados (o principal, tipo de tutela jurisdicional, e o acessório, tipo de procedimento), possível reescrever, sinteticamente, as classes processuais, fazendo-se-o da seguinte forma:

Tipos Processuais			
segundo o tipo de tutela jurisdicional (critério principal)	**segundo o procedimento** (critério acessório)		
processo de conhecimento (tutela: sentença de mérito)	de procedimento comum	ordinário	
^	^	sumário	
^	de procedimento especial		
processo de execução (tutela: atos executivos)	de procedimento comum		
^	de procedimento especial		
processo cautelar (tutela: sentença cautelar)	de procedimento comum		
^	de procedimento especial		

---

7. Assim, por exemplo, o fato de a tutela cognitiva subordinar-se a procedimentos especificamente previstos no Livro IV do Código de Processo Civil, ou, quando inaplicáveis esses, ao procedimento dos arts. 275 e seguintes daquele mesmo diploma, ou, quando inaplicável esse, ao procedimento ordinário: cada uma dessas formas procedimentais é aplicada aos respectivos casos, tendo a lei traçado suas opções por supor que o "caminho" por si concebido seria o melhor, o mais adequado para o atingimento da finalidade do processo, a saber, tal ou qual tutela jurisdicional. É exatamente essa suposição legal que afirmamos absoluta.

5. O processo tributário e a respectiva tutela jurisdicional: operando com um terceiro nível de classificação

Fixada a premissa segundo a qual o processo tende à produção de um ato estatal (norma individual e concreta) hábil a proporcionar, por presunção, a solução de conflito de interesses incidente sobre uma dada relação jurídica de direito material, intuitivo convir que o conteúdo desse mesmo ato (de tutela jurisdicional) será, de ordinário, o próprio direito material controvertido.

Surge, com isso, um'outra forma de classificação de processo: justamente a que nos permitirá falar de *processo tributário* e das respectivas tutelas (igualmente *tributárias*).

Com efeito, ademais da classificação geral apontada nos itens anteriores, é possível (e didaticamente recomendável) visualizar, dentro do subcampo do direito processual civil (ou não-penal, consoante nomenclatura que sugerimos pouco antes), distintas modalidades de processo, fazendo-se-o a partir da natureza do direito material que constitui seu pano de fundo.

Nesse sentido, para falar em processo tributário, ter-se-ia que supor, no núcleo da respectiva tutela jurisdicional, referência a uma relação jurídica de direito material daquele jaez, tributária.

Usando outro falar, devemos afirmar que o núcleo objetivo do processo e da tutela jurisdicional que se pretendam tributários, sem prejuízo de seu revestimento processual, transcenderia os muros do processo, atingindo uma relação jurídico-tributária em sentido estrito (usualmente designada obrigação tributária) já constituída pelos mecanismos de linguagem hábeis (lançamento ou autolançamento) ou em vias de sê-lo.

Combinando-se essa noção classificatória com as observações lançadas nos itens anteriores, impor-se-ia a conclusão, então e ao final, de que, muito embora a forma da tutela jurisdicional tributária cambie de acordo com o tipo de processo de que se esteja falando (para processos de conhecimento, sentença de mérito, para processos de execução, ato executivo, para processos cautelares, sentença cautelar), o seu conteúdo seria, em contrapartida, sempre o mesmo: a relação jurídico-tributária em sentido estrito, circunstância que garante, aliás, a definição, em si, do processo como tributário.[8]

Observados os limites daquilo que julgamos ser manifestação tributária no seu sentido puro, de se asseverar, destarte, que: (i) se o fim de todo processo (e também assim o tributário) é a prestação da tutela jurisdicional (*premissa a*); (ii) se a tutela jurisdicional, a par de suas variadas formas, hospeda, em seu conteúdo, o direito material controvertido (*premissa b*); (iii) se o processo se compreende como tributário à medida que diz respeito a uma dada obrigação tributária em sentido estrito (premissa *c*), ela, a obrigação tributária em sentido estrito, constituiria o próprio fim da tutela jurisdicional tributária (*conclusão*).

Com isso, teríamos formada a primeira imagem de possível delineamento a respeito daquela específica entidade, a tutela jurisdicional tributária, definindo-se-a como ato estatal que exterioriza o cumprimento do dever de prestar jurisdição (e, consequentemente, do direito de ação), compondo conflito de interesses havido em relação a uma obrigação tributária (seu conteúdo, o teor daquela espécie de tutela), tomados, para tanto e em princípio, um dos três veículos de manifestação da jurisdição.

6. Tutela jurisdicional tributária comum e diferençada: critérios para sua identificação

Conquanto posto sem maiores ressalvas, é preciso destacar, nesse ensejo, que o conceito de tutela jurisdicional tributária

---

8. Note-se, aqui, que recusamos a possibilidade de se classificar como tributário, em nosso modelo, o processo cujo conteúdo material não diga respeito à obrigação tributária em sentido estrito, ou seja, aquela que tem como objeto a prestação pecuniária a que alude o art. 3º do Código Tributário Nacional. Com isso, afastamos, por exemplo, as hipóteses que dizem respeito, por exemplo, a deveres instrumentais, propriamente envoltos, em nosso sentir, pelo manto do Direito Administrativo.

que produzimos ao cabo do item anterior acomodar-se-á, em sua inteireza, unicamente aos conceitos de processo (tributário) de conhecimento e de execução – por isso mesmo, dissemos, repise-se, que a tutela jurisdicional tributária se exteriorizaria, *"em princípio"*, por um dos três veículos mencionados no item 2 (sentença de mérito, ato executivo e sentença cautelar).

Com efeito, a ideia de uma tutela jurisdicional tributária, como tal definida por força de sua conexão direta com uma obrigação tributária (sempre no intento de compor o conflito de interesses instalado no seio de tal relação jurídica), não é condizente com todas as formas antes manifestadas, senão apenas com as tutelas cognitivas e executivas, excluindo-se de seu alcance, portanto, as tutelas cautelares.

É que, diversamente do que se propôs no conceito geral de tutela jurisdicional, a cautelar (e assim a especificamente tributária) não ostenta a precitada conexão direta com o direito material correlato (obrigação tributária), abstendo-se, consequentemente, o intento de compor definitivamente o conflito de interesses instalado.

Mas não é só!

Não bastasse, com efeito, a advertência já deduzida – segundo a qual a tutela tributária cautelar não se acomodaria ao conceito geral de tutela jurisdicional –, é de se registrar a existência, no sistema do direito positivo brasileiro, de outra forma de tutela jurisdicional que, na linha da tutela cautelar, não se subsume àquele conceito (de tutela jurisdicional especificamente tributária), forma essa não mencionada no quadro geral que organizamos linhas antes e que recebe, de ordinário, o atributo identificador da *satisfatividade*.

Fica claro, com isso, que essas situações a que nos referimos (das tutelas cautelares e satisfativas) estão bem longe da noção primeira que formamos a respeito do que vem a ser jurisdição, uma vez que o exercício de tal atividade estaria atrelado, por pressuposto, ao mister estatal de compor conflitos de interesses verificados no seio de relações jurídicas de direito material. Estranhamentos à parte, porém, o que é preciso realçar, nesse específico estágio de reflexão, é que o sistema do direito positivo nacional, ao prever tutelas que transcendem a regra geral, não exclui essa última, mas sim a ratifica. É que essas tutelas, conquanto materialmente precárias (uma vez incapazes de resolver o direito material – tributário – de forma definitiva), atrelam-se, de ordinário, a processos em que se pretende a tutela jurisdicional propriamente dita (de conhecimento e execução), servindo, no mais das vezes, como um instrumento de manutenção de sua eficácia.

Seguindo esse rumo, é de se entender aberta a trilha que nos levará aos conceitos de tutela jurisdicional (tributária) *comum* e *diferençada*, dizendo-se integrantes do primeiro rol as tutelas cognitiva e executiva (precisamente por acatarem o conceito com o qual finalizamos o item anterior), e, da segunda classe, as tutelas cautelar e satisfativa, em relação às quais o decantado conceito (geral) de tutela jurisdicional tributária não é de aplicação viável.

De um modo mais detalhado, podemos afirmar, ao final, que *comum* é a tutela em cujo conteúdo se identifica direta referência ao direito material controvertido, estando habilitada a compor definitivamente o conflito que perturba esse mesmo direito (material) – é o que ocorre, justamente, nos processos de conhecimento e de execução: (i) se, por meio do primeiro, o Estado-juiz "diz o direito material tributário" (partindo dos fatos sociais que foram reconstruídos, no processo, por meio da linguagem das provas), (ii) no processo de execução, o Estado-juiz parte do "direito material tributário já dito", reconhecendo que a obrigação (tributária ou sua anversa) já se encontra "dita" (reconhece, em outros termos, o título executivo como tal) e "dizendo", agora, que esse mesmo direito material deve ser concretizado, no mundo dos fatos, de tal ou qual forma. Pois é exatamente nesse "dizer" diretamente o direito material (obrigação tributária), seja para reconhecê-lo, seja para realizá-lo, que têm domicílio, em suma, os critérios passíveis de caracterizar como *comum* a tutela produzida naqueles processos isolando-se tais tutelas, consequentemente, das *diferençadas*, tudo de tal forma que, em reescritura reduzida, poderíamos reafirmar que a tutela jurisdicional tributária convencional (comum) é aquela que, "dizendo" o direito material, estaria habilitada a compor definitivamente a respectiva relação jurídica (a obrigação tributária).

7. Tutela jurisdicional diferençada: espécies

Fixadas as noções traçadas no tópico antecedente, dedicaremo-nos, agora sim, ao aprofundamento do exame das denominadas tutelas diferençadas, avançando, ao depois, na direção das especificamente tributárias.

Recorde-se, nesse sentido e já de logo, que, a par da regra geral que supõe a conexão entre as ideias de tutela jurisdicional e direito material (o segundo constituindo o conteúdo da primeira, sempre na busca da definitiva solução do conflito de interesses aparelhado), situações há em que o Estado-juiz será chamado a emitir tutela jurisdicional desvestida daquelas características, (i) ou porque não-marcadas, em seu núcleo, por uma referência direta ao direito material, (ii) ou porque, ainda que existente tal conexão, afastada estará a possibilidade de incidência do fenômeno da coisa julgada material – nesses casos, assim como nos primeiros, afastada a noção de coisa julgada material, afastada restará, por consequência, a eficácia a que aludem os arts. 467 e 468 do Código de Processo Civil, o que compromete, ao final, a vocação natural da tutela jurisdicional, tal seja, de invadir o percurso narrativo do direito material, resolvendo os conflitos nele surgidos.

Nesses casos, evidentemente, a tutela jurisdicional não será suficiente para atender aos objetivos do processo, sendo inviável falar, aqui, em construção de norma individual e concreta presumivelmente capaz de resolver, de modo definitivo, o conflito existente no bojo de uma dada relação jurídica de direito material. Isso porque tal meta suporia aqueles dois predicados: (i) referência direta à relação jurídica de direito material (obrigação tributária) cujo conflito se quer eliminar e (ii) presença da coisa julgada material (ou mecanismo preclusivo correlato), só podendo ser atingida, então, pela classe das tutelas jurisdicionais que vínhamos chamando de comuns.

Sendo dois, portanto, os elementos constitutivos da ideia de *tutela jurisdicional comum*, duas serão, em princípio, as possibilidades lógicas de *tutela jurisdicional diferençada*: (i) uma na qual, conquanto presente o primeiro daqueles elementos (referência direta ao direito material), ausente estaria, em contrapartida, a ideia de coisa julgada material, e (i) outra em que, inexistente o precitado nexo direto entre o pronunciamento judicial e o direito material controvertido, comprometida restaria, também e por via de consequência, a possibilidade de se experimentar os efeitos da coisa julgada material.

Do ponto de vista da realidade do direito positivo brasileiro, é interessante notar a eficiência desse modo de especificação das tutelas jurisdicionais diferençadas, uma vez presente, em tal sistema, as duas hipóteses: (i) as primeiras (em que há manifestação direta acerca do direito material *in concreto* debatido, embora ausente a ideia de coisa julgada material) recebem, de ordinário, o já mencionado predicado da *satisfatividade*; falaríamos, então, das denominadas *tutelas satisfativas*, qualificativo que se nos afigura até certo ponto bastante apropriado, à medida que, nessas formas de atuação jurisdicional, há, consoante afirmado, manifestação direta do Estado-juiz acerca da relação jurídica de direito material, muito embora ausente a ideia de coisa julgada material (aí, precisamente, a razão de ser desse atributo, a *satisfatividade*, empregado para designar situações em que, embora não esgotada a atividade jurisdicional em sua plenitude, já há um nível de atuação tal do Estado-juiz que permite ao titular da pretensão dizer-se *materialmente satisfeito*)[9].; e (ii) as segundas (em que não há

---

9. Não é demasiado lembrar, de todo modo, que esses tipos de tutela jurisdicional, por não experimentarem os efeitos da coisa julgada material, garantem ao titular da pretensão uma satisfatividade material sempre relativa.

manifestação direta acerca do direito material, subtraindo-se-lhe, via de consequência, a possibilidade de formação da coisa julgada material) recebem, à sua vez e também de ordinário, o predicado, também já referido, da *cautelaridade*; falaríamos, agora, das denominadas *tutelas cautelares*, qualificativo que, quando confrontado com o primeiro (da *satisfatividade*), serve para apontar aqueles tipos de atuação jurisdicional em que se propõe não a satisfação (ainda que relativa) do direito material, senão a sua preservação – nesses casos, a atividade jurisdicional encontrar-se-ia nitidamente distante de seu esgotamento, impondo, de forma ainda mais clara, a necessidade de prosseguimento da atuação do Estado-juiz, ou pela via do processo de conhecimento ou pela do processo de execução.

8. Tutela jurisdicional diferençada tributária

Embora pertencentes ao mesmo gênero (das tutelas diferençadas), as modalidades antes referidas (das tutelas satisfativas e das cautelares) merecem ser analisadas em compartimentos distintos, uma vez detentoras de diferentes planos de relação com o direito material – lembre-se, nesse particular, que as satisfativas supõem referência direta ao direito material (embora prescindam da ideia de coisa julgada material), enquanto as cautelares tipificam-se pela inexistência do precitado nexo direto do pronunciamento judicial com o direito material controvertido.

Ademais dessa providência metodológica, porém, entendemos mister destacar que a efetiva compreensão das tutelas jurisdicionais diferençadas encontra-se vinculada à adoção de um corte didático fundamental: é que, considerada a vastidão do direito positivo processual não-penal brasileiro, a análise das tutelas jurisdicionais diferençadas demanda, como operação facilitadora, a concentração dos esforços a serem empreendidos pelo intérprete a um campo específico, com a consequente abstração dos demais. No nosso caso, a efetivação desse corte realizar-se-á, evidentemente, tendo em vista o domínio tributário – por isso mesmo, o título desse item ("tutela jurisdicional diferençada *tributária*").

Nessa linha, forte na ideia (desde antes posta) de que o processo tributário assim se qualifica pela presença de uma obrigação tributária (já constituída ou em vias de sê-lo) como seu pano de fundo (funcionando, noutro falar, como sua específica causa de pedir remota), teríamos, então, (i) de um lado, tutelas satisfativas do direito material tributário e (ii) tutelas acauteladoras do direito material tributário. Na primeira daquelas modalidades, encaixar-se-ia a denominada tutela antecipada do art. 273 do Código de Processo Civil, e, na segunda, a tutela cautelar, específica ou geral, prevista nos arts. 796 e seguintes do Código de Processo Civil, assim como as tutelas previstas em algumas leis extravagantes, como é o caso da medida liminar em mandado de segurança (art. 7º, inciso II, do Lei n. 1.533/51).[10]

9. Tutela jurisdicional diferençada tributária *satisfativa*
9.1. Finalidade

As tutelas satisfativas tributárias corporificam-se, no sistema do direito positivo brasileiro, como verdadeira ficção legal. Assim ocorre, claramente, com a tutela antecipada do art. 273 do Código de Processo Civil, tipo de provimento jurisdicional que visa à outorga do próprio bem jurídico que substancia o direito material pela parte (especificamente o contribuinte)

---

10. Note-se que o universo de tutelas jurisdicionais diferençadas que aqui referimos (composto, de um lado, das antecipadas – satisfativas – e, de outro, das cautelares e da liminar em mandado de segurança – cautelares) é resultado do tal corte metodológico proposto, circundante da realidade do direito tributário. Por isso, a referência apenas a essas categorias. Em rigor, se estivéssemos operando à revelia do direito tributário ou de qualquer outro específico domínio do direito material, o quadro haveria de ser muito mais amplo, constituindo-se, por exemplo, de liminares possessórias, de liminares em outras ações constitucionais civis (habeas data, mandado de injunção, etc), entre outras.

invocado, com o consequente enfrentamento pelo Estado-juiz, no momento de sua análise, da questão de mérito debatida, sem que daí decorra, todavia, a possibilidade de formação da coisa julgada. Eis aí, precisamente, a ideia de ficção antes aludida: é que, da fixação, no sistema, de norma individual e concreta que desborde os limites da aparência do direito material, apreciando-o num plano mais aprofundado, haveria de decorrer, naturalmente, os efeitos típicos da coisa julgada.

Não é assim, todavia, que a tutela antecipada (materialmente satisfativa) se apresenta. Com efeito, voltando à afirmação desde antes produzida, é de se reafirmar que a tutela antecipada, como tipo de tutela satisfativa reconhecida pelo direito tributário brasileiro, constitui manifestação jurisdicional atípica, *diferençada*, que foge, enfim, ao padrão *comum* das tutelas típicas do processo de conhecimento ou do processo de execução, afigurando-se inconfundível, ademais, com a tutela diferençada especificamente cautelar, dada a sua vocação (da antecipação de tutela) de satisfazer, ainda que relativamente, a pretensão de direito material (tributário) pelo contribuinte formulada.

Com essas considerações, devemos reconhecer, nas tutelas satisfativas em matéria tributária (fundamentalmente a antecipada), o mister de conferir ao contribuinte providência de índole precária (no sentido de não se revestir pelo manto da coisa julgada) que, não obstante tal precariedade e desde que presentes certos requisitos, comete-lhe a fruição, desde logo, do bem jurídico (direito material) pretendido, indo além, portanto, de sua só preservação (algo que seria típico na ideia de cautelaridade).

9.2. Pressupostos

Dada a sua função, a tutela satisfativa (no plano tributário representada, repita-se, fundamentalmente pela tutela antecipada) impõe ao Estado-juiz o encargo de examinar a questão de direito material posta, num plano de cognição semelhante àquele que desempenha no julgamento definitivo (via sentença) dos processos de conhecimento. A esse juízo o art. 273 do Código de Processo Civil dá o nome de *"verossimilhança"*, entidade normalmente interpretada a partir do conceito de *fumus boni juris* de que trataremos mais adiante.

De todo modo, independentemente de mencionarmos ou não o *fumus* como paradigma definidor do conceito de verossimilhança, é possível compreender essa última a partir da finalidade da tutela antecipada, portadora que é de força satisfativa, ainda que de forma precária (relativamente, portanto) do direito material debatido.

Paralelamente a isso, não é demasiado assentir, porém, que o sistema do direito positivo, na sua lógica de equilíbrio (decorrente de valores constitucionalmente assentados), jamais poderia admitir a emissão de uma tutela precária capaz de determinar a sorte do direito material controvertido sem a adição de um outro pressuposto, a urgência, no mais das vezes revelada pela noção de *periculum in mora*, segundo requisito da tutela antecipada, a ser tomado sempre em conjunção includente com o primeiro, da verossimilhança.

É bem de ver que o mesmo art. 273 do Código de Processo Civil, a par de prescrever os aludidos pressupostos, prevê, outrossim, a possibilidade de concessão de tutela antecipada noutras situações, fundamentalmente adstritas às ideias de abuso do direito de defesa e de incontroversibilidade. Nesses casos, não se falaria em *periculum in mora*, requisito que seria substituído por aquel'outras circunstâncias, porém sempre associadamente com o requisito da verossimilhança.

10. Tutela jurisdicional diferençada tributária *cautelar*
10.1. Finalidade

Para que se compreenda essa espécie, é mister que se imagine, por hipótese, que a tutela jurisdicional *in concreto* almejada esteja sendo de alguma forma ameaçada. É o que se passa, por exemplo, quando o Estado-fisco, sendo portador de título executivo (Certidão de Dívida Ativa), vê potencialmente frustrada a tutela jurisdicional que lhe seria devida em nível de execução pela iminente intenção do respectivo devedor de evitar a penhora de seus bens, ocultando-os. Em situações como essas, ao que se percebe, a eficácia da tutela jurisdicional comum (executiva) demandará providência (tutela) paralela, especificamente canalizada à preservação do estado de coisas necessários à operatividade da tutela principal.

Essa a finalidade, precisamente, da tutela cautelar – não se apresentando, perceba-se, a ideia de satisfação (nem mesmo relativa) do direito material controvertido.

10.2. Pressupostos

O propósito acautelador, como sugerido noutras passagens, não se compagina com a ideia de esgotamento do direito material controvertido, daí decorrendo a ideia de ausência, no corpo das tutelas cautelares, de referência direta àquela instância (do direito material, no caso especificamente tributário). Como consequência lógica de tanto, ausente restaria, nesses casos, a possibilidade de a tutela cautelar projetar-se com foros de definitividade jurídica.

Dessa situação é que deflue a noção, comuníssima, de *fumus boni juris*, um dos pressupostos que o fornecimento da tutela cautelar demanda e que se materializa pelo nível de atividade cognitiva pelo Estado-juiz desempenhado: como o propósito da atuação jurisdicional diz, nesse caso, com a preservação da eficácia de um'outra tutela (a comum, quer executiva, quer a do processo de conhecimento, sentença de mérito), não é dado ao Estado-juiz querer apreender o direito material controvertido de modo exauriente (providência típica das tutelas comuns), senão apenas em nível de fumaça – recorde-se que na tutela antecipada, inocorre tal restrição.

Paralelamente a isso, é de se consignar, a exemplo do que falamos quando tratávamos da tutela antecipada, que o sistema do direito positivo, também aqui no caso das cautelares, não admite a emissão dessa última, mesmo que meramente acauteladora, com assento apenas na ideia de fumaça, de aparência, de probabilidade. Com efeito, desde que executada, toda tutela cautelar haverá de produzir efeitos na órbita jurídica dos sujeitos de direito envolvidos (no caso tributário, contribuinte e Estado-fisco), ainda que o faça de modo visivelmente precário, uma vez ausente a ideia de definitividade (coisa julgada). Daí, mais uma vez, a justa noção de *periculum in mora*, segundo requisito da tutela cautelar, a ser tomado sempre em conjunção includente com o *fumus*.

Deveras, se a atuação acauteladora do Estado-juiz, mesmo dentro de sua precariedade, interpõe-se na esfera jurídica dos sujeitos de direito, é porque presente um estado de urgência (revelado por aquela expressão latina) que há de o justificar.

10.3. Veículo introdutor (forma) da tutela cautelar: ereção de um critério de subclassificação

A par da rigidez com que se apresentam os pressupostos adrede referidos, cumpre anotar, porém, que, do ponto de vista formal, a tutela cautelar ostenta relativa flexibilidade.

Com efeito, diversamente do que se passa com as tutelas diferençadas satisfativas (sempre introduzidas no sistema através de decisão interlocutória), pelo menos duas possibilidades há de veículos introdutores daquele outro tipo de tutela: falando-se ora em decisão interlocutória, ora em sentença (essa última, de natureza especificamente cautelar, inconfundível, portanto, com a sentença de mérito, típica dos processos de conhecimento).

Nesse estágio, reputamos interessante advertir que, experimentando veículos introdutores diferentes, a tutela cautelar pode ser estudada a partir desse específico modo de classificação, falando-se ora em tutela cautelar formalizada em sentença, ora em tutela cautelar formalizada em decisão interlocutória – o que, no plano tributário, é de todo relevante, dado o reconhecimento, nesse ramo, dos dois níveis em apreço.

Com isso, podemos rever o quadro formado por ocasião do item 4, quando então deixamos assinalado que o processo cautelar assim se qualificaria em razão da espécie de tutela proporcionada: a denominada sentença cautelar, estrutura de linguagem que se submete às regras fixadas no Código de Processo Civil (arts. 458 e seguintes). Sem prejuízo disso, porém, é preciso admitir, agora, que a sentença de que falamos não constitui sinônimo de tutela cautelar, mas sim uma de suas possibilidades formais. É que, repita-se, o sistema do direito positivo (inclusive no segmento tributário) autoriza, dependendo da hipótese procedimental da qual se esteja a tratar, a emissão de tutela cautelar como incidente de um outro processo, no mais das vezes de natureza cognitiva, podendo ocorrer, ademais disso, dentro do próprio processo cautelar: seriam esses, justamente, os casos de tutela cautelar emitida sob a forma de decisão interlocutória, observado o exato conceito do art. 162, parágrafo 2º, do Código de Processo Civil, materializando-se como provimento comumente chamado de *medida liminar*. É o que ocorre, por exemplo, quando o Estado-juiz defere provimento cautelar com apoio no art. 798 do Código de Processo Civil (tutela cautelar liminarmente deferida no seio de processo cautelar, submetendo-a a ulterior confirmação ou infirmação por ocasião da respectiva sentença cautelar). Assim também, no plano do mandado de segurança, tipo de processo de conhecimento (que se arremata, portanto, via sentença de mérito), cujo procedimento (especial) prevê a possibilidade de concessão, presentes os requisitos tipificadores do fenômeno da cautelaridade (*fumus* e *periculum*, recorde-se), de provimento cautelar, também denominado na Lei n. 1.533/51, art. 7º, inciso II, de medida liminar.

11. Tutela cautelar e tutela satisfativa tributárias em espécie

O processo tributário (como tal qualificado, recorde-se, por força da natureza da relação jurídica de direito material – obrigação tributária – que por detrás dele se hospeda) pode ser iniciado, tirante os casos de legitimação extraordinária (substituição processual, na forma genérica do art. 6º do Código de Processo Civil), ou pelo Estado-fisco (sujeito ativo da obrigação tributária) ou pelo contribuinte (sujeito passivo da obrigação tributária posta ou em vias de sê-lo).

Inspirados na terminologia lançada por James Marins[11], chamaremos de *exacionais* os processos iniciados pelo Estado-fisco; de antiexacionais, em contrapartida, os iniciados pelo contribuinte.

Dadas as características de que se recobre a atividade administrativa pelo Estado-fisco desempenhada, cumpre reconhecer que a (des)constituição do fato jurídico tributário no interesse da Fazenda dispensará, de ordinário, intervenção judicial, o que quer significar que, no plano tributário, quando o Estado-fisco provoca a movimentação da máquina jurisdicional, seus objetivos adstringir-se-ão a providências de natureza executiva. Com efeito, sabendo-se que a privação do patrimônio é atividade que não se insere, em regra, nos domínios da função administrativa, ao Estado-fisco caberá, depois de extrajudicialmente constituída a obrigação tributária e acaso não satisfeito o respectivo crédito, invocar a atuação jurisdicional, pugnando pela prestação de tutela executiva, especificamente disciplinada na Lei n. 6.830/80 (*comum*, portanto).

Diversamente, os processos iniciados pelo contribuinte (sujeito de direito em geral desprovido das mesmas faculdades que são ao Estado-fisco cometidas) quedarão jungidos, em princípio, à categoria dos de conhecimento, visando ou a emissão de norma individual e concreta desconstitutiva da obrigação tributária posta (anulação de lançamento), ou a ereção de norma individual e concreta proibitiva do exercício da atividade de lançar (declaratória de inexistência de relação jurídico-tributária), ou, finalmente, a produção de norma individual e concreta constitutiva do fato do jurídico do pagamento indevido

---

11. *Direito processual tributário brasileiro*, 2. ed. São Paulo : Dialética, 2002, *passim*.

e, consequente, da relação de débito do fisco (repetição do indébito tributário). Todas essas normas individuais e concretas a que nos referimos, materializadas sob a forma de sentença, hospedarão, em seu núcleo, o direito material reputado controvertido, no mais atinente à existência e aos efeitos de uma dada obrigação tributária. Daí porque falamos, aqui, em processo de conhecimento (*comum*, portanto).

Sem prejuízo de tais situações, é fato, entrementes, que tanto Estado-fisco quanto contribuinte poderão, paralelamente às tutelas comuns adrede referidas, valer-se de processos que permitam a outorga de tutela diferençada, evidentemente atrelada àquela que se constitui como objeto ou da ação executiva fiscal (processo exacional, do Estado-fisco) ou da ação de conhecimento (processo antiexacional, do contribuinte).

Observada a atual posição do direito positivo nacional, encontramos, alojada no escaninho das tutelas diferençadas exacionais (conectadas, reitere-se, aos processos de execução fiscal), a denominada medida cautelar fiscal, de que trata a Lei n. 8.397/92, detentora, não bastasse seu *nomen juris*, de caráter nitidamente acautelador (desprovida, assim, da ideia de satisfatividade relativa de que falamos no item 9).

Paralelamente a isso, num conjunto composto de número mais significativo, podemos identificar, em nosso sistema, pelo menos três formas de tutela diferençada antiexacional (conectadas às ações dos contribuintes), todas apontadas no corpo do art. 151 do Código Tributário Nacional, especificamente em seus incisos IV e V, *in verbis*:

> "*Art. 151. Suspendem a exigibilidade do crédito tributário:*
>
> (...)
>
> *IV – a concessão de medida liminar em mandado de segurança;*
>
> *V – a concessão de medida liminar ou de tutela antecipada, em outras espécies de ação judicial;*
>
> (...)."

Embora arroladas num mesmo dispositivo legal, é de se destacar, porém, que as modalidades antes referidas encontram-se jungidas a diferentes categorias de tutela diferençada, pertencendo (i) a medida liminar em mandado de segurança e a medida liminar em processo cautelar (ademais da própria sentença cautelar) ao grupo das tutelas acauteladoras – insuscetíveis, portanto, de proporcionar, ainda que relativamente, a satisfatividade do direito material pelo contribuinte invocado – e (ii) a tutela antecipada ao segmento das tutelas satisfativas, próprias, assim, à configuração da relativa satisfatividade do direito pelo contribuinte invocado.

EFEITOS DA CONCOMITÂNCIA ENTRE PROCESSO JUDICIAL E ADMINISTRATIVO
Análise do parágrafo único do art. 38 da Lei n. 6830/80

Ana Clarissa Masuko dos Santos Araújo

Caso concreto

Em ato de revisão aduaneira da importação de bem de capital, o fisco entende que houve incorreto enquadramento na Tarifa Externa Comum e Tabela de Incidência do IPI, daí decorrendo diferença de crédito tributário a ser recolhido, considerando que a nova classificação fiscal adotada prevê alíquota maior, tanto de Imposto de Importação como de IPI. O ato de fiscalização, contudo, deu-se com base apenas na documentação que instruíra o despacho de importação, sem a verificação física do equipamento importado ou análise de informações técnicas que o acompanhavam.

É lavrado, então, lançamento de ofício para recolhimento da diferença do crédito tributário e auto de infração, cobrando-se penalidades – multa de ofício do Imposto de Importação, do IPI e multa por erro de classificação fiscal.

Notificado do lançamento, o contribuinte tempestivamente apresenta impugnação à exigência, pleiteando a elaboração de laudo técnico da máquina e formulando os quesitos que entende que respaldariam a classificação fiscal empregada na importação, tudo em consonância com a prescrição contida no Decreto n. 70.235/72, que disciplina o processo administrativo fiscal federal.

Posteriormente, o contribuinte impetra mandado de segurança repressivo, com pedido de medida liminar para suspender a exigibilidade do crédito tributário, pleiteando a anulação do lançamento de ofício, e, consequentemente, do auto de infração.

Deferida liminar pelo Estado-juiz, impeditiva de exigibilidade do crédito tributário, com fulcro no art. 151, IV do CTN.

Posteriormente, entende o juízo que o conhecimento da matéria sob exame dependeria de dilação probatória, extinguindo o processo sem julgamento do mérito, por falta de interesse processual, com fundamento no art. 267, VI do CPC.

Cientificado o órgão administrativo de julgamento, reinicia os procedimentos para a cobrança do crédito tributário, exarando decisão de não conhecimento da impugnação apresentada e dando prazo para pagamento da exigência.

Em tal decisão, afirma o fisco que houve opção pela via judicial, com a consequente renúncia à via administrativa, pela impossibilidade de concomitância dos processos judicial e administrativo, nos termos do parágrafo único do art. 38 da Lei n. 6830/80.

Questões

a) A concomitância entre processo judicial e administrativo tem como efeito a extinção do contencioso administrativo fiscal, pela renúncia à via administrativa?

b) A extinção do processo judicial sem julgamento do mérito se subsume à hipótese de concomitância entre processo judicial e administrativo?

c) Qual o remédio jurídico cabível, no caso, contra a extinção do contencioso administrativo fiscal?

1. Processo de positivação do direito tributário

Adotando-se como premissa a imagem *kelseniana* da pirâmide estrutural do ordenamento jurídico, localizadas em seu ápice estarão as normas mais gerais e abstratas, adquirindo gradações crescentes de concretude, para em sua base encontrarmos normas individuais e concretas hábeis a interferir nos comportamentos intersubjetivos que o direito visa a regular.

A dinâmica estabelecida para que o direito percorra todas as instâncias, das normas constitucionais delineadoras das competências, até as normas terminais, de máxima concretude e individualidade, é denominada de processo de positivação.

A força propulsora da dinâmica normativa, como leciona o professor Paulo de Barros Carvalho[1], é o homem, que por ato de aplicação realiza a incidência normativa, tudo sob um enfoque constitutivista do direito, segundo o qual, não se concebe a incidência automática e infalível da hipótese de incidência das normas abstratas aos fatos, senão pelo seu relato em linguagem competente, constituindo-os em fatos jurídicos.

O processo de positivação do direito tributário, este somente assim qualificado em decorrência de corte didático do direito, dada a sua natureza incindível, revela, portanto, a mesma estrutura sintática: seu ponto de partida são as competências tributárias delineadas constitucionalmente, avançando para o exercício destas competências, fontes materiais que produzem a regra matriz de incidência, passando para o lançamento tributário que juridiciza a incidência tributária, constituindo o fato jurídico tributário e a obrigação tributária.

Efetuado o lançamento de ofício, aperfeiçoado com a notificação feita ao contribuinte, condição necessária e suficiente do contraditório, neste passo, o sistema oferece diversas trilhas a serem seguidas pelo contribuinte no percurso do processo de positivação:

---
1. *Fundamentos Jurídicos da Incidência*, Saraiva, 1998, *passim*.

a) aceitação da exigência, com extinção do crédito tributário pelo pagamento;

b) não aceitação da exigência pura e simples, pelo não pagamento;

c) não aceitação da exigência veiculada pela contestação administrativa do lançamento, instaurando –se o contencioso administrativo fiscal;

d) não aceitação da exigência veiculada em linguagem pela propositura de ação judicial, apta à desconstituição da norma individual e concreta do lançamento, como ação anulatória de débito fiscal e mandado de segurança repressivo;

Nas hipóteses 'a', 'b','c' e 'd' postas à disposição do contribuinte, verifica-se que há um crescente aumento de complexidade do processo de positivação, posto que do exercício das competências tributárias até o momento do atingimento da finalidade da norma com a extinção do crédito tributário, o sistema prevê diversas possibilidades, que de acordo com a opção do contribuinte, conformarão espécies de "alças" ou "prolongamentos", que enveredarão o processo de positivação a "desvios", para depois retornar ao seu curso regular, mediante expedição de norma individual e concreta que tenha esse condão[2].

Destarte, em 'a' há uma típica situação de desenvolvimento direto ou sem desvios do fluxo da relação jurídica de direito material, com a constituição do crédito e sua extinção pelo pagamento.

---

2. Observa-se que não se ignora a possibilidade de interferência do contribuinte no processo de positivação, antes mesmo do aperfeiçoamento do lançamento de ofício com a sua devida notificação, pela propositura de ação declaratória de inexistência de relação jurídica tributária ou, se houver direito líquido e certo, mandado de segurança preventivo. A tutela jurisdicional nesses casos veiculará norma individual e concreta inibitória da futura produção da norma individual e concreta do lançamento.

O corte apenas se justifica para que se evidencie o tema do presente trabalho, o contencioso administrativo fiscal.

Em 'b', o não pagamento, sem, contudo, haver uma insurreição expressa do contribuinte, dará ensejo a um feixe de atos administrativos para a cobrança que culminará na expedição de outra norma individual e concreta que traduz em linguagem competente a situação de inadimplência do crédito constituído, a Certidão da Dívida Ativa, título executivo extrajudicial.

Em 'c', notificado o lançamento o sistema prevê a possibilidade de insurreição contra o ato do lançamento ainda na esfera administrativa, pela instauração do contencioso administrativo fiscal, que permitirá a discussão de aspectos formais e materiais do ato administrativo de lançamento em duas instâncias nos órgãos administrativos de julgamento, ordinariamente.

Finalmente em 'd', com a propositura de ação judicial estaremos propriamente falando de norma secundária[3], que carrega em seu consequente a relação jurídica processual, em que surge o Estado-juiz como um dos sujeitos que compõe a relação.

O esquema, entretanto, não é estanque, pois as fases inter-relacionam-se e se sobrepõem: a marcha do processo de positivação possui requisitos próprios para utilização do instrumental que lhe guarnece, tal como nas regras dos jogos[4]. Para se jogar o jogo do direito, deve-se observar os momentos adequados de utilização dos remédios postos à disposição do sistema para solucionar estados de conflituosidade surgidos no seio do processo de positivação.

---

3. Neste trabalho utilizando a estrutura normativa concebida por Lourival Vilanova, de natureza bimembre em que se tem a norma primária que prescreve a relação jurídica de direito material, e a norma secundária, que tem lugar pelo descumprimento do consequente da norma primária, portanto, tendo em seu antecedente o fato jurídico do descumprimento, e instaurando em seu consequente, a relação jurídica processual, em que teremos uma relação angular conformada por autor, réu e Estado-juiz, terceiro sujeito imparcial.
4. Gregório Robles *passim*.

Assim, a qualquer momento do jogo pode o contribuinte voltar a 'a' para realizar o pagamento ainda que já esteja em 'd'; 'b' apenas será condição suficiente para ativar mecanismos coercitivos de cobrança se o contribuinte não houver lançado mão de 'c' ou 'd'; 'c', por sua vez, apenas poderá ser utilizado em momento específico do processo de positivação, que é o lapso compreendido ente a notificação do lançamento até o termo final para o pagamento.

Finalmente 'd' considerando a sua natureza, pode em princípio, ser utilizado a qualquer momento, mesmo antes de 'a' (no caso das tutelas declaratórias), porém não se olvidando que 'd' conforma subsistema próprio, de direito adjetivo, que encerra em si diversas regras/condições que se relacionarão diretamente ao processo de positivação e o momento em que se encontra a sua marcha. É precisamente por essa razão que podem haver situações, em consonância com as vicissitudes dos casos concretos, que a fase 'c' e 'd' poderão se sobrepor.

O escopo desse trabalho é isolar específico ponto do percurso do processo de positivação, ou determinada "alça" que é a do contencioso administrativo fiscal, especificamente o federal, bem como o seu inter-relacionamento com outro ponto do percurso, quando instaurado o processo judicial e analisar quais são as regras que os norteiam sob um viés estritamente dogmático, entretanto, não perdendo de mira a grande relevância que assume hoje o contencioso administrativo fiscal para a proteção dos contribuintes, já agora, sob um viés de política fiscal.

2. Jurisdição

Na clássica divisão dos modos de resolução dos conflitos de interesses, teríamos a jurisdição ao lado da autotutela e da autocomposição, como a forma pela qual, mediante substituição da vontade das partes, prevaleceria a vontade do Estado-juiz, terceiro sujeito imparcial.

O conceito de jurisdição pode ser concebido como a atividade estatal **instrumental, de caráter público e secundária,** tendente à solução de conflitos que ocorrem no seio da sociedade, em que há substituição das partes em litígio, por órgão estatal que aplicará o direito ao caso concreto.

É função estatal de **caráter público**, porque em nosso sistema vige, quase que absolutamente, seu desempenho pelo Estado, o que fica mais evidente na seara tributária, em que é impossível a utilização da autocomposição ou autotutela.

Instrumental, uma vez que serve de veículo introdutor para o direito material, isto é, insere no ordenamento jurídico nova norma individual e concreta, que passa a compor o sistema, para a retomada do processo de positivação do direito.

E **secundária**, pois atua apenas quando "padece" a relação jurídica de direito material, agindo na composição dos conflitos de interesses.

A base empírica da jurisdição em nosso ordenamento localiza-se no art. 5º, inciso XXXV do texto constitucional, "*a lei não excluirá da apreciação do Poder Judiciário lesão ou ameaça de direito*", que veicula o Princípio da Inafastabilidade da Jurisdição, bem como a sua contraface, o direito de ação, tomando-se a jurisdição como dever jurídico ao qual corresponde o direito subjetivo de ação, diante da premissa segundo a qual a todo dever corresponde um direito[5].

Tomando-se jurisdição como dever estatal, consequentemente admitiremos que a relação processual, relação de direito público, forma-se angularmente: há relação jurídica entre autor e Estado-juiz e relação entre Estado-juiz e réu, não havendo, relação jurídica processual entre réu e autor.

Destarte, a relação de fundo, de direito material, não se confunde com o direito subjetivo de ação, pois exercido está o

---

5. Paulo Cesar Conrado, Introdução à Teoria Geral dos Recursos no Processo Civil, p.153.

direito de ação quando Estado edita norma individual e concreta solucionadora de conflito de interesses, seja favorável ou desfavorável à pretensão do autor.

Devemos destacar, todavia, que o direito de ação estará plenamente exercido, se e somente se, houver sentença que julgue o mérito da demanda, em estrita consonância com o pedido imediato do autor, que faz remissão à relação jurídica de direito material conflituosa.

Se assim não for, isto é, se houver apenas expedição de norma individual e concreta que ponha termo à relação jurídica processual, mas que não se refira ao direito material, não podemos considerar exercido o direito de ação, prescrevendo o sistema a possibilidade de novo acesso ao Estado-juiz. São os casos de ocorrência da coisa julgada formal, previstos no art. 267 do CPC[6].

2.1. "Jurisdição administrativa tributária"

Tomando-se como premissa que jurisdição é **atividade estatal de caráter público, instrumental** e **secundária**, concebida para solução de conflito de interesses surgido em relação jurídica de direito material, verifica-se que, sob este enfoque, podemos entender que o nosso sistema subsumiria o contencioso administrativo fiscal a este conceito.

Com efeito, conforme definimos no item anterior, a "jurisdição administrativa tributária" quanto a seu aspecto subjetivo é **atividade estatal** desenvolvida por órgãos de julgamento especializados do Fisco. Observamos que o monopólio para o exercício da função jurisdicional é do Estado, como ente uno e orgânico, e não do Poder Judiciário, pois a tripartição dos poderes

---

[6]. Essa assertiva deve ser relativizada diante do inciso V do art. 267, que traz hipóteses de exceções. Nas hipóteses da peremção (art. 268, parágrafo único) não há propriamente vedação de novo acesso ao Estado-juiz, contanto que o objeto do novo processo seja diferente, versando, porém, sobre a mesma relação jurídica de direito material.

estatais não se traduz em sua incomunicabilidade, mas sim em vasos que se comunicam entre si, podendo-se assim afirmar que, ainda que a atividade jurisdicional seja desenvolvida em regime de precipuidade pelo Judiciário, não o é em exclusividade[7].

Quanto ao elemento objetivo, é **instrumental** porque a decisão proferida pelos órgãos administrativos especializados de julgamento, erige nova norma individual e concreta no ordenamento, que se sobrepõe à do lançamento de ofício, modificando-a, anulando-a ou mantendo-a . Em outras palavras, a atividade judicante do Poder Executivo implica solução de conflitos por atividade estatal em **regime de substituição**, aplicando a lei, com observância de procedimentos legais prescritos, sendo imprescindível a motivação de seus atos, para a produção de normas individuais e concretas que corroboram no processo de concretização do direito.

Por fim cabe-lhe o predicado de **"secundária"**, porque apenas na vicissitude de conflito no âmbito da relação jurídica tributária, surge a faculdade de o contribuinte se insurgir contra a norma individual e concreta do lançamento, instaurando o contencioso administrativo.

Portanto, nessa abordagem tanto o Poder Judiciário quanto o Poder Executivo, atipicamente, solucionam patologias surgidas em seu curso promovendo "desvios" ou "prolongamentos" que culminarão na expedição de novas normas individuais e concretas que retomam o fluxo normal do processo de positivação, aplicando as normas gerais e abstratas previamente postas no ordenamento jurídico, para delas sacar-lhes a necessária individualidade e concretude para ferir as condutas humanas.

A garantia de acesso à atividade jurisdicional exercida pela Administração Pública é o art. 5º, LV da Constituição

---

[7]. Nesse tocante, ainda devemos ter em mira a ausência de dispositivo em nosso ordenamento que vincule a atividade jurisdicional exclusivamente ao Judiciário.

Federal de 1988, *verbis:* "*aos litigantes em processo judicial ou administrativo, e aos acusados em geral, são assegurados o contraditório e a ampla defesa, com meios e recursos a ela inerentes*".

Esse dispositivo ao equiparar o processo judicial ao administrativo, aplicando a este último, princípios próprios da atividade jurisdicional, fulmina quaisquer dúvidas acerca da natureza jurisdicional do processo administrativo fiscal.

Conforme já discorremos, o específico momento do processo de positivação em que se pode valer do contencioso administrativo, é o lapso compreendido entre o ato de notificação do lançamento e o termo final estabelecido para pagamento e o seu marco é a propositura pelo contribuinte da peça de impugnação, que instrumentaliza o "direito de ação administrativo"[8].

Traçando-se um paralelo, a impugnação opera tal qual a petição inicial nas lides judiciais, instrumento que provoca o organismo jurisdicional tirando-o da inércia para satisfazer o direito de ação de seu autor, mas que deve, para a persecução desse efeito, observar uma série de requisitos formais estabelecidos nos arts. 39, 282, 283 e 295, parágrafo único, do Código de Processo Civil.

Ainda que com uma maior pemissividade quanto ao rigor das formas, a impugnação como veículo em linguagem competente do contencioso administrativo, também deverá conter em seu bojo, como requisitos formais, as determinações dos arts.15, 16 e 17 do Decreto n. 70.235/72, tais como motivos de fato e de direito em que se fundamenta, os pontos de discordância e as razões e provas que possuir, as diligências, ou perícias que o impugnante pretenda sejam efetuadas, expostos os motivos que as justifiquem, com a formulação dos quesitos

---

8. Decreto n. 70.235/72- Art. 14." A impugnação da exigência instaura a fase litigiosa do procedimento."

referentes aos exames desejados, a autoridade julgadora a quem é dirigida, a qualificação do impugnante.

Em suma, somente poderemos falar em contencioso administrativo com a impugnação: este é veículo introdutor do conflito de interesses em linguagem competente, que está para o contencioso administrativo assim como a petição inicial está para a esfera judicial.

2.2. Jurisdição judicial e contencioso administrativo: principal distinção

Diante das premissas expostas até o momento, há de se ressalvar que ainda que consideremos que a Administração Pública exerce jurisdição, não estamos tratando de entidades logicamente equivalentes, posto que as decisões proferidas no âmbito do contencioso administrativo em nosso ordenamento jurídico, não são terminativas dos conflitos, estando sujeitas a alterações perpetradas por normas individuais e concretas emanadas do Poder Judiciário, de acordo com o mandamento insculpido no art. 5º, XXXV do texto constitucional.

Retomando-se o modelo da estrutura normativa dual, norma primária e norma secundária, o contencioso administrativo fiscal é previsto como um prolongamento, no curso do processo de positivação, situado na formação da própria norma primária, mais especificamente, da relação jurídica de direito material, sobrepondo-se à norma individual e concreta do lançamento, que poderá ser modificado ou extinto. Todavia, não restará obstado a partir daí, o avanço do processo de positivação em direção à norma secundária, com a invocação do Estado-juiz para se manifestar sobre a mesma questão ou outra que lhe for incidente, expedindo norma individual e concreta que novamente retornará ao consequente da norma primária, sobrepondo-se sobre a anterior decisão administrativa, mas com eficácia definitiva. O esquema a seguir visa a representar a situação descrita:

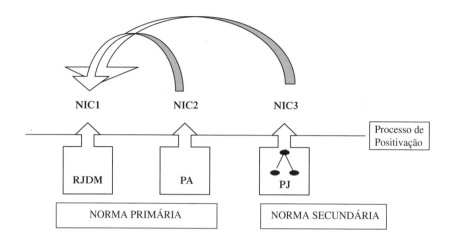

Onde:

nic1 = norma individual e concreta do lançamento –(**R**elação **J**urídica de **D**ireito **M**aterial)

nic2 = norma individual e concreta expedida em contencioso administrativo fiscal (**P**rocesso **A**dministrativo)

nic3 = norma individual e concreta expedida em **P**rocesso **J**udicial (sentença)

Em consonância com essa sistemática, os atos administrativos, mesmo os jurisdicionais, são sujeitos a controle judicial, decorrência da tripartição de poderes adotada pelo nosso ordenamento jurídico, com o consequente sistema de freios e contrapesos. Em outras palavras, o controle de legalidade com foros de imutabilidade, é de competência exclusiva do Judiciário, que sempre deverá, em última instância, manifestar-se sobre a legitimidade ou não de determinado ato.

A eficácia da coisa julgada material, portanto, é predicado que somente acompanha as tutelas jurisdicionais proferidas no âmbito do Poder Judiciário, que, porém, não está na essência do conceito de jurisdição, é um *plus*, cuja principal decorrência, nesse contexto, é impossibilitar a sua equiparação absoluta à jurisdição administrativa.

Ademais, mesmo se considerássemos o que parte da ciência denomina de "coisa julgada administrativa", que é a imutabilidade de decisões proferidas *pro* contribuinte, verificamos que é construção doutrinária e jurisprudencial, que não encontram guarida no direito positivo, e que, portanto, tornam-se bastante vulnerável, como comprovam algumas decisões judiciais que acolhem pedidos de reforma de decisões administrativas em ações civis públicas movidas pelo Ministério Público, ou, por vias transversas, à falta de ação de conhecimento do fisco, o acolhimento pelo Judiciário de pedido da Procuradoria da Fazenda de processamento de recurso hierárquico de decisões do conselho de contribuintes, em inúmeros casos[9].

A "coisa julgada administrativa" seria justificada, pela doutrina e jurisprudência, pela falta de condição da ação do fisco, pois lhe faltaria interesse de agir em lide que órgão de sua própria estrutura tivesse emitido decisão.

Entretanto, os conflitos acima apontados infirmam o entendimento, uma vez que os tribunais administrativos em realidade são órgãos especializados para o exercício da atividade jurisdicional, além de possuírem formação paritária, agregando em seu seio representantes dos contribuintes, constitutivos de metade das câmaras de julgamento. Mesmo as decisões favoráveis, de primeira instância administrativa, proferidas por representantes exclusivamente do fisco, são sujeitas à

---

9. ROMS 11976/RJ – DJ 08/10/2001: *"TRIBUTÁRIO. PROCEDIMENTO ADMINISTRATIVO FISCAL. INSTÂNCIA ESPECIAL. POSSIBILIDADE.*

1. Não viola a Constituição Federal (incisos LIV e LV, do art. 5º) disposição legal que permite recurso hierárquico especial de decisão do Conselho de Contribuintes para o Secretário do Estado da Fazenda.

2. O fundamento da instância especial está vinculado ao fato do julgamento realizado pelo órgão colegiado ser de natureza definitiva, pelo que é de bom tom ser revisto, por provocação da Fazenda, à autoridade superior.

3. O recurso hierárquico da Fazenda, desde que regulado por lei específica, não fere o princípio da isonomia processual e não viola o princípio do devido processo legal.

4. Recurso ordinário em mandado de segurança provido."

remessa obrigatória, de maneira que todas as decisões administrativas serão proferidas por órgãos paritários, pois ao se manifestar sobre a remessa obrigatória, haverá decisão do órgão de segunda instância que se sobreporá à anterior.

Portanto, poderemos entender que a imutabilidade, sob qualquer ângulo que se vislumbre, **não é da essência** das decisões proferidas em sede de contencioso administrativo, o que nos impede logicamente de equipará-lo ao processo judicial. Por outro lado, as mesmas considerações nos conduzirão à conclusão de que a falta do atributo da coisa julgada não desqualifica o contencioso administrativo como categoria de atividade jurisdicional, ao contrário, a própria estrutura paritária dos tribunais administrativos revela o exercício de atividade jurisdicional e não somente, revisão administrativa de seus próprios atos.

3. Litispendência e concomitância

O Princípio da Segurança Jurídica, viga mestre do sistema jurídico, impõe a sua coerência interna, vedando a existência de normas jurídicas semanticamente excludentes. Voltando-se o foco para o dever estatal de jurisdição, este princípio estabelece a impossibilidade de coexistência de duas normas individuais e concretas solucionadoras do mesmo conflito de interesses, sob pena de ocorrer contradição e contrariedade, que em termos jurídicos, traduz-se em antinomia, ofensa ao primado da Segurança Jurídica.

Destarte, ao tomarmos a representação do processo comunicacional do direito, a missão do aplicador do direito é impedir[10] no interior do ordenamento jurídico, enunciados com as seguintes formas:

---

10. Observe-se que dizemos "impedir" porque efetivamente são admitidas antinomias no seio do sistema do direito positivo, que só é fechado em seu aspecto sintático, sendo, pois, aberto à linguagem social, sob o prisma pragmático e semântico. Todavia, não é o norte a ser perseguido pelo aplicador do direito positivo. (Cf. preleciona Tárek Moussalem, Fontes do Direito Tributário, Max Limonad).

[O(h3→c3) . V (h3'→c3')]

[O(h3→c3) . P- (h3'→c3')]

Em que (h3→c3) seria a tutela jurisdicional emanada pelo Judiciário e – (h3'→c3'), a tutela emanada pela Administração Pública, o conectivo conjuntor '.' expressaria a concomitância, 'O' o modal obrigatório, 'V' o modal proibido e 'P' o modal permitido.

Independentemente do conteúdo semântico das decisões, o princípio lógico da não-contradição e da coerência interna é vetor a ser observado por camada linguística que conforme um sistema, como o é o sistema do direito positivo.

Conforme já se discorreu, duas são as fontes de normas individuais e concretas solucionadoras de conflitos de interesse na relação jurídica tributária, em nosso ordenamento, pois além do Judiciário, a Administração Pública também exerce esta função atípica, mediante órgãos especializados de julgamento.

Assim, há quatro possibilidades lógicas de ocorrência de normas individuais e concretas excludentes:

PJ	PJ
PA	PA
PJ	PA
PA	PJ

Onde em "PJ" consideramos normas individuais e concretas emanadas em processo judicial, e em "PA", em processo administrativo.

Para cada uma das possibilidades, o sistema estabelece mecanismos para a exclusão da coexistência dessas normas individuais e concretas, prescrevendo regras para manutenção de apenas uma delas.

Em 'a' estamos diante de caso de **litispendência**, conceito processual de identidade artificial, que opera entre **entidades lógicas iguais**, ou seja, processos judiciais que têm em comum partes, pedido e causa de pedir, nos termos do art. 301, V, §§ 2º e 3º , primeira parte, do CPC[11].

A norma geral e abstrata que veicula a litispendência prescreve em sua hipótese (art. 301, V e §§ 2º e 3º do CPC) a existência de **dois processos judiciais idênticos**, e, em seu consequente, o dever jurídico acometido ao Estado-juiz de **extinção do processo** proposto posteriormente (art. 267, V[12] do CPC).

Tão logo se constate a protocolização de uma segunda ação idêntica, é extinta de plano pelo Estado-juiz, sem que haja prejuízo para o autor das demandas, porque se partindo da ficção jurídica de igualdade entre as ações, pelo já mencionado mecanismo de identidade artificial criado pelo sistema, em uma das demandas seria exercido o seu direito subjetivo de ação, sendo-lhe indiferente a opção por uma ou outra, vedando-se a coexistência de ambas. O sistema, para efeitos práticos e de economia processual, opta pela permanência da demanda mais antiga, extinguindo a segunda.

Mutatis mutandis, na hipótese prevista em 'c', o mesmo fenômeno ocorreria quando estivéssemos diante de dois

---

11. Art. 301- Compete-lhe, porém, antes de discutir o mérito, alegar:

....

V – litispendência;

....

§ 2º – Uma ação é idêntica a outra quando tem as mesmas partes, a mesma causa de pedir e o mesmo pedido.

§ 3º – Há litispendência, quando se repete ação, que está em curso; (...)

12. Art. 267 – Extingue-se o processo, sem julgamento do mérito:

....

V – quando o juiz acolher a alegação de perempção, litispendência ou de coisa julgada;

contenciosos administrativos fiscais, idênticos, pois a extinção de um deles em tese não causaria prejuízo ao direito de acesso ao contencioso administrativo, o "direito de ação administrativo". Apesar de não haver previsão expressa no direito positivo brasileiro para essas situações, poderíamos analogicamente entendê-la como "litispendência", pois revela a mesma estrutura lógica prescrita no CPC para esse instituto.

Nas hipóteses 'c' e 'd', em que há coexistência entre processo judicial e administrativo, o mesmo raciocínio não pode ser aplicado porque se tratam de entidades lógicas que existem em planos distintos, e, por essa razão, a extinção de uma só será permitida se garantido o acesso à outra, sob pena de haver restrição ao direito do contribuinte.

Como somente as tutelas do Judiciário contam com o **predicado da eficácia da coisa julgada material**, terá precedência: se a relação jurídica processual se desenvolver regularmente com expedição de sentença com julgamento do mérito do litígio, o contencioso administrativo será extinto; se a relação jurídica processual não se desenvolver de forma regular, sendo extinta sem julgamento do mérito, deverá ser garantido o acesso ao contencioso administrativo.

Poderíamos ter a seguinte representação simbólica:

Litispendência PJ ≠ PJ

Concomitância PJ. (-PJ → PA)

Em que '≠' é o símbolo alternativo excludente

'.' é o símbolo conjuntor

'→' é o símbolo implicador

O fenômeno da identidade entre processo judicial e contencioso administrativo idênticos não se subsume à hipótese da norma de litispendência, pelos motivos já explicitados e, por conseguinte, não poderá estar sujeito à sua consequência normativa. Ao contrário, estamos diante de diverso fenômeno, que a doutrina e jurisprudência têm denominado de **"concomitância"**.

A norma jurídica que veicula o fenômeno da concomitância em nosso direito positivo está inscrita no parágrafo único do art. 38, da Lei 6830/80[13], que prescreve como consequência a "renúncia ao poder de recorrer na esfera administrativa".

3.1. Concomitância

Considerando-se que o contencioso administrativo ocorrerá ainda em sede de norma jurídica primária, como um apêndice/prolongamento seu, enquanto o processo judicial em norma secundária, ambas conformando a mesma norma jurídica completa, é lógica e juridicamente possível que o processo administrativo e judicial tenham como origem a **mesma relação jurídica de direito material inadimplida**, fase anterior do processo de positivação, se o contribuinte optar, no curso do processo de positivação, percorrer tanto os trâmites do contencioso administrativo, como do judicial.

Contrapondo-se as duas categorias processuais, que têm como origem a mesma relação jurídica de direito material, poderemos estabelecer um efeito "espelho", estabelecendo correspondências entre os elementos identificadores de cada um dos processos, quais sejam, pedido (mediato e imediato), causa de pedir (subdividida em próxima e remota), e partes, contidos nos respectivos veículos introdutores

---

13. Art. 38- "A discussão judicial da Dívida Ativa da Fazenda Pública só é admissível em execução, na forma desta Lei, salvo as hipóteses de mandado de segurança, ação de repetição de indébito ou ação anulatória de ato declaratória da dívida, esta precedida do depósito preparatório do valor do débito, monetariamente corrigido e acrescido dos juros e multa de mora e demais encargos.

Parágrafo único – **A propositura, pelo contribuinte, da ação prevista neste artigo importa <u>em renúncia ao poder de recorrer na esfera administrativa</u> e desistência do recurso acaso interposto.**"

de cada uma das categorias de jurisdição, a petição inicial e a impugnação administrativa[14].

Entretanto, se é permitida, na linha sequencial temporal de fatos jurídicos ao longo do processo de positivação, percorrer o contencioso administrativo e depois, o processo judicial, a sua coexistência desencadeará os mecanismos do sistema para impedir as antinomias, que é a "renúncia do poder de recorrer na esfera administrativa", como consequência jurídica do fato jurídico da concomitância.

Em situações concretas, poderíamos prever duas possibilidades em que se daria a concomitância entre o processo judicial e o contencioso administrativo: (i) insurreição contra o lançamento primeiramente pela via administrativa, com posterior propositura de ação judicial; (ii) propositura de ação judicial de cunho preventivo, com posterior lavratura de lançamento, e, assim, abertura de oportunidade para instauração do contencioso administrativo. Em ambas, o sistema prescreve a renúncia ao contencioso administrativo.

O alcance hermenêutico do enunciado prescritivo da "renúncia do poder de recorrer na esfera administrativa", todavia, deve ser acomodado com a já mencionada garantia constitucional de acesso ao contencioso administrativo, insculpida no art. 5º, LV da Carta Magna. Somente poderá subsistir,

---

14. Quanto às partes, podemos identificá-las indagando sobre a respectiva relação jurídica de direito material que deu origem à relação jurídica processual: os sujeitos passivo e ativo da obrigação tributária comporão os polos passivo e ativo da relação processual.

No pedido imediato será pleiteada tutela, entendida como veículo introdutor de norma individual e concreta, que ponha termo ao conflito de interesses, originado do descumprimento do consequente da relação jurídica de direito material; o pedido mediato, por sua vez, visará à própria relação jurídica material conflituosa.

A causa de pedir próxima fará referência ao conflito na relação jurídica material, enquanto que a causa de pedir remota, à própria relação jurídica de direito material.

se efetivamente o conflito de interesses for solucionado por norma individual e concreta emanada pelo Estado-juiz.

Havendo a incontestável relação de prejudicialidade, e sendo impossível a imediata extinção do contencioso administrativo, por não se configurar a litispendência, entendemos que o fenômeno da concomitância somente poderá ser fato gerador da renúncia ao contencioso administrativo fiscal, com o advento da tutela jurisdicional, única possuidora da eficácia da coisa julgada material, devendo nesse interregno, haver a **suspensão** do contencioso administrativo fiscal, o que será explicitado no próximo item.

3.2. Extinção do processo judicial sem julgamento do mérito

A relevância do entendimento exposto acima aflora principalmente nos casos de processos judiciais extintos sem que haja a tutela jurisdicional, isto é, não há solução do conflito na relação jurídica de direito material, sendo tão somente veiculada norma individual e concreta que afirma o fato jurídico da ocorrência de algumas situações ocorridas no art. 267 do CPC.

Estabelecida anteriormente a premissa de que a jurisdição é o dever de solucionar conflitos de interesses, contraposto ao direito subjetivo de ação, temos que esse último não é ilimitado, devendo o jurisdicionado observar os limitadores da relação jurídica processual prescritos pelo sistema, para poder exercer o direito de ação, obtendo a tutela jurisdicional almejada.

Desta assertiva também se deduz que a atividade jurisdicional enquanto dever correlato ao direito de ação, somente se efetivará plenamente se houver decisão que julgue o mérito da contenda, completando o seu movimento circular em direção ao direito material, para solucionar o conflito de interesses.

O direito de ação não se esgota em seu aspecto formal, devendo ser examinado o direito material para que se considere exercido.

Destarte, assumindo como premissa metodológica a teoria constitutiva do direito, a norma secundária que encerra em si a relação jurídica de direito processual, terá em seu consequente, em que reside a relação angular processual, o direito de ação afirmado pelo autor na petição inicial, que é o veículo introdutor em linguagem jurídica competente, do descumprimento do consequente da relação jurídica de direito material. Todavia, ocorrendo uma das hipóteses previstas no art. 267 do CPC, ainda que o direito de ação venha afirmado pelo autor em sua relação com o Estado-juiz, há proibição de seu exercício.

Em outras palavras, o processo em que se afirma o direito de ação pelo autor, na petição inicial, é sujeito à condição resolutória, pois é condição necessária, mas não suficiente para o exercício do direito de ação, que para tanto, dependerá de outros fatores prescritos no sistema como seus limitadores.

De acordo com o § 1º do art. 162 do CPC[15], as sentenças são espécie do gênero "ato processual", que se distinguem dos demais por seu efeito de extinção da relação jurídica processual. São subdivididas em sentenças de mérito e sentenças processuais.

Dentre outras semelhanças, ambas são sujeitas ao recurso de apelação, e, em ambas, transcorrido o prazo para a propositura do recurso, ficarão sujeitas aos efeitos da coisa julgada formal, ie, a imutabilidade dentro da mesma relação processual.

Entretanto, a sentença meritória conta com um predicado a mais, a coisa julgada material, que impede que a mesma ação seja reproposta; nas sentenças processuais, há a alternativa excludente, de se propor a apelação ou repropor a mesma ação.

A sentença meritória deverá ser norma individual e concreta, que veiculará semanticamente o conteúdo prescrito no

---

15. " Sentença é o ato pelo qual o juiz põe termo ao processo , decidindo ou não o mérito da causa."

art. 269 CPC[16] e de acordo com o professor Vilanova[17], com a eficácia da coisa julgada, que extingue "a) o direito de ação de rever o julgado; b) o direito de contradição; c) o direito de jurisdição", ao extinguir a relação processual, e, reflexamente, estabilizar a relação jurídica material, que não será objeto de novo julgado, erigindo "fato jurídico obstativo da repetição". Isto porque o autor exaure o direito à tutela jurisdicional, o Estado-juiz o dever de jurisdição e, o réu, deve omitir-se de pleitear a tutela jurisdicional sobre matéria que já se consumou.

Esses mesmo efeitos não podem ser detectados na sentença processual. A sentença de extinção do processo judicial sem julgamento do mérito veicula norma individual e concreta, com conteúdo do art. 267 do CPC, em que se afirma, ainda que não explicitamente, que não há o direito de ação no caso concreto, a sentença processual. Com efeito, o art. 267 do CPC arrola quais os casos em que haverá sentença processual:

I – *"quando o juiz indeferir a petição inicial;*

II – *quando ficar parado por mais de um ano, por negligência das partes;*

III – *quando não promover os atos e diligências que lhe competir, o autor abandonar a causa por mias de trinta dias;*

IV – *quando se verificar a ausência dos pressupostos de constituição e de desenvolvimento válido e regular do processo;*

---

16. Art. 269- "Extingue-se o processo com julgamento do mérito:
I- quando o juiz acolher ou rejeitar o pedido do autor;
II- quando o réu reconhecer a procedência do pedido;
III- quando as partes transigirem;
IV- quando o juiz declarar a decadência ou a prescrição;
V- quando o autor renunciar ao direito sobre o qual se funda a ação."
17. Op. citada, p.212-213.

V – quando o juiz acolher a alegação de perempção, litispendência ou de coisa julgada[18];

VI – quando não concorrer quaisquer das condições da ação, como a possibilidade jurídica, a legitimidade de partes e o interesse processual;

VII – pela convenção de arbitragem;

VIII – quando o autor desistir da ação;

IX – quando a ação for considerada intransmissível por disposição legal;

X – quando ocorrer confusão entre autor e réu;

XI – nos demais casos prescritos neste Código."

Nas hipóteses prescritas em lei, pode-se depreender que a tutela concedida pelo Estado não chega a solucionar o conflito de interesses surgido no âmbito da relação jurídica de direito material, atinando com questões que se relacionam com o próprio exercício do direito de ação e suas limitações, que não se confundem com o próprio direito material, em relação ao qual, é instrumental.

Em outro dizer, sobrevindo fatos jurídicos previstos no art. 267 do CPC, teremos apenas expedição de veículo (forma), que, contudo, não retornará ao fluxo do processo de positivação, para que retome o curso normal, porque quanto ao seu aspecto material, a ele não faz referência. Assim, repisando o que já afirmado, não há aqui, possibilidade de configuração de duas tutelas incidindo sobre o mesmo conflito de interesses, a desvirtuar o sistema.

Portanto, nesse mesmo processo de positivação, se não houver ato administrativo de lançamento, o contribuinte não poderá apenas ser notificado para o pagamento, impedindo-se seu direito de instauração do contencioso administrativo pelo recebimento da impugnação; analogamente, tendo sido lavrado lançamento com eficácia de prevenção da decadência, pela an-

---

18. *Vide* nota de rodapé 5.

terior suspensão da exigibilidade do crédito tributário, cessada esta última, o processo administrativo deverá ser retomado com a faculdade de instauração do contencioso administrativo fiscal.

A simples propositura de ação judicial, com a protocolização da petição inicial preventiva ou repressiva, não é condição suficiente para o exercício do direito de ação, estando sujeita a condição resolutiva, e precisamente por isso, não é condição suficiente para que se instale a hipótese da concomitância entre processo judicial e administrativo.

Para que sobrevenha o fato gerador da concomitância, com a consequência de se configurar a renúncia ao contencioso administrativo, deve ser a propositura de ação judicial, mas em que haja a expedição de tutela jurisdicional, ou seja, aquela que imediatamente solucione o conflito de interesses e, mediatamente, afirme a existência de direito de ação e o contencioso administrativo. Somente verificados esses pressupostos, restará configurado o arquétipo do fenômeno, devendo, do momento da propositura da ação judicial até o advento da sentença de mérito, haver a suspensão do processo administrativo fiscal.

Em termos simbólicos, poderíamos representar a norma de concomitância da seguinte forma:

pa.(pi.t) → e   Em que:

pa- contencioso administrativo

pi- petição inicial

. ^ t- tutela jurisdicional

e- extinção

's'-suspensão do contencioso administrativo

'→'- implicador

'.'-conjuntor

Ou: pa.pi → s

E não:

pa.pi → e

Em uma tentativa de enunciarmos, portanto, a normas geral e abstrata da concomitância, teríamos o seguinte arquétipo: "Dado o fato de haver exercício do direito de ação pelo contribuinte e contencioso administrativo relativo à mesma relação jurídica de direito material, deve ser a extinção do contencioso administrativo."

A norma geral e abstrata da litispendência, por sua vez, seria enunciada como: "Dado o fato de haver dois processos judiciais (administrativos) referentes à mesma relação jurídica de direito material, deve ser a extinção da proposta posteriormente".

Na prática, no entanto, o que substantiva parte da doutrina e da jurisprudência[19] entendem como fato gerador da "renúncia à esfera administrativa" (ou "opção pela via judicial"), é a simples propositura da ação judicial (com a protocolização da petição inicial), que possuindo os mesmos elementos do processo administrativo, extinguiria-o de plano, como se litispendência fosse.

Nessa perspectiva, há o efeito drástico de ser subtraída do contribuinte a possibilidade de acesso ao contencioso administrativo, ao mesmo tempo em que não há manifestação do Estado-juiz sobre o direito que entende lesado.

3.3. Identidade parcial entre elementos do contencioso administrativo fiscal e do processo judicial

Se a tríplice identidade entre os elementos do processo judicial e administrativo tem como origem a relação jurídica

---

19. Nos tribunais administrativos federais e nos órgãos julgadores de primeira instância, o entendimento predominante é pela aplicação do Ato Declaratório COSIT n. 03, de 14 de fevereiro de 1996, que assim estabelece:

 '*a) a propositura pelo contribuinte, contra a Fazenda, de ação judicial – por qualquer modalidade processual-antes ou posteriormente à autuação, com o mesmo objeto, importa à renúncia às instâncias administrativas, ou desistência de eventual recurso interposto;*

 ....

 e) é irrelevante, na espécie, que o processo tenha sido extinto, no Judiciário, sem julgamento do mérito (art.267 CPC)' de direito material que lhes é comum, é possível que haja identidade parcial entre as demandas, pelo conflito de interesses decorrer de apenas um dos elementos conformadores da norma primária em um processo, e em outro, diverso elemento, ou da própria norma primária como um todo.

A regra-matriz de incidência tributária traz em seu antecedente e consequente diversos critérios[20], de forma que o contribuinte ao exercer seu direito de ação, poderá se insurgir de maneira preventiva ou repressiva, contra a obrigação tributária atacando a cada um desses critérios constituindo demandas que poderão variar quanto à causa de pedir e ao pedido.

Podem ocorrer situações, por outro lado, em que se discutem nos processos distintas relações jurídicas de direito material, além da norma primária prescritora de relação jurídica decorrente de fato jurídico lícito, ou regra-matriz de incidência tributária, normas jurídicas que prescrevem relações jurídicas outras, como a relação jurídica sancionatória, pressupondo, portanto, em seu antecedente, fato ilícito[21].

O objeto da relação jurídica processual sendo outro, porque outra relação de direito material, ainda que inter-relacionada com a norma primária dispositiva, alterará os elementos identificadores do processo.

Ambos os casos redundarão em diferentes causas de pedir próxima e remota nos processos judicial e administrativo,

---

20. A regra-matriz de incidência tributária traz em seu antecedente critério temporal, espacial e material; em seu consequente, a relação jurídica que se constitui pelos critérios pessoal, quantitativo, este subdividido em alíquota e base de cálculo. (*passim* Paulo de Barros Carvalho).
21. Aludindo a esse desdobramento da norma primária, Eurico D.Santi empregou a terminologia norma primária dispositiva e norma primária sancionadora, para nessas últimas incluir a regra-matriz pelo não pagamento da obrigação tributária e a regra-matriz da multa de mora.

Todas as normas primárias relacionadas ao fato jurídico de incidência da obrigação tributária, como as relações jurídicas de multa estão intimamente relacionados com a norma primária dispositiva.

mesmo que as partes sejam as mesmas, e os objetos idênticos, a desconstituição da norma individual e concreta do lançamento; ou não sendo idênticos os objetos, haverá reflexos recíprocos.

Portanto, ainda que não ocorra a concomitância com identidade plena entre os objetos do processo judicial e administrativo, pode haver **relação de prejudicialidade**, que, da mesma forma, perfaz fato gerador da **suspensão** do processo administrativo.

Se a identidade plena entre processo não pode ser fato gerador da extinção do processo administrativo, logicamente, a identidade parcial também não o poderá ser.

Entretanto, a jurisprudência, principalmente dos tribunais administrativos, comumente inclina-se pela posição de extinção do contencioso administrativo, pela simples constatação de identidade entre apenas um dos elementos identificadores entre os processos, como o objeto (ver nota 16), o que ao nosso ver, pelos motivos expostos, é incabível.

Hipóteses distintas são aquelas em que não poderemos falar nem mesmo em relação de prejudicialidade, porque a tutela jurisdicional pretendida em cada um dos processos, não afetará o outro, posto que se relacionam com distintas normas primárias, devendo cada qual seguir o seu trâmite normal.

4. Síntese: alcance do parágrafo único do art. 38, da Lei n. 6830/80

Diante das premissas expostas anteriormente, temos que quando a norma do parágrafo único do art. 38, da Lei n. 6830/80 prescreve a "propositura" de uma das ações antiexacionais[22] das quais dispõe o contribuinte, como fator condicionante da "desistência" ao contencioso administrativo fiscal, o alcance do termo deve ser interpretado da seguinte forma:

---

22. James Marins, passim.

– adotando-se o conceito de jurisdição como atividade instrumental, de caráter público, e secundária, tendente à solução de conflitos de interesses surgidos em uma relação jurídica de direito material, poderemos subsumir a esse conceito a atividade desenvolvida pelos órgãos da Administração Pública, no contencioso administrativo fiscal;

– o sistema jurídico veda a coexistência de normas individuais e concretas contraditórias ou contrárias, incidentes sobre a mesma relação jurídica de direito material. Considerando-se que o direito positivo brasileiro tributário prescreve duas fontes de normas individuais e concretas para solução de conflitos de interesses, os mecanismos de liquidação das antinomias são de duas espécies: se houver dois processos judiciais idênticos (ou processos administrativos fiscais), estará configurada hipótese de litispendência; se houver processo judicial e processo administrativo em que há tríplice identidade, restará configurada hipóteses de concomitância;

– a hipótese prevista para a norma de concomitância somente se aperfeiçoa se há efetivo exercício do direito de ação, ou seja, houve sentença de mérito proferida no processo judicial, e não com a mera protocolização da petição inicial, que é condição necessária, mas não suficiente para que seja emanada tutela jurisdicional. No período compreendido entre a propositura da ação judicial e a prolatação da sentença, o contencioso administrativo deverá ficar suspenso, porém não ser extinto;

– nos casos de prolatação de sentença de mérito, portanto, consolida-se o fato jurídico da concomitância, extinguindo-se o direito ao contencioso administrativo fiscal, sob pena de se constituir antinomias no ordenamento jurídico. Por outro lado, nos casos de sentença processual, em que não há tutela jurisdicional para retomar o processo de positivação e solucionar o conflito de interesses, mantém-se intacto esse direito.

– a hipótese de concomitância implica em relação tríplice identidade, partes, causa de pedir, pedido entre os elementos identificadores do processo judicial e administrativo. A identidade parcial entre os processos judicial e administrativo não gera a concomitância, porém pode gerar relação de prejudicialidade que impõe que haja suspensão do contencioso administrativo até a decisão a ser emanada do Judiciário.

5. Resposta às questões

5.1. A concomitância entre processo judicial e contencioso administrativo não tem como efeito imediato a extinção do direito ao acesso a este último, tal como ocorre nos casos de identidade entre processos judiciais, em que há o fenômeno da litispendência, arts. 301, V, §§ 2º e 3º do CPC, causa de extinção imediata do feito sem julgamento do mérito, art. 267, V, do CPC.

Entretanto, tendo-se em consideração que o sistema garante o acesso ao processo administrativo fiscal (art. 5º,LV CF/88) e proíbe, ao mesmo tempo, que haja duas tutelas jurisdicionais incidentes sobre a mesma relação jurídica de direito material controvertida, a concomitância também terá como efeito a extinção do direito ao processo administrativo fiscal, entretanto, se, e somente se, for prolatada tutela jurisdicional no âmbito do processo judicial, o que implica em sentença com julgamento do mérito.

Portanto, nos casos de concomitância, não há extinção imediata do direito ao contencioso administrativo fiscal, mas sua suspensão, sob condição resolutória, de haver sentença de mérito no processo judicial, que acabará por extingui-lo. Contudo, se prolatada sentença processual, o direito não fica prejudicado, não podendo ser restringido o acesso às instâncias administrativas.

5.2. Em consonância com o item anterior, não há proibição de acesso às instâncias administrativas, se houve a extinção do processo judicial sem julgamento do mérito.

No caso concreto, houve identidade entre o processo judicial e administrativo, porque havia tríplice identidade entre seus elementos identificadores.

Contudo o mandado de segurança impetrado pelo contribuinte foi extinto sem julgamento do mérito, por ausência de condição de ação específica do mandado de segurança, pois o interesse de agir se configurará apenas quando houver direito líquido e certo, a prova documental do ato de violação de direito subjetivo por autoridade pública no momento de sua propositura, sem a necessidade de dilação probatória.

A cassação da medida liminar outrora concedida, por sua vez, ocorre simultaneamente à sentença processual de improcedência, pois se em momento processual de cognição sumária profere-se tutela jurisdicional provisória, em ampla atividade cognitiva, profere-se provimento jurisdicional terminativo, que absorve a anterior.

Entretanto, a notificação ao contribuinte não deveria ser restrita à ordem de pagamento, como também deverá atribuir a faculdade de impugnação administrativa da pretensão do fisco.

Com efeito, conforme largamente se discorreu, a sentença processual veicula norma individual e concreta em que se afirma não existir direito de ação, não há tutela jurisdicional no estrito sentido do termo, desta forma, não se aperfeiçoa a hipótese de incidência da norma jurídica da concomitância, com a consequente extinção do contencioso administrativo fiscal.

5.3. Do ato de extinção do processo administrativo fiscal caberá mandado de segurança, sob fundamento de aplicação pela Administração Pública de regra de litispendência, quando em tese seria caso é de concomitância, que, todavia, não se aperfeiçoou.

Da propositura do processo, pela protocolização da petição inicial, em que há afirmação do direito de ação, mas apenas como sua condição necessária, não se pode presumir a renúncia ao contencioso administrativo. A renúncia ao contencioso administrativo exige a conformação de sua hipótese de incidência, que por sua vez, dependerá da efetiva prolação de tutela jurisdicional, com julgamento do mérito do conflito de interesses, no âmbito do processo judicial.

Reconhecido constitucionalmente o processo administrativo (art. 5º, inciso LV, CF), deve ser assegurado o "direito de ação administrativo", de forma que a lei pode limitá-lo por imposições lógico-sistêmicas, mas não restringi-lo.

Tel.: (11) 2225-8383
WWW.MARKPRESS.COM.BR